浙江大学西迁遵义办学77周年纪念文集

陈遵平　林茂前　主编

西南交通大学出版社
·成都·

图书在版编目（CIP）数据

浙江大学西迁遵义办学77周年纪念文集/陈遵平，林茂前主编. —成都：西南交通大学出版社，2018.3
ISBN 978-7-5643-6060-3

Ⅰ. ①浙… Ⅱ. ①陈… ②林… Ⅲ. ①浙江大学–校史–纪念文集 Ⅳ. ①G649.285.51-53

中国版本图书馆 CIP 数据核字（2018）第 031184 号

Zhejiang Daxue Xiqian Zunyi Banxue
77 Zhounian Jinian Wenji
浙江大学西迁遵义办学
77周年纪念文集

主编	陈遵平 林茂前	责任编辑	左凌涛
		封面设计	原谋书装

印张	14	字数	215千	出版发行	西南交通大学出版社
成品尺寸	170 mm×230 mm			网址	http://www.xnjdcbs.com
版次	2018年3月第1版			地址	四川省成都市二环路北一段111号 西南交通大学创新大厦21楼
印次	2018年3月第1次			邮政编码	610031
印刷	四川煤田地质制图印刷厂			发行部电话	028-87600564　028-87600533
书号	ISBN 978-7-5643-6060-3			定价	77.00元

图书如有印装质量问题　本社负责退换
版权所有　盗版必究　举报电话：028-87600562

序 言

浙江大学西迁至遵义、湄潭办学已经77周年了。

1931年"九一八"事变,日本发动了侵华战争。1937年7月7日,抗日战争全面爆发。浙江大学全体师生在竺可桢校长率领下,于1937年初踏上西迁流亡办学的艰苦历程。经三载奔波,四度迁徙,历尽千难万险,克服重重困难,最终于1940年初落脚遵义、湄潭,获得了它在战火硝烟、国破家亡之窘境中相对安定的7年教学时间。

在遵义、湄潭办学期间,浙江大学师生以"教育救国,科学兴邦"为己任,箪食弦歌,秉烛夜读;孜孜不倦,潜心学问。在异常艰难的条件下,创造了累累科研成果,培养了一大批优秀科技人才,使浙江大学从一所普通高等学校,迅速崛起为中国著名的高等学府,被誉为"东方剑桥"。

时光荏苒,岁月如梭。历史虽然已站在新的出发点,浙江大学那段悲壮而又辉煌的西迁流亡办学历史也渐行渐远,但在西迁途中形成并得到认真践行的"求是"精神,不仅为浙大师生垒起一座不朽和永恒的精神家园,同时,也为遵义人民添增了无比丰富的精神财富。

浙江大学校长竺可桢是大力倡导和身体力行"求是"精神的典范。他在西迁途中的一次讲演中解释说:"人生的目的在于服务,而不是享受。所谓求是,不仅限于埋头读书或是实验室做实验。求是的路径,中庸说得最好,就是博学之,审问之,慎思之,明辩之,笃行之。"竺校长还多次强调:"求是精神就是革命精神、科学精神、奋斗精神、牺牲精神和开拓精神。这是科学家应有的言行标准。"除此之外,竺校长在1941年发表的《科学之方法与精神》一文中对近代科学与"求是"精神做过很好的阐述。他说："近代科学的目标是什么？就是探求真理。科学方法可以随时随地而改变，这科学的目标，蕲求真理，也就是科学的精神，是永远不会改变的。"他认为："科学家应取的态度应该是：（一）不盲从，不附和，一切以理智为依归，如遇横逆之境遇，则不屈不挠，不畏强御，只问是非，不计利害。（二）虚怀若谷，不武断，不蛮横。（三）专心一致，实是求是，不作无病之呻吟，严谨整饬，毫不苟且。"一而再、再而三地摘录竺校长关于"求是"精神的论述，主要是想强调，如今，重温竺可桢校长的这些箴言，仍具有强烈的现实意义。

为了进一步传承西迁文化，弘扬永远的"求是"精神，将那段弥足珍贵的历史记载下来传承后人，2017年5月，遵义历史文化研究会与遵义师范学院人文与传媒学院、黔北经济文化研究院共同主办了浙江大学西迁遵义、湄潭办学77周年学术研讨会。

研讨会上，与会者就"求是"精神的内涵，对浙大崛起所起的作用，对教育界的影响，对遵义、湄潭经济社会和科学教育的推动以及"求是"精神的现实意义等内容进行了热烈积极的讨论。收录在本书中的文稿，绝大多数就是为这次研讨会撰写的。

为了让年轻的同志准确了解浙大西迁这段历史、让有兴趣研究这段历史的学者把握更多的资料，我们征得曾在浙大西迁办学时就读该校的学生幸必达同意，将他参与写作的三篇回忆文稿也一并收录于此。

本书的出版，得到遵义师范学院、遵义市历史文化研究会的鼎力支持。在此，谨表谢意。

林茂前
2017年8月于遵义

目 录

浙江大学在遵义 …………………………………… 毛正棠　幸必达　001

五十八年的沧桑
　　——浙大西迁遵义校址考 ……………………………… 幸必达　019

六十年后说东归
　　——1946年浙大由贵州复员杭州纪事 ………………… 幸必达　028

"一座名城，两迎长征" ……………………………………… 曾祥铣　034

"文军"气象：特殊时空下的浙江大学 …………………… 谢尊修　037

迁遵浙大学生的抗日民主运动 ……………………………… 游平伟　048

竺可桢日记所见浙大迁黔始末 ……………………………… 陈遵平　054

浙大西迁遵义、湄潭办学原因初探 ………………………… 林茂前　072

西迁办学：浙大崛起的转折点 ……………………………… 林茂前　080

浙大、遵义与"求是"精神 ………………………………… 陆昌友　092

求是精神，光耀千秋 ………………………………………… 王朝裕　097

弘扬浙大西迁精神　促进地方社会发展
　　——浙大西迁遵湄办学的困难及发展壮大的启示 …… 裴恒涛　101

浙江大学在遵义（四题） …………………………………… 李连昌　110

西迁办学　往事情深（五题） ……………………………… 林茂前　115

浙大迁遵与仁怀私立崇中 …………………………………… 刘一鸣　125

钱宝琮诗作《遵义劳军》·················钱永红 129

解读《湄江吟社诗存》·················刘　丽 131

谁谓荼苦，其甘如荠
　　——《湄江吟社》咏茶诗词赏析·············刘　丽 141

不辍吟歌在水湄
　　——论浙大西迁遵义期间苏步青的诗词创作·······唐燕飞 151

《湄江吟社》茶诗论略·················赵　玲 161

竺可桢与傅梦秋···················石永言 167

竺可桢教育思想中的人文价值·············刘　丽 171

竺可桢游金鼎山···················陆昌友 179

失踪千厮门
　　——费巩之死·················石永言 182

张荫麟
　　——一个遵义人不该忘却的名字··········陆昌友 186

国学大师钱穆在遵义的岁月··············邱　洪 197

以传统精神引领办学活动之探析············王玉桂 205

浙江大学在遵义

毛正棠　幸必达

一、文军长征

遵义地处黔北交通要道，北通重庆，有娄山屏障；南接贵阳市，有乌江天险。名山胜水，雄踞要冲，辖区面积3万余平方千米。1949年前人口240万（现有人口570万），区内雨量丰沛，冬暖夏凉，有"黔北粮仓"之称，是黔北物资的集散地。遵义又是贵州的文化区，汉代有尹珍、舍人及盛览等三贤，曾师事许慎和司马相如，归来教学乡里，开启本区文教；唐代以后，州县均有书院；明清以来，人才辈出，郑珍、莫友芝、黎庶昌等被尊为"西南三大儒"，海内崇仰。各县学校众多，旧称"文物之邦"。1935年1月，中国工农红军到达这里，召开了后来举世闻名的遵义会议，成为中国无产阶级革命历史的伟大转折点，从此遵义成为革命圣地、历史名城。

抗日战争时期，竺可桢校长带领浙江大学四处考察，综合了多方面意见，决定以贵州青岩和遵义湄潭为浙大新的落脚点，也因此得以在相对安静的黔北山区，赢得了七年的时间。

1939年隆冬，到处雪凇冰凌。浙大师生们一路顶风冒雨，协助学校搬运图书、仪器。在艰难的旅途中，有时连打地铺的地方也没有。竺可桢校长遇到这种艰难的境遇，常常将自己的床铺让给学生，自己悄悄地挤进汽车里过夜。正是校长与学生之间这种亲密团结的关系，才使学校顺利地内迁到黔北。在搬迁中，大部分仪器都未受到损坏。

从1937年9月至1940年2月，浙大师生迈着艰难的步伐，经过长途跋涉，胜利结束了"文军"的长征。一位德籍教员曾在《前进中之浙江大学》一文中写道：

"此行使本校离开一个有名商埠，而回到中国怀抱中"，"回到中国自己的昔日文化中，以求自中国历史和文化里面，获得复兴的必要力量。"

他还写道：

"长征使他们比较成熟了。他们于经行之中，得见乡郊之美，得知乡民困难和问题所自，他们得观感于战事经历中之惨痛，他们且曾置身于艰危之中。由之，遂增长同舟共济的精神，以至曩昔原有的男女同学之间的关系，亦与前异。共同的灾难的经历，使大学变成一个大的家庭。校中经费艰窘，教职员薪俸大打折扣，然皆视为抗战必有的结果。乐于接受，曾无怨怼。"

浙大经过两年半时间的搬迁，没有在战乱之中解体、削弱，而是像滚雪球一样不断扩展。浙大师生经受了磨炼。虽然在物质上遭到各种各样的磨难，但在精神上的收获，却是难以估量的。胜利之种子，已植根于艰苦卓绝的奋斗之中。

从20世纪40年代初到抗战胜利结束，浙大师生在遵义度过了七年峥嵘岁月。知名教授群集，学子得以良好培育，学校在艰难中得以发展。遵义这块土地，对浙大师生有养育之恩，有休戚与共之情，是学子世世代代不能忘怀的。

二、落脚遵义、湄潭

浙大搬迁至遵义之后，首先是解决校舍问题。初到时校部集中在遵义县城，1940年5月，湄潭分部校舍大致定当；1940年12月，永兴分部也可接纳学生；至1941年初，浙大校址基本稳定下来。教学科研活动得以顺利开展。

1. 校舍分布

（1）遵义县城。

在遵义次东门城墙内外新建数十间草房和瓦屋作为工学院实验室，集中安排化工、电机、机械、土木等各系实验室。并在湘江边开辟游泳池。自湄潭分校建立后，在遵义城内的教学和宿舍用房也做了调整。大体布局是：

新城何家巷3号大院（原清代总兵何行保旧第）、5号周家院（富商周吉善私宅）以及后面的龙王庙，为教务处、训导处和工学院办公室以及大部分教室和男生宿舍。

川主庙：一部分为实验室。

桃源洞旁江公祠：图书馆。

老邮局旧址：部分为男生宿舍。

老城子弹库（原贵州省立第三中学旧址）：校长办公室、总务处、文学院和师范学院办公室及部分实验室。

遵义师范部分校舍：住过部分男生。

杨柳街侯家公馆：女教职员和女生宿舍。

柿花园巷1号原俱乐部：教职员俱乐部。

教授们的住宅大多租用民房，分散在城内各处：诸如碓窝井、杨柳街、石家堡、水硐街、四方台、文庙街、大悲阁、南坛巷、凤朝门、新东门等处。竺可桢校长初居水硐街3号，后移至碓窝井9号。

（2）湄潭县城。

由于遵义城内房屋不敷应用，浙大又选定距遵义以东75公里的湄潭县城作为学校分部，经过修葺和扩建，成为农学院、理学院和师范学院理组教学活动的地方。大体分布是：

文庙为分部办公室、图书室、部分教室和员工宿舍。

北门外右侧大片土地，新建大礼堂（也是饭厅）和仁斋、义斋、礼斋、智斋四栋男生宿舍，一所子弟小学，还有大操场和游泳池。

西门外过大桥，分左右两侧安排教学用房，向左到牛郎背，辟建浙大农场，占地200余亩，分布着农艺、园艺等系的试验场地。

贺家祠堂：农艺、园艺和蚕桑系的办公室。

禹王宫：农化系。

财神庙：农经系。

另一专用楼房：植物病虫害系。

唐家祠堂：理学院生物系。

西门过桥向右通向双修寺，除旧有房屋外，增建理化实验楼。

梵天宫：化学实验室。

南门外周家祠堂：数学系。

东门原湄潭中学扩建为浙大附中，在其近旁，新建信斋为女生宿舍。

教职工住宅分散湄潭城各处，租用沿街民房与祠堂等。

原在永兴的江西会馆（江馆）和三楚会馆（楚馆）作为浙大办公室、教室和学生宿舍；教职工住宅和实验室又租用多处民房。

2. 学校规模

浙大在抗战初期由杭州西迁时，仅有文理、工、农3学院16学系。此后，逐年有所扩展。1938年8月，增设师范学院，下设国文、英语、教育、史地、数学、理化等学系。1939年8月，文理学院分立。文学院设中文、外文、教育、史地等系，理学院设数学、物理、化学、生物等系。同年，设文科研究所史地学部，理科研究所数学部，另设史地教育研究室。工学院的机械、化工两系各开设双班。同年4月，设立龙泉分校。5月，农艺系农化组扩展成农化系。

1940年8月，工学院机械、电机两系设双班，师范学院设二部，另在湄潭设浙大附属中学。1941年8月，设工科研究所化工学部。1942年8月，增设理科研究所生物学部、农科研究所经济学部。1945年8月，增设法学院，设法律系。

截至抗日战争胜利前夕，浙大共有6学院，25学系、4研究所5学部、1研究室（史地教育研究室），1分校（龙泉分校设8学系），2先修班及1所附属中学。另有工场11所，农场有地300余亩。

文学院：中国文学系、外国语文学系、史地学系。

理学院：数学系、物理系、化学系、生物系、药学系。

工学院：电机工程学系、化学工程学系、土木工程学系、机械工程学系、航空工程学系。

农学院：农艺学系、园艺学系、农业化学系、植物病虫害学系、蚕桑学系、农经学系。

师范学院：教育学系。

3. 师生数量

在西迁过程中，浙大学生人数也有所增长。1937年10月，有学生633人，随校西迁共460人。至1941年6月，在校大学生1486人、研究生13人、先修班学生40人、附中学生492人。1946年10月，在校大学生2413人。在遵义时期，历年毕业生人数合计为1857人。

教职工人数由于抗战时期经费缩减，增加不多，职员人数还相应有所减少。1941年6月，教师210人，职员165人。1944年，全校教职工人数420人，其中教授、副教授144人，讲师38人，助教110人。至1946年，教授、副教授、讲师共201人，助教108人，职员136人。

三、培植"求是"学风

竺可桢校长原为中央气象研究所所长。1936年4月，毅然出掌浙大，他就任后的第一次谈话就揭示了自己公忠爱国、方正持身、严谨治学与勤劳治事的宗旨：决心发展浙大，为国家培养合乎时代需要而又能为国尽力的专门人才。浙大西迁到宜山时，又正式提出以"求是"为校训。

"实事求是"和"坚持真理"是竺校长一生奋斗的准则，也是他对学生的要求。"求是"原为浙大前身求是书院的院名。竺校长在《科学之方法与精神》一文中，将科学家应取的态度归纳为三个方面，即：不盲从、不附和、只问是非，不计利害；虚怀若谷，不武断、不专横；专心致志、严谨整饬。

遵义七年，竺校长按照这一目标，采取了一系列措施来贯彻自己的办学主张，取得的教育成果十分可贵。我们管窥蠡测，试从几个方面简要记述，以图以小见大。

1. 罗致人才，增加设备，改善校舍

竺校长说："教授是大学的灵魂。一个大学学风之优劣，全视教授人选为转移。假使大学里有许多教授，以研究学问为毕生事业，以教育后进为无上职责，自然会养成良好的学风，不断培育出博学敦行的学者。"因此，竺校长以礼增聘国内外专家学者担任浙大讲席。当时，各院系有张其昀、梅光迪、苏步青、陈建功、贝时璋、谈家桢、李寿恒、王国松、卢守耕、吴耕民、黄翼、郑晓沧等教授。还多方延聘知名教授来校，尽量满足其合理要求。如同意罗宗洛教授来校带四名研究助手，这是没有先例的；对留学归国的江希明等教授先发聘书，寄去路费。此外，还鼓励本校讲师、助教在国内外进修深造；从实践中选拔人才；从研究生中选拔人才留校任职并支持其深造。

浙大还让教授在校务和行政工作方面发挥民主管理的才能。为此规定浙大的最高行政机构为校务会议，由校长、教务长、总务长和训导长、各院长、各系主任为当然成员，另由全体教授选举代表若干人（年选一次）参加。校务会议负责决定学校大政方针，具体工作交下设的各个委员会去办。对不同学派和思想能兼容并蓄，保证研究条件与学术自由。因此，一时有不少知名教授联袂西来，加入浙大的师资队伍，进而植根浙大，领导教学与科研，形成了浙大强大的师资阵容，这是浙大的成就能蜚声国际的重要因素。

竺校长主张浙大应尽可能节约行政经费，使图书仪器费占总支出的15%~20%，以增强浙大扩充图书仪器的能力。另一方面，竺校长决定酌减学生课堂上课时数，促使学生有时间利用图书馆和实验室进行研究，提高他们独立思考的能力。竺校长又向中英庚款董事会、中华文化教育事业基金会等申请补助专款，通过国外关系增购若干外文新书刊和仪器，使各院系资料设备逐步充实，掌握新的科研和教学方向。当时，浙大物理系藏有整套的国内外的物理期刊，各系的图书仪器都在随时增加。另外积极接受私人捐赠图书。如前校长邵裴子、已故教授张荫麟的夫人，都曾分别赠送图书五千和七千多册；清代藏书家孙诒让的"玉海楼"藏书也部分捐赠给浙大，使浙大藏书由原有的6万~7万册增至11万册以上。仪器设备在战

前约值60万元，1940年已增至200万元，很多是战时从国外艰难转运购入的，这些图书、仪器对办好浙大也起到了重要作用。

到遵义定居后，除利用旧建筑外，新建在遵义的有工学院实验室群，在湄潭有礼堂（兼饭厅）、理化实验楼、病虫害楼、学生宿舍5栋、附中及附小校舍等，都不惜经费，颇有规模。"讲堂、寝室、集会、办公、操练、庖厨之所，都很齐备""凡屋之数千有余间""朴而坚，简而不窳""其新筑取苟完而已"。公用房舍都朴质无华，力求整洁宽敞。一般都省工省费，计日建成，迅速提供使用。在建校工作中，胡刚复、蔡邦华、胡家健等教授协助竺校长经营擘划，奔走联系，卓著勋劳，地方人士对他们都十分熟悉。

竺校长抓大学教育三要素进行建设，为浙大的发展和壮大创造了良好的条件。

2. 重视培养德才兼备的专门人才

竺校长培养专门人才的标准："不仅求得了解一点专门知识就足够，必须具有理智的头脑；明辨是非而不徇利害的气概；深思远虑不肯盲从的习惯；同时还要有健全的体格，有吃苦耐劳、牺牲自己、努力为公的精神。"他认为，学生只有能够"动心忍性，增益其所不能"，将来才能担当大任。他教导学生不但要学习欧美的科学技术，还要有科学头脑，才能促进近代科学文明的产生和发展。对浙大的学生，他要求德智体美全面发展。具体做法是：

1937年，浙大首先在天目山试行导师制，西迁泰和时普遍推行，到宜山后再拟出具体办法五点，即：① 各导师每周到学生食堂就餐一次，留意学生生活并与他们接谈；② 全体导师每月开会一次；③ 每一导师领导学生以12人为限；④ 三、四年级学生以本系教授为导师；⑤ 导师应随时与学生谈话，解答启导他们。1940年秋，费巩教授出任训导长，更认真推行导师制，指出导师的任务不是为了监督学生思想，而是积极培养他们成为有人格、有骨气、有抱负、有见识的人，将来可以担当重任，经得起打击，不会被恶势力所同化。在浙大，学生选择导师是自由的。遵义七年，浙大学生在导师制和求是学风的培育下，富有爱国热情和正义感，生活朴实，仪表端庄，治学勤谨，关心抗日救亡和国家大事，为地方人士和青少年学生所敬重。至今遵义人民还怀念不已。

强调培养人才要经过"老师宿儒"的严格训练。学校安排最好的教授担任一年级课程。新生入校先要接受学习目的和人生观的教育,端正入学思想。浙大当时有很多有名教授,符合部聘教授资格的就有18人。这些教授,经常在"纪念周"时间为学生做科学报告,用科学家的事迹启发学生爱祖国和爱科学,做正直的科学工作者。许多名教授如苏步青、钱宝琮、王淦昌、朱福炘、束星北、储润科、蔡堡、谭其骧等,都在一年级任过课。他们的学识、人品、治学精神与处世风范,都对学生有深远的影响。

浙大主张文理并重,理、工科学生要打好数理基础,还兼学文史学科,文、法科学生既要重视文史课程也要兼通数理知识,二者不能偏废。主张学生还要不为院系所限,要跨院系选修课程,才能知识广博。竺校长告诫说:"若侧重应用科学,而置纯科学、人文科学于不顾,这是谋食而不谋道的办法。"

各院系高年级都有专门的学术讨论课,由师生轮流主讲,报告新的学术动态或传递新的研究信息,本校新的研究成果也随时做专题介绍。各系都有自己的资料室和实验室,师生养成勤于实验之风,仪器不多时,白天晚上分班做实验。学校的实验室、研究室达62个,还有实验工场和农场。学校还尽力保证各种定期和不定期刊物的出版。其中定期的如《浙江大学季刊》等10种,《化工通讯》等不定期的21种,《校刊》等其他刊物4种,为师生提供了发表论著的广阔园地,也交换来不少有价值的书刊。

四、科研成果累累

由于浙大校长尊重人才,学术自由民主,有科研教学设备,有优良学风,加上遵义有相对安定的治学环境,这才吸引了国内外大批学者、各个学派的名教授来到浙大,从事科研与教学工作。当时,中央研究院的科研记录中,浙大的学术论文最多;中央研究院选举院士,浙大有四位教授当选,仅次于北大、清华。

英国科学史家、剑桥生物化学教授、皇家学会会员、英国驻华文化与科学协作代表团团长李约瑟曾于1944年两次参观浙大,他在所著《科学的前哨》中记述:

在湄潭，研究工作是很活跃的。生物系正在进行着腔肠动物生殖作用的诱导现象和昆虫的内分泌素等研究。这里关于甲虫类瓢虫所有奇异的色彩因素的遗传方面的工作，在美国已引起很大兴趣。较有名的工作有磺胺类药剂的衍化物的研究（有几种业经证明具有促进植物生长的功效）。在物理方面，因为限于仪器，工作侧重于理论的研究，如原子核物理学、几何光学等，水平显然是很高的。这里还有一个杰出的数学研究所。……具有广大试验场地的农科研究所，也正进行着很多工作，该所发现本地所产的一种野蔷薇的果实（即刺梨）里，含有多种维生素 C，并在枣子里找到维生素 P。该所又在研究贵州著名的茅台酒所用的酒曲。这种酒曲除掉酵母菌之外，还包含特地配入的药材不下 28 种之多。这种配方是一种特异的例证，显示一种办法，根据几世纪经验的工作，竟能在没有消毒设备的乡村情况下，确实有若干良好的结果。这一点甚至有军事上的重要性，因为一部分供盟国军用卡车在中国路面上应用的动力酒精，是从传统方法制成的烧酒送到中央蒸酒厂蒸馏而得的。土壤方面，进行着氢离子浓度的研究和土中微量元素如镍、锌等的研究，特别注重对茶、豆、蔬菜等作物的关系。

李约瑟教授称赞浙大是"东方的剑桥"。浙大的各个院系，包括遵义、湄潭两处的许多研究工作都是处于当时的科学前沿。

文学院对遵义地区的地理和历史进行研究，开展考古和地质野外考察。张其昀主编的《遵义新志》、谭其骧的中国历史地理学和《播州杨保考》、竺可桢的《二十八宿起源考》、张荫麟的《中国史纲》、刘之远的《遵义锰矿》、任美锷与施雅风的《遵义地形》、缪钺的《诗词散论》、叶良辅的《地理学研究法》以及师生合作对贵州、贵阳、遵义、湄潭的气候、地形、地面发育、地理环境与人生关系等所写的研究论文，都是当时乃至现代有价值的研究成果。

理学院的科研成果如苏步青的微分几何（他是我国古典微分几何浙大学派的创始人），陈建功的三角级数，钱宝琮的《金元之际数学的传授》、王淦昌的中微子研究如《中子与反质子》和《五维空间场》（与程开甲等合写），束星北的相对论，卢鹤绂与王谟显的量子力学，何增禄的光学，朱福炘的应力研究，贝时璋的细胞重建研究，罗宗洛的植物生理研究，谈家桢的遗传学研究，张肇骞的植物分类学，王琎对中国化学史的研究，王葆仁对氨基苯磺胺衍生物的合成的研究，张其楷对有机药物合成的研究等，都是浙大教授们不断探索前进，在科学前沿取得的重大成果，有的还被认定为世界性的重大发现。1942—1945年，中国物理学会年会曾四次在湄潭召开，宣读论文达50余篇，英国李约瑟夫妇也应邀参加1944的年会，并将一部分论文带回英国发表。何增禄教授曾做过不完全的统计，浙大物理系教师自1945年至1951年在国内外杂志发表的论文就有51篇。

工学院有王国松的电工学，李寿恒的中国煤研究，钱令希的悬索桥理论和余能定理的应用，钱钟韩的工业自动化研究，苏元复的萃取理论和工艺的改进，侯毓汾的活性染料研究等。

农学院因地制宜，联系当地农业生产，取得了众多成果。如卢守耕的水稻育种和胡麻杂交，孙逢占的芥菜变种研究，吴耕民的甘薯、西瓜、洋葱及蔬果新种在湄潭的试植和推广，湄潭胡桃、李梨之研究，熊同和的植物无性繁殖，林汝瑶的观赏植物，杨守珍的豆薯各部的杀虫作用，彭谦与朱祖祥的土壤酸度试剂，蔡邦华与唐觉的五倍子研究，陈锡臣的小麦研究，过兴先的玉米和棉花，储椒生的榨菜，罗登义的营养学，陈鸿逵与杨新美的白木耳栽培，葛起新的茶树病虫害，祝汝佐的中国桑虫，杨新美的贵州食用蕈人工栽培，蔡邦华的西南各省蝗虫、马铃薯蛀虫、稻苞虫研究，夏振铎的柞蚕寄生蝇，王福山的蚕丝增长，郑薰的柞蚕卵物理性状研究，吴载德的家蚕补叶饲育，吴文晖与赵明强的遵湄农家经济研究等，都是结合生产实际进行研究的。

师范学院文组成果在文学院，理组成果在理学院，独有教育一系自成一家，也有不少成果。如郑晓沧的教育论著与译作，黄翼的物理心理学，陈立的智力测验与人格测验的研究，都是当时的新兴课题，成果在国内外备受重视。

这些成果是在破庙陋室中，没有电灯照明，没有电炉加温，没有温室和冰箱等设备，甚至是在生命并不安全、生活十分艰苦的情况下取得的。物理、化学等系自制云室和感光胶，用人力摇机器，自己动手吹制玻璃用具，用皮老虎鼓风，用酒精蒸气代替煤气，把汽车引擎用于发电，用酒精和木炭代替汽油，甚至要在烈日下工作，利用阳光做实验；生物系和农学院各系，用油纸代替玻璃建造温室，用竹竿做导管，用木桶过滤取得自来水，用废信封做育种袋，用竹签代替回形针，用瓦盆做蒸发皿，等等。生物、农业各系显微镜不多，师生分班轮流使用，晚上也要跑实验室。各院系出版的定期和不定期刊物，是用土纸和石印印刷的，有些论著至今仍具有很高的科学价值，为祖国和人民争得了国际荣誉。

五、浙大办学对遵义地方的贡献

浙江大学定居遵义不久，竺可桢校长就明确提出："浙大之使命，抗战时期在贵州更有特殊之使命。昔阳明先生贬谪龙场，遂成知难行易之学说。在黔不达二年，而闻风兴起，贵州文化为之振兴。阳明先生一人之功尚能如此，吾辈虽不及阳明，但一千余师生竭尽知能当可有裨于黔省。"(《竺可桢日记》)这种强烈的使命感和责任感一直鞭策和激励着浙大的每个教授和学生。在七年时间里，浙大也确实为遵义地方人民做了许多有益的工作。

1. 输入现代文明和科技文化气息

浙大的教授和大学生的到来，冲破了原有地方封闭的状态，使当地父老乡亲有大开眼界、耳目一新之感。

如机电化工知识。当时，遵义百姓还不知"电"为何物，"引擎"是何模样，浙大立即作了科学普及宣传。浙大工学院利用六月六日"工程师节"，在遵义东门外举办展览，供当地父老乡亲参观。展出的飞机残骸及电话、电灯、柴油机、发电机等都令人觉得新奇。土木方面的拉力、压力多种试验，也引起当地父老乡亲的兴趣。浙大化工肥皂场制作的肥皂，采用当地的原料，配比简单实际，群众对之尤感兴趣。这样的展览，都起到了启发民智、普及现代科学知识的良好作用。

2. 推动地方教育事业发展

浙大到遵义后，将贵州与广西两省的中等教育作为浙大师范学院所属的辅导区，对教师的培训计划、教学大纲的制定和教学的示范都做了具体工作。1941年4月，在遵义开的教学辅导会议，开办的教师进修班、星期讲习会，都有浙大教授主持。浙大还协助黔、桂两省教育厅视察各学校和编印辅导期刊。1944年春，开办教员函授学校。浙大由工、农、师范三学院辅导贵州的工业、农业职业教育和英语教育。还组织了"社会教育推行委员会"，由教育学会、学生自治会及师范学生联合组成"社教工作服务队"，开展多项社会教育活动，如举办学术讲座、开办民众学校、开办青年补习班、设立民众阅览室、设立民众代笔问事处及民众问题箱、举办各种展览等。

浙大附中在湄潭建立后，使当地许多要求上进的青少年学生获得了良好的教育。浙大师生在遵义、湄潭、永兴三处的师范和中、小学任课，为地方人士的子女做家庭教师，担任数、理、化、英语、史地、语文、教育、体育、音乐、美术教师，缓解了各校师资缺乏的现实困难。使当地读书的风气日渐浓厚，大学生和中学生的人数有了很大增加。

3. 推动农业科技的应用和高级农技人才的培养

浙大在遵义、湄潭期间，农学院设有农业推广部，先后进行了马铃薯、番茄种植的推广，黔北病虫害防治技术的推广，蔬菜种子的推广，西瓜的试植，胡桃育种的推广等。促使当地的西瓜、油菜、甜瓜、番茄、洋葱等农作物的种植都有较大的发展。开展水稻、小麦良种的选育和推广技术，扩大栽种面积，建立面粉加工厂。其他如蚕桑、白木耳和食用菇的人工栽培等，都直接影响着当时和现今遵义地区的农业生产格局。

中央茶场试验地200余亩茶园，现已发展成万亩茶园；湄红、湄绿、遵义毛峰等名茶已畅销国内外。当年农学院农化系主任罗登义教授对野果刺梨营养成分的研究，使刺梨身价百倍，一跃而成为含维生素丙、巳的"蔬果之王"。这一研究蜚声国内外，英国李约瑟博士曾称刺梨为"罗登义果"。

蔡邦华教授和唐觉教授当年对五倍子的研究成果，为遵义生产倍酸提供了科学依据。新中国成立后，遵义第二化工厂的成立和发展，以五倍子为原料的6个主要产品（工业没食子酸、医药用鞣酸、焦性没食子酸、试剂没食子酸、试剂鞣酸和工业单宁酸），已全部实现优质化，产品远销美国、日本、巴西以及东南亚各国。

浙大在遵义、湄潭七年，为贵州省培植了许多农业专业人才，除了本省的子弟，还有许多外地学生留在贵州工作。这些毕业生，对贵州的农业生产和科技进展做了很大贡献。如当年农学院罗登义教授，长期留在贵州，后成为贵州农学院院长，为发展贵州农业教育和科技做出很多成绩。还有许多浙大校友在贵州长期坚持农业科学研究、农业教育、农业生产，在财政金融以及其他农业部门努力工作，都有不同的成就。如果没有浙大迁黔，就不可能聚集那么多本地的和外地来的农业专门人才。

4. 奠定地方工业发展的基础

浙大史地系在叶良辅教授指导下，由刘之远副教授带领学生跋山涉水，到团溪等地进行地质调查，发现品位较高的团溪锰矿，由土木系师生测定矿区地形图，并向当时的资源委员会提交调查报告。这一战略金属的发现，引起有关部门的重视，遵义锰矿正式有了小规模的民营开采。经过几十年的发展，至1985年，遵义的锰矿企业（即遵义铁合金厂）已成为我国第一家专业生产锰铁合金的企业，拥有采矿、选矿、烧结、冶炼等综合的设施。其生产的金属锰至今仍是全国独家生产的短线产品，结束了我国以往必须全部进口金属锰和低中炭锰铁用于生产高级合金钢的历史。浙大师生对锰矿的发现和锰资源的调查和开发，为遵义，也为全国的钢铁工业的发展立下了功绩。

而该厂利用锰粉研制成功针状高锰酸钾（含量99%以上），填补了我国高锰酸钾生产的空白，并获得金奖，产品也畅销国内外。

5. 关心人民疾苦，推进公益事业

浙大师生定居遵义不久，竺可桢校长就向当地政府提出三点建议：一是建议政府设立收容乞丐的机构，使贫民有生活依靠；二是修理当时中正桥（现名新华桥），以便遵义新、老二城的交通；三是明令征收房主有意增高的房租，以改良街道和卫生设施，以利市民健康。此后，又建议加强防空设备和消防设施的建设，以防敌机空袭。

竺校长还特别强调为遵义地方做两件事，一是减少本地烟民，在竺可桢校长发动下，组织学生为贫苦烟民募集戒烟费用举行义演，与地方政府合作筹设了一所戒烟处，免费为贫苦烟民戒烟，使地方卫生院顺利推行戒烟令；二是帮助本地增产粮食。

1946年5月，浙大即将复员东归。校行政会议决定将部分公物无偿移交给遵、湄地方政府；部分图书留赠当地学校。这些公物，包括新建的全部房屋和用具，以及无法运走的机械实验设备。其中一台180马力的柴油机留在遵义。解放后，遵义地方政府靠修复和改装这台发电机，于1951年在狮子桥头建立起遵义人民电厂。留下的房屋则作为多所中、小学的校舍。

六、对中华民族文化科技的贡献

浙江大学在遵义、湄潭办学七年，不仅在战乱中保全了下来，而且得到了长足的发展,崛起成全国著名的大学,对中华民族的文化科技做出了贡献。

1. 提供了一个办理高等教育机构的成功范例

原北大校长、著名科学家周培源先生看了《竺可桢教育思想与办学经验》提纲后，曾这样感慨地说："过去我也听说浙大当时很苦，但不知道这样苦"，"在这样艰苦的条件下浙大培养出像谷超豪这样的人才"，"还为当地做了这么多好事，如修建防洪堤"，"我们过去曾全盘学习苏联，但对浙大这样的、我国自己的好的传统和经验却没有很好学习和继承。"

竺可桢和他的同事们，正是在万难之中，根据当时的时势、地利、实情，摸索出办理中国高等学校的有效途径。这种在千难万苦中摸索到的规律性，就更有借鉴和指导的意义。因此，浙大在遵义的办学实践，丰富了中国近代高等教育史，也为中国近代高等教育提供了十分有价值的经验。

2. 保全和培养了一大批老科学家

在民族遭受外敌入侵，家园破碎，民不聊生，一批不愿做亡国奴的爱国的知识分子，跋涉千里，在大西南找到了落脚之地，他们在这里渡过难关，得到了保全，一大批优秀青年也在这里得到了培养。

中国科学院学部委员中曾在浙大任教的有27人，他们是：王淦昌、王葆仁、贝时璋、卢嘉锡、卢鹤绂、卢佩章、任美锷、苏步青、吴汝康、吴征铠、汪胡桢、竺可桢、罗宗洛、张恩虬、张肇骞、钱三强、钱令希、钱钟韩、徐芝伦、顾功叙、梁守槃、谈家桢、黄秉维、郭慕孙、蔡邦华、蔡金涛、谭其骧。

中国科学院学部委员中浙大历届毕业的有40人，他们是：干福熹、王元、王序、毛汉礼、支秉彝、叶笃正、刘盛钢、刘恢先、朱祖祥、朱壬葆、冯新德、谷超豪、李竞雄、李世缙、沈允钢、汪猷、苏元复、吴浩青、邵象华、邹元燨、陈述彭、林励吾、杨平澜、胡宁、胡海昌、胡济民、施履吉、施雅风、张仲俊、姚鑫、夏道、钱志道、钱人元、郭可信、程开甲、程民德、谢义炳、谢学锦、蔡昌年、潘家铮。

在这67名中国科学院学部委员中，百分之八十以上都曾经在遵、湄生活过，都吃过遵义的米，喝过湄江的水。一个大学能为国家提供那么多的一流的科学家，实在难得。

有人曾这样评述："可以说遵义是我国地貌学的温床，许多地貌学的分支学科就是那时期播下了种子。到了解放以后，发芽成长，逐步茁壮。如河流地貌学、冰川学、河口海岸学、第四纪地质、遥感科学、地貌制图，以及地貌学在工程地质和矿产地质中的应用等。"在遵、湄时代，叶良辅直接指导的9名研究生，他们专攻地貌学或地质学某个方面。解放以后，这些研究生都为新中国的科技事业起骨干作用，并开拓了若干新领域。如严钦尚之于第四纪沉积研究与地貌教育，沈玉昌之于河流地貌学，杨怀仁的第四纪地质、环境变化研究与地貌教育，陈述彭的遥感应用、地理讯息和地貌制图，施雅风的冰川研究，陈吉余的河口与海岸研究与教育，丁锡祉的区域地貌研究与教育，蔡钟瑞的水利水电工程地质研究和应用，李治孝的浙江地质矿产的研究应用和教育均卓有成就。在地学方面，知名度较高的学者如地理学家赵松乔、谢觉民、杨利普等，海洋学家毛汉礼，气象学家叶笃正、谢义炳、姚宜民、张镜湖等多人。其中叶笃正、谢义炳、施雅风、陈述彭、毛汉礼均为中国科学院学部委员；谢觉民任美国匹兹堡大学终身教授；姚宜民曾获美国政府金质奖，现浙大设有姚宜民奖学金；张镜湖长期任美国夏威夷大学终身教授，现任台湾文化大学董事长。其他担任研究员、教授、高级工程师、大中学校长和一些厅局级领导工作的更不乏其人。单史地系地质组就培养出如此众多的优秀人才，可见浙大学生培养质量之高，对社会的贡献之大。

又如物理系在王淦昌、束星北等教授的指导下，也培养出了一批杰出的科学家。诺贝尔奖奖金获得者李政道曾在永兴求学,从王淦昌教授那里得到物理学的启迪。又如培养出了胡济民、邹国兴、程开甲、冯平观、忻贤杰、汪容、吕敏等物理学家,像钱人元等物理化学家和高分子物理学家,像梅镇安等生物物理学家。

再如生物系谈家桢教授在湄潭时期培养的研究生盛祖嘉,1946年到美国攻读博士学位,从事红色面包霉遗传学研究,现已成为我国著名的微生物遗传专家。施履吉在湄潭跟谈先生从事植物细胞遗传学研究,在染色体行为、染色体精细结构方面颇有创新;1946年去美进修,从事细胞生物和发育生物的研究。现为著名的分子生物学家,中国科学院学部委员。刘祖洞,解放前夕去美攻读博士学位,开始从事哺乳动物遗传学研究,后搞人类遗传学,在动物和人类遗传方面的成绩显著,为开拓和发展我国人类和医学遗传学做出很大贡献。徐道觉,在湄潭从事植物和果蝇的细胞遗传学研究,抗战胜利后去美攻读博士,从事果蝇种系演化的研究,后从事人体染色体的研究,以他发明的特殊技术,首先修正人类染色体数量23对、46条,一改以往学术界认为的人类染色体数量为48条的结论。这一成果可作为人类遗传学发展中的一大突破,在国际上享有很高的威望。

又如数学系,陈建功、苏步青教授指导的学生中,张素诚是中国科学院数学研究所研究员;白正国为杭州大学数学系教授;吴祖基为郑州大学数学系教授;熊全治为美国里海大学数学系教授,他们都在数学的某些领域取得突出的成就……

七、遵义人民对浙大的深情厚谊

1939年6月,浙江大学成立迁校委员会,竺校长综合了多方面意见,大体赞成迁往遵义、湄潭。竺校长亲赴遵、湄察看,进一步了解沿途运输条件、物产、民情风俗及可用房舍。查看遵义后,又抵湄潭,由当地县长陪同巡视各处可用的祠庙屋宇,湄潭21团体又集会热烈欢迎浙大迁湄。市民甚至表示愿建屋出租,省府也以湄潭文化高、物价廉,并有补助迁移费1万元,再派用运盐车辆支持搬迁,促成迁黔计划得以实现。

华仲麟先生(团溪人,贵州大学教授)拨米贱售给浙大,以缓解浙大千余员生吃粮的困难。湄潭县在 1940 年 5 月以县长严溥泉为首成立了浙大迁移协助会，请浙大校长、教授列席讨论，支援房舍 250 余间，让出文庙、民教馆、救济院等办公房屋；又决定将湄潭中学与浙大实验学校（即附中）合并，依靠浙大师资办好地方教育。一切可谓周详细致。遵、湄父老乡亲勤劳朴实，是他们用辛勤的汗水种出的米粮、蔬菜，养育了浙大师生。同时，他们长期与浙大师生和睦相处，提供各种各样的方便，才使浙大师生有一个较安定的治学环境。

1946 年 5 月，浙江大学决定复员东归。遵义教育文化界举行隆重的欢送会，由 83 岁高龄的蒋簏谱老先生代表遵义教育文化界献旗，上写"善教继志，遵道救学，嘉贤容众，毁方瓦合。浙大复员返杭纪念，遵义文化教育界敬献"，这充分表达了遵义人民对浙大的崇敬和感谢。

1982 年 7 月 7 日，浙大黔省校舍碑在遵义市十一中（原子弹库浙大总务处驻地）出土，完璧幸存，湮没了近四十年的碑文重新树立。经过不断努力，一部记述活跃在抗战大后方的浙大学生运动的文史专辑《黔北风云》，于 1987 年由浙江大学出版社正式出版。1985 年 10 月，遵义市拨专款建立浙大碑亭于湘滨公园（原何家巷浙大教务处门前），浙大黔省校舍碑移置亭内。10 月，遵义地区特邀浙大校长韩祯祥和各地老校友二十余人参加碑亭揭幕典礼。1986 年，湄潭修复湄潭文庙，设立"浙江大学历史陈列馆"，将湄潭一中更名为求是中学。这是湄潭人民继续保持与浙大的友谊和文化交流，引进先进科学技术，振兴湄潭经济和文化的重要措施。浙大也为此拨专款并赠送了图书仪器。1986 年后，遵、湄地方政府留遵校友协助浙大拍摄《西迁寻迹》《怀念竺校长》二部专题录相片，回忆当年求学的情景和现时遵、湄风貌。1987 年夏，浙大机械系 5 名研究生骑着自行车沿浙大西迁之路进行考察，在他们到达遵、湄时，受到了当地人民热情的接待。对年轻一代继承和发扬浙大求是精神并增进与遵、湄人民的联系表示热烈的欢迎。改革开放以来，浙大师生应邀来遵、湄支援地方建设、科技协作和专程旅游访问的络绎不断。他们有从海外归来的学者，有国内外著名的生物学家、历史学家、地理学家、电工专家、农艺和园艺家，也有久经风雨的革命家和教育家。他们的到来，都受到遵湄地、市、县领导同志和留遵湄工作的校友的热忱接待和欢迎。遵义各界人士都热烈欢迎和真诚邀请浙大老校友为振兴遵湄地区的经济文化献计献策。1987年10月，遵义地区地方志编纂委员会派专人去杭州、上海、北京等地访问浙大和老校友，征集到大批珍贵史料，编辑出版《浙江大学在遵义》一方。

这一切，都充分表达了遵义人民对浙江大学的深情厚谊。

1989年8月

五十八年的沧桑

——浙大西迁遵义校址考

幸必达

抗日烽火中，浙江大学师生在竺可桢校长率领下，坚持抗日，坚持为国育才，选择了西迁办学的道路。在国土沦亡、席不暇暖的情况下，浙大被迫四次转徙才到遵义，这虽不是浙大西迁的初衷，但却创造了历史的辉煌，浙大从遵义崛起，而后蜚声世界。

遵义7年（1940.2—1946.6），浙大校舍分为三处（贵阳青岩不计）。校本部和文、工两院住遵义；理、农两院住湄潭；师范学院6个系分成文、理两组，文组留遵，理组赴湄，以便利用教学设备；一年级住在湄潭的永兴场。三地相距一百多里，由浙大校舍把它造成一座"大学城"。这是历史上没有的。当时浙大校舍既分散又简陋，人们都知道是在一些破庙、祠堂、民房和一些新盖的茅屋中办学，并培养了不少建设人才和科学家，但究竟是些什么房子，过去是什么场所，当时如何利用，现在如何变迁……老校友们离开了几十年，还在回忆，年轻的校友们未曾经历过，希望了解。为此，北京周志成学长提议写一篇《遵义校址考》，本文将以此展开话题，如"白头宫女话天宝遗书"，抚今追昔，说一说五十八年（1940—1998年）的沧桑，报告一下现在的情况，想来还是有意义的。

一、校本部旧址

校本部在遵义城内（现为遵义市红花岗区），分布新旧两城，借助和租用公私破旧房屋达数百间，还新建了实验工场的数十间茅屋，满足了教学、科研和生活的需要，一切井井有条。

校本部行政中心设在子弹库。位于老城南门内，校长办公室、总务处、文学院办公室、师院办公室，还有部分教室、实验室、宿舍设在这里。清光绪三十三年（1907年），遵义知府袁玉锡（湖北襄阳人）在这里创办了遵义初级师范学堂，后称遵义府中学堂；1926年改称贵州省立三中，革命人士黄齐生（王若飞烈士的舅父）任首任校长；1935年红军到达遵义，在这里召开过万人大会，毛泽东、朱德、李富春都在会上讲过话；1936年，三中改名遵义师范学校，招收第一批师范生，附设初中部；同年，国民政府行营第二军械总库占用了这片校舍，遵义师范迁往别处，这里就统称为子弹库；1940年浙大迁遵义，子弹库存械不多，又有郊区分库，竺校长四方奔走商借，才得上级批准转让浙大使用。这里原为典型的中式庭院建筑，房屋为二层木结构，楼宇宽敞、回亭曲栏、花园水榭俱备，是黔北培养师资的最高学府。由于军阀内战，常为驻军占用破坏，又年久失修，花木庭园凋零，早已今非昔比。子弹库迁入后任意拆动，损坏更多。但这里房屋多，修理后利用率高，浙大用做校本部比较合适。1946年浙大复员东归，此处一度成为空房，破烂特甚。解放后利用地皮兴建十一中学，但前后左右俱备蚕蚀，十一中校舍不及原有的十分之一，还有危房一间未拆除，作为文物保留。浙大复员时，竺校长在此立有"浙大黔省办学校舍碑"，记迁黔6年中院系设置及教学设备，因无人爱护，石碑倒卧水沟中近40年。1982年，十一中学整修水沟时出土，完好无损。浙大遵义校友会及地委党史办联名申请地委拨款建亭，重立于湘滨公园，供人瞻仰。1985年举行隆重的碑亭落成揭幕典礼，母校校长韩祯祥、陈士林及学长数十人出席典礼。47届校友幸必达有《碑亭记》刻石记述此事。《浙江大学在遵义》书中更有详细记载。

教学中心设在新城何家巷3号及5号，位于新华桥东岸（旧称中正桥、万寿桥）。教务处、训导处、工学院办公室、医务室、多教授室和男生宿舍、饭厅等都设在这里。何家巷3号简称"何3号"，是清代总兵何行保官邸，重门深院、前后五进，有四合院13个，当年颇有侯门气象，可驻兵一营，有过辉煌历史。民国以来何家败落，大院失修破败，由数十户乡民租住。

后为柏杰生（柏辉章军长之父）购买。抗战初期，曾容纳不少疏散来遵的人。京剧厉家班曾在此租房上演，盛况空前，促进过遵义京剧人才的培养，也曾经是遵义各界抗日救亡活动的集会场所。浙大到遵义后，从柏家人手中租用，租金年付 1200 元，付修理费 5000 元，此处房屋众多，又很集中，故成为浙大教学活动中心。何家巷 5 号简称"何 5 号"，与"何 3 号"毗邻，是黔军副师长周吉善的私宅，有西式建筑，也出租给浙大，主要用作教室和教师宿舍，现在这两处房舍都已拆除。大门前原名石门坎街，现已扩建为新华路大道，靠湘江一面的街房已拆除，建成长 1 公里以上的湘滨公园，林荫蔽日，亭台掩映，南起丁字口，北到北门，都是游人休息之所。浙大碑亭屹立园内，成为历史景点。

图书馆在江公祠，位于丁字口旁的桃源山上。江公祠是纪念清代遵义知县江炳琳的。他在镇压清咸丰 7 年（1859）起义反洋的黄、白二号义军时阵亡，清代列为"忠烈"，并建祠奉祀。黄、白二号军起自思南，攻城略地十余县，改元"江汉"，封官铸币，实行耕战结合，声势浩大，起义活动长达 11 年之久，后被四川大军镇压。1930 年，遵义士绅重建江公祠，庙宇一新，于此创办城成小学，1940 年迁往刘将军祠，并新建校舍，浙大借用原校址，全部作图书馆之用，馆藏中西书籍五万余册，这在当时是十分宝贵的，内迁学校是很难拥有的。江公祠现又为市一中拆作操场用地。祠内木刻精良，已作文物保存。

纪念周会场在播声电影院，位于丁字口旁。影院原为马姓私营企业，1931 年起开始放映无声电影，以武打神怪片为主，上座率不高，只演夜场，浙大利用它作纪念周会场。"纪念周"是国民政府规定的机关学校统一性集会，每周星期一上午举行，任务是宣传政令，统一思想，由单位首脑主持，群众最不满意这种集会，但又不能不参加。竺校长来校后，按规定举行纪念周，但内容大不相同，主要是讲述抗战时事、学校工作，更多是请教授作学术报告，如竺校长的《地中海风云》、吴耕民的《俭学》、顾谷宜的《欧战形势》、费巩的《导师制之我见》、黄川谷的《中国文化前途展望》等，对学生有教育意义，学生很欢迎。解放后，此处已新建包括歌舞餐饮的大型影院，是当时遵义市设备最好的影院。

在浙大，体育锻炼较受重视，当时是利用公共体育场。公共体育场建于 1936 年，有足球、篮球、网球场地，还有部分器械设备，对全城人开放。场中有司令台（名复兴亭），抗战期各种群众纪念集会都在此召开。浙大来遵后，体育场才得到了充分利用，促进了遵义体育事业的发展。此场现已成为新建碧云大道的一端，高楼耸立，旧址完全消失。

　　肺病疗养室是借用北门山上阿家寺的几间平房。那是私人祠宇改供观音，由尼僧主持，但环境幽静，确是养病的好去处。浙大学生素有营养不良现象，易生肺结核。学校在这里设立疗养室，使不少同学得到康复，功德无量。此寺在解放后废弃，改建为民房。

　　教职工俱乐部在子尹路柿花园 1 号。此处原为朱姓私宅，为浙大租用。定为俱乐部后，曾小作装修。会议室四壁钉上木板，由教授夫人们铺上稻草，加上布套，就成简易沙发。墙上挂有玻璃外罩的油灯，十分别致。浙大招待外宾，和学校重要会议多在这里举行。此处旧房已拆去，由国土局改建新楼。

　　教室分布很广。除子弹库、何 3 号、何 5 号以外，还有龙王庙教室。龙王庙在何 5 号后面，三面是山，很僻静，宜于上课。但离本部中心较远，天下雨时往来困难。解放后，龙王庙废弃，后改建市府招待所，部分浙大校友曾来此住宿时，还不知道这是当年上课的地方。

　　实验室多，仪器设备多，是战时浙江大学独有的特色。浙大在遵义拥有若干间实验室，分布新旧两城。最大的实验室群在工学院实验工场，位于次东门外河滩上，有新建的草房十余座，面积宽大，通风采光良好，分为机械、电工、化工、动力等馆。其中机械馆有基本试验、热加工、翻砂间，冷加工有车、钳、刮、铣、钻床，还有热工试验室作多种燃料的热量分析，有机器功率试验及水力试验场，材料应力试验有万能试验机、剪切疲劳试验机等设备；化工试验馆有多种定性、定量分析设备，还有化工研究室和大规模的期刊资料室；电工试验馆有发电、电动机械及电讯试验设备；动力馆有专用的动力供应设备。这样的工场规模，在抗日大后方是罕见的。这些设备，浙大师生除用于自己的教学科研之外，还承担外单位的科研项目，充分利用这些设备为抗战服务。这个工场早已拆去，现为遵义公园用地。此外，在次东门内浙大新建有航空工程实验室，配备有 V 型、星型发动机、美制双翼教练飞机和若干航空仪表。此处现为四中校舍的一部分。化工系另有分析、有机和物化实验室3个，设在子弹库一座楼房内，目前楼房还存在。化工系还有工业化学实验室，在新城白农路川主庙，此处已建成中华北路大街。

文学院文科的史地学部设在老城水硐街3号"醒庐"。此房是租用黔军师长郭惠苍的住宅，为四合天井，木结构二层楼房，配以西式砖砌牌坊，这在当年私宅中很少有。这里环境优美，张其昀教授就住在这里，还住有部分研究生。《遵义新志》《史地杂志》《浙大文学院集刊》《思想与时代》等有名的书刊都从这里编辑出版。此处解放后成为民房，现建成人民银行办公大楼，水硐街扩建为繁华的碧云路大道。

浙大附属遵义测探所设在子弹库后院，由史地系学生作观测实习，并建立遵义气象纪录档案室。此外，史地系大量的实习活动都在野外进行，如识别岩石，采集化石，寻找矿石，分析地质构造，观察地形，大规模的地质调查，土地利用调查，地质矿产路线调查等，在遵义期间，浙大师生足迹远涉遵义、桐梓、金沙、修文、黔西等县，面积达1 400余平方千米，这就不是校址所能及的范围了。

师范学院文组有国文、英语、史地、教育4系，理组有教学、理化工系；文学院有国文、外语、史地系，外加文科研究的史地学部，教学设备和公共课可与师范学院文组共用，此处不再一一赘述。

浙大在遵义有一个很好的游泳池，位置在实验工场旁的柏家堤坎。这里当时有小水坝，蓄水冲动水车以供灌溉，河道宽阔，水质清洌，浙大改为游泳池后，很受师生和遵义人民的欢迎。开了当时男女都能下河游泳的新风。此条河道后经过整治，条石砌岸，河床加深，现在是公园的游艇区了。

学生宿舍中，男生宿舍分布广，除何3号、何5号外，还有老邮局（在穆家庙巷内）。遵师部分校舍在唐家祠堂宿舍等处，研究生宿舍也在唐家祠堂新建。唐家祠堂为唐氏宗祠。唐氏自康熙年间以知县起家，子孙五世为官，知县、知州有十余人，为遵义旺族，民国时衰退，祠堂也被毁损，但因规模大，房舍多，容纳了不少浙大学生。此处现已拆建为四中教职工宿舍，遵师校舍也拆建为军分区司令部，只有老邮局巍然独存，但已破烂不堪，即将拆建新屋。

女生宿舍、女教职员住所在杨柳街14号侯家公馆，原是少有的西式砖木建筑，前后两进，是黔军旅长侯小白的私宅。侯小白在内战中阵亡，其遗孀上庙清修，房屋出租，女生住此可谓得天独厚。此房在解放后改为民房，虽已破旧，但现还存在。很多老校友来此拍过照片。今年老城改造，此处大拆迁，将作为遵义会议历史一条街的一部分，重建后成为博古、李德故居。

教授们的住址遍布新旧两城，都是租住民房或借用公房。其中，碓窝井9号（竺校长住，现为地区幼儿园大楼）、水硐街8号（田德旺教授住，现为军分区干休所）、石家堡（费巩、梅光迪、郭洽周教授等住，现为军分区新建宿舍）、凤朝门王宅（谭其骧教授住，现扩建为中华路街道）、南坛巷熊家（丰子恺教授住，现在为大陆集团宿舍）、文庙街（文学院教授住，现为中医院门诊部）、水井湾（工学院教授住，现为行署大楼）、天主堂（方豪教授住，现为革命圣地——红军总政治部旧址），此外，还有大悲阁、大仕阁、四方台等处，都有教职员宿舍，现均已改建高楼。

学生服务处在何家巷院外，原为街房后进，现为扩建的新华路并入街道。

二、湄潭分部旧址

湄潭分部办公室设在文庙，在湄潭县城中心，图书室（设大成殿）、公共课教室（东西两廊）、部分宿舍（钟鼓楼和明伦堂）都设在这里。文庙前有小广场，照壁上大书"国立浙江大学"6字。此处房屋较为完整，前进的泮池、棂星门、明伦堂已拆迁为县委大楼，后进大成殿等已装修保留，现为浙大西迁历史陈列馆，内分9部分陈列浙大文物，是湄潭人民对浙大情深意厚的见证。

大祠堂兼饭厅和剧场、大体育场、游泳池等均在北门外湄江边，为浙大新建，占地40余亩，江边有水车供师生用水。此处现为求是中学校园，房屋已改建。

男生宿舍楼房4幢，即仁、义、礼、智4斋，全部为新建。此4斋在大楼坊西面的玉屏山上，面对湄江，视野开阔，风景宜人，四面都是蔬菜地，空气清新，学习环境甚好，现为中学宿舍。

女生宿舍在玉屏山奇峰，东门内侧，也是新建楼房，定名信斋。在女同学精心布置下，信斋花木绕舍，如遗世独立的世外桃源，现在此处是县政府招待所房屋。

教授们宿舍也遍布城中各处，如文庙、天主堂（谈家桢教授住）、湄江饭店（王季梁、郑晓沧等教授住）、轮贺寺（苏步青教授住）、魏家院子、常家院子、朴庐（朱祖祥教授住）、小江南（胡家健教授住）、福音堂（杜乐道教授住）以及沿街民房多处，教授们与民众同住一些民舍，彼此感情浓厚。

理学院4个系，地理系设双修寺，在西门外湄凤公路边，原名双修堂，是明代古刹，房屋不多，浙大新建楼房一座，至今仍保存，现为中医院部分宿舍。

数学系理科研究所教学学部设在轮贺寺，在南门大街旁，已改建新楼。

生物系和理科研究所生物学部设唐家祠堂，在西门外遵湄公路边，为四合天井，现属义泉三小。

化学系数在万天宫（以前校友称梵天宫，误），即四川会馆，在文庙旁，现属义泉一小。

农学院6个系，农经系和农科研究所、农经学部在财神庙，位于文庙旁，与万天宫毗邻，农业推广部也在这里，现居义泉一小。农艺、园艺、蚕桑三系设贺家祠堂，在浙大农场内。浙大农场占地400亩，在西门外遵湄公路边上，大门对面即为生物系。场内分农艺场，有稻、麦、棉、玉米、油菜试验田，园艺场有蔬菜、果树、花卉试验田，还有大面积的桑园、苗圃、农场办公室、贮藏室，农工系宿舍都在场内，场内有山名叫郎背，建有北亭，以纪念抗日战争。此场现为农业、林业局合用，建筑一新。农化系设禹王宫，在农场东北旬，房屋矮小，但很合用，现属农业局苗圃。病虫害系是新建的二层大楼，也是农学院当时最好的建筑，现属林业局。

1940年，浙大迁湄潭后创办浙大附中和浙大附小，附中原名实验中学，与湄中合并，借用湄中校舍并加以扩建，有四合院三处，花园一处，操场两处，礼堂、饭厅、教室、宿舍俱备，是当时国内有名的完全中学。此处校舍现已改建为县政府宿舍，只有操场边的大皂角楼巍然独存，为附中的辉煌历史作着见证。浙大附小设玉皇阁，在北门外湄江边，房屋整洁，老师都是大学学生，教学质量好。此处现为求是中学职工宿舍。

三、永兴场一年级旧址

永兴距湄潭县城30里，是贵州四大场镇之一（一打鼓、二永兴、三茅台、四鸭溪），为黔北土特产的集散地之一，商业兴旺，街道整洁，居民富庶。

浙大因迁湄校舍不敷应用，加之为了对学生加强基础训练，故将一年级单独设在永兴。一年级都由教授上课，管理严格，学风端正，为二、三、四年级打下良好基础。

一年级办公室设在江西会馆（简称江馆），在永兴上街。前进为教室、饭厅，后进为办公用房及部分教授职工宿舍，最后为大操场。这是一年级行政及教学中心。现为永兴区机关所在。

男生宿舍集中在两湖会馆（简称楚馆），位于永兴中街，只一个大院，正殿改做教室，两厢楼上楼下均为男生宿舍，上下铺，自修桌搭在床间和窗边，采光通风好，布置得法，是一个很好的住宿、学习环境。现为永兴区机关职工宿舍。

女生宿舍在江馆旁边巷内，是租用民房，现已改建新楼。

教师宿舍分布街道民房中，现在多为改建新房。

一年级生物实验室设在财神庙，在街道东面巷内，已不存在。

农学院畜牧实验基地建在永兴火神庙，在永兴上街口，以前是军马场，浙大借用后，大牲畜（牛、马）配种，人工授精实验都在这里进行。现为永兴区机关用房。

一年级游泳池在三岔河，临时"公园"在黄菊山，这些地方曾是浙大师生游乐和学习之处，现在都划入万亩茶园范围，成为湄红、湄绿（著名湄江茶）的出产基地。

五十八年，当年在遵、湄、永学习过的求是门人，都已年过古稀，老师们多已作古。浙江大学当年在这里租用、借过的大片房屋，为浙大师生提供了教学、科研和生活场所，遵义人民的盛情难忘，这些房舍也给我们留下了难忘的记忆。我们旧地重游，还能够指点江山，共识当年焚膏继晷之处，饭蔬饮水之场，风物依然，令人神往。但事物不是永恒的，五十八年沧桑，遵义变了，湄潭也变了，而且将发生更大的变化。中国人民即将掀起跨世纪的大发展，浙大、遵义、湄潭旧址只能留下一些痕迹，有的甚至无影无踪，这就是历史的必然，社会发展的必然。我们对旧址留有深刻的印象，这些建筑当年为我们服务，更将为旧址的除旧布新感到自豪，因为祖国在前进，在破庙、茅屋的基础上耸立的大厦通街，正是历史的见证。遵、湄、永三地将以崭新的面貌欢迎浙大校友来此寻根访旧。老校友们盍兴乎来？

（作者系 20 世纪 40 年代浙大农学院毕业校友）

1998 年 6 月

六十年后说东归

——1946年浙大由贵州复员杭州纪事

幸必达

一、话说当年

67年前,浙江大学在全民奋起、共赴国难的抗日战争中西迁办学。竺可桢校长为了让大学向乡村传播科学文化,同时让师生深入农村唤起民众抗日,决定浙大不内迁西南的名都大邑,而选择走山区小县的流亡之路。转徙三年(1937—1940),经过浙江建德、江西泰和、广西宜山,最后定居遵义,在遵义、湄潭、永兴三地一住七年。竺校长肩挑战时大学教育与科研的双重任务,领导师生们在破庙茅屋中,布衣蔬食,弦歌不辍,以独特的办学精神和尖端的科技成果蜚声国际,被誉为"东方剑桥",树立起一面战时流亡大学崭新的办学旗帜,浙江大学也从艰难中崛起。当年办学困苦,至今犹历历在目。

1945年,抗日战争胜利了。在全国人民的欢欣鼓舞声中,浙江大学也胜利复员。师生们怀着对遵义人民的无限感激与眷念之情,从1946年夏天开始,经过5个多月的艰难转徙,全校才东归杭州。这次复员人数众多,是一次庞大的转运工程。

当时,内迁云、贵、川三省的高校师生员工眷属数万,加上政府机关单位人员眷属不下数十万,在海陆空运工具十分缺少的情况下,竺校长带领执事人员四处奔波,北上重庆,南下贵阳,东去南京、上海、杭州,风雨兼程,为复员规划行程,寻找联系工具、经费及重建校舍,向教育部要复员费、建校费，向交通部、公路局、两航飞机和民生轮船公司联系工具，真是艰苦备尝，席不暇暖。在万分困难中决定了分期分批复员的总方针。浙大遵义总部改为留守处，由王国松院长主持。6月1日以后函电公文均转杭州，5月份正式启动复员工程。

从1946年5月7日第一批三辆汽车先行，到10月10日杭州庆祝胜利复员大会，历时150余天，师生员工眷属3 000余人和图书仪器数百箱安全回到西子湖畔。竺校长和执事人员可谓心力交瘁，实在令人感泣。

2006年，距浙大复员东归已经整整六十年了，竺校长和很多老师、学生都已先后去世，在世的师生都已苍颜白发，年登耄耋。回首往事，喜悦中也饱含辛酸。今天，祖国强大了，经济腾飞，交通四通八达，比起当年东归条件真有天壤之别。浙江大学也已发展成为世界知名大学。抚今追昔，我们更加怀念为国操劳、为科学和教育鞠躬尽瘁的竺校长。这段艰辛的历史，我们很难忘记，也应该借此段历史告诉我们的青年朋友们：请珍惜今天的幸福日子！

二、艰难的壮举

1946年2月9日，浙大在湄潭召开第一次复员预备会，匡计复员人数为3 000人左右，按当时物价预计复员费为3.74亿元法币（下同）。2月25日，教育部在重庆召开的高校复员会议，决定复员次序为离重庆近的先迁，远的后迁。当时交通情况，据《竺可桢日记》记载是：水运走长江，民生公司有轮船96条，但领港员只有46人，不能全用，每月可运1.8万至2.4万人；陆运走川、黔、湘方向去长沙，接铁路到武汉再转长江水运；公路有汽车600辆，每月能运1.5万人；空运有央航和中航两公司，有飞机23架，每月可运4 000人，但规定每校每月只配给机票3张。无论水陆运输，都要自己联系车船。

因川江水运已拥挤不堪，便让重庆附近学校先走，浙大只能考虑陆运，即经贵阳去长沙、武汉再转水运了。4月26日，浙大行政会决定，根据教育部发来的复员费3.7亿元，分配到人。其中：学生每人复员旅费9.5万，加5、6、7三个月的公费共发12万；研究生每人复员费9.9万，加三个月公费共发 12.9 万；教授每人 15 万、副教授 14 万、讲师 13 万、助教及职员各 12 万，家属妻子与丈夫同，子女及佣人各 10 万，佣人家属 5 万。学校决定 5 月 5 日在遵义举行当年的毕业典礼。领款的师生员工可以自找交通工具先走。

  当时，学生代表向学校反映，每人 12 万元旅费不够用。学校限于经费无法增加，同意无家可归和无钱可借的师生暂留贵州，候至 9、10 月间与学校最后一批人员和物资同行，车船均可免费。因杭州校舍未修复，先走的人可以先回原籍家中。学校决定 11 月学生开学再到校复课。

  决定公布后，能走的师生员工都各自找车出发，湄潭、永兴师生都逐渐集中到遵义找车。当时很少有正规班车，很多人都找司机搭便车，当了"黄鱼"，真是归心似箭。先后走了两千多人后，剩下的都是无家在江浙的学生或家累很重的老师和职员，大家都决定随校最后迁走。

  8 月中旬，学校联系了陆军交警二团，以一百辆军用十轮大卡车为浙大运送全部留黔人员和物资。学校紧急征募一百名学生担任无偿的押运人员，负责押运物资和照顾同行老师员工眷属。应征的人很踊跃，笔者当年是四年级学生，也是应征人员之一，亲历了这次东归旅程。

三、陆路行程

  1946 年 9 月 4 日上午，我们最后一批人员和物资准备出发。一百辆十轮大卡排列在子弹库校本部广场上，已经装车待发，蔚为壮观。押运同学先期已开过会，自动推举了一批负责人，商定了九条公约，要求大家遵守：

  1. 车队统一出发，保证一路同行，经贵阳直驶长沙，到长沙接待站交卸物资为止。

  2. 同行老师及员工子女眷属优先坐驾驶室，其余人员及物资统安在车厢。

  3. 乘车人员每人先交一万元作途中生活费用，沿途集体办伙食；负责办伙食的同学先采购一些大米、干菜、腊肉等装车备用；估计行程六天，早、中、晚统一用餐。

  4. 每天到站后住宿都尽量借住学校、庙宇，以省宿费。

  5. 每天到站后由负责住宿的同学安排住处，负责伙食的同学（以女同学为主）上街买菜和下厨做饭，统一进餐。

6. 晚上买蜡烛分发各处照明。

7. 黎明即起，统一早餐后上路，中午在途中饭店就餐。

8. 车抵长沙前结算伙食账，多退少补。

9. 互助互让，同甘共苦，照顾好老师及老幼眷属，服从统一指挥，争取平安到达。大家一致同意。

经过组织，队伍有条不紊地出发了。百辆大车浩浩荡荡离开遵义，我们含泪向夹道相送的遵义人民挥手告别。

第一天宿贵阳，我们借住豫章中学校舍，学校领导热情支持，借给我们几间大教室和厨房，做饭、住宿都很顺利。第二天早饭后上路，当晚宿黄平。第三天宿玉屏，已到贵州边界。第四天宿芷江。湖南道路平坦，又逢天气晴朗，"秋山红叶，老圃黄花"，师生一路谈笑风生，驾驶员十分尽职，车辆没出过问题。第五天到黔阳，过沅江大桥时，浮桥过渡要排队，百辆车队过了不少时间才过完，晚上只能宿洞口。第六天中午就到了邵阳，这里距长沙已经不远，负责伙食的同学公布账目，颇有结余。大家同意在邵阳大饭店聚餐，一是庆祝陆路行军的首战告捷，二是借此向驾驶员们的辛勤表示感谢。我们抓紧赶制了一百幅简易的"锦旗"（实际上只是一百块白大绸），每面中央由胡哲敷教授书写"今之王良"四个隶书大字，四面有全体师生的签名，在餐会上隆重赠送给每一位驾驶员。大家高唱校歌，欢声雷动，餐后直驶长沙。

长沙接待站由舒鸿教授主持。车辆全部卸货，我们交清了物资并卸下各人行李。接待站为我们向救济总署（全称是联合国善后救济总署）领取了每人一张的难民证，凭证可享受免费车船和食宿供应直到杭州。当天，我们就搭上火车直驶武汉，候船东下了。

四、水路行程

在武昌下车，难民站安排我们住进一座日寇占据过的大仓库。高大的木质楼房，已住进不少难民。睡的是地铺，一间几十人，没有电灯，照明用蜡烛。

蚊子臭虫特多，晚上很难入睡。白天一日两餐，排队打饭，有酸菜和军用罐头牛肉佐餐，虽然不太可口，但大家都知足了。

住下来是为了候船。我们每天都去黄鹤楼下守候，但候了十来天，船还是杳无踪影。白天好过，夜晚难熬，我们饱尝"望穿秋水"的滋味。

汉口在武昌对面，只一江之隔，有小船摆渡。一次偶然的机会，我们去汉口观光。这里有十里洋场，商业繁华，沿江大道车水马龙，比武昌热闹多了。

浏览中碰到早来汉口的同学，他们住在复员招待所。这里是接待政府复员人员的，已到秋天，政府复员的人已经不多，招待所基本空着。管理人员听说我们是浙大师生，欢迎我们免费入住，我们很快搬了过来。这里每间房里有六个床位，有凉席、棉毯和蚊帐，清洁整齐，电灯明亮，还有洗澡设备；晚上可在花园里乘凉听音乐，比起在武昌当难民，真有天壤之别。我们是离苦海上天堂了。但这里不供应伙食，也无法自己开伙，只能上街买吃的。我们多数人带钱不多，最初还能上小店吃客饭，后来只能买烧饼、油条充饥了。有的每天还只敢吃一顿，只盼难民船早些到来。

大约十来天过了，难民站通知说船来了，来船是美军登陆艇"绥远"号，载重六千吨，只载复员上海的大学师生。上船后才知道有浙大（约三百余人）、东方语专（二百余人）、艺专（一百余人），共计师生七百余人。一个大统舱，我们协商分配，男女老幼分成几大片铺好床位住下了。船上有淋浴室，有高压消毒饮水供应。每日两餐供应牛奶、面包和一小罐牛肉，都是军用剩余物资。大家都是劫后余生，又一次安下心来，真有无限感慨。船长是美国人，和大学师生友好相处。他们是根据租借法案来中国开展救济工作的。

当天起锚东下，晚上船靠九江。我们三校师生联合，在船上组织了一次联欢晚会。宽阔的甲板上灯火通明。各校节目有古琴、琵琶、南胡独奏、抗战歌曲大合唱、轮唱、女声独唱和舞蹈等，丰富多彩。师生和外籍船员同乐，岸上也有不少观众，直至午夜方罢。第二天船靠安徽芜湖，夜色中不少人下船观光，游夜市。第三天船到南京浦口，接待站有车来接，下船后再上火车，当天抵达杭州。这时已是9月下旬，最后一批人员和物资，历时二十余天，总算安全抵达杭州，回到母校怀抱了。

五、开学之前

八年艰苦抗战,日寇已将浙大在杭州的校舍破坏得面目全非了。大学路本部和华家池校舍都被日机炸毁,到处都是瓦砾和残垣断壁。学校因陋就简修复了部分平房,正开工兴建新校舍。我们来早了,又不像江浙同学可以回家,学校安排我们暂时住在浙江图书馆楼下的大厅里,伙食、照明都得自己设法解决。

救济总署收缴难民证时,发给每人一袋面粉(50斤),另有一些罐头牛肉之类的军用剩余物资。面粉已经发霉,我们只好贱价卖掉,换些大米、油盐。同学们又组织起来自己开伙。电灯是自己安装的,图书馆外是瓦砾场,到处有被炸断的水管。先到的人已用木楔堵塞管口,随时可取水来洗脸、洗澡。晚上行人稀少,可以利用水管淋浴,凉水冲洗后沁人心脾,可以安然入睡。我们算是安定下来了。10月12日起,学生救济总会为浙大贫苦学生办起了免费食堂,有300个名额,经批准的清寒学生每月交5千元柴火费,可以到食堂就餐。我们自办的伙食团自动解散了。

学校11月1日开学,恢复了公费待遇,食宿都已安排就绪,我们又开始了新的学习生活。

时间过去了整整六十年(1946—2006),东归旅程经过回忆,还能记下一些主要情节,说明了这段历史对我有着难忘的印象。文中遗漏和错误之处,还希望当年同行的老师和同学加以纠正和补充。

浙大西迁和复员,都是竺可桢校长亲自领导的。回忆当年的流亡岁月,我们更加怀念逝去的老校长,也怀念当年辛苦育人的老师们和风雨同舟、流离转徙的学长们。在举步艰难、山河破碎的年月,我们曾经不屈不挠、共渡难关,这是一段多么珍贵的回忆。八年抗战,六十年奋斗,祖国人民不畏艰难,重建家园,再造辉煌,幸福的日子来之不易啊!愿我辈在桑榆晚景中继续弘扬求是精神,祝愿母校和祖国更加繁荣昌盛,创造更加灿烂辉煌的明天。

(作者系浙江大学20世纪40年代毕业生,今年95岁)

此文定稿于2006年5月

"一座名城，两迎长征"

曾祥铣

"历史上常常有惊人的相似之处。"马克思1848年2月22日在布鲁塞尔演说的这一开场句，早已成为广为引用的经典名言。言及浙江大学西迁遵义、湄潭，往往让人联想到中央红军长征途经遵义的情景。以遵义为切入点，两者确有一些"惊人的相似之处"。

中央红军1934年10月由江西、福建出发西进，途经湖南、广东、广西三省，1935年1月占领遵义，召开了举世闻名的遵义会议，一度准备建立以遵义为中心的新苏区。迁至江西的浙江大学，1938年9月从江西西进，也同样经湖南、广东、广西三省，于1940年1月抵达遵义，在遵义、湄潭办学达7年之久。经由相同的路线，抵达遵的时间都是1月。前后相距5年，遵义城皆以满腔热忱迎接了这一武一文两支振兴国家民族之师，可谓"一座名城，两迎长征"。

《遵义——浙大西迁大本营》是介绍当年浙大西迁遵义情况的文史资料，此文以此为中心话题。

1937年7月7日，日寇进袭卢沟桥，抗日战争全面爆发。8月，日机开始轰炸杭州。11月，日军在距杭州百余公里的全公亭登陆。在轰炸中仍坚持上课3个月的浙大，被迫踏上西迁征途。

短短两年多时间里，立足未稳，敌机又至，不得不一再迁徙：一迁浙西天目山、建德，再迁江西吉安、泰和，三迁广西宜山，四迁贵州遵义、湄潭。

1940年1月到达遵义，2月即开始上课；5月湄潭分部校舍落实；12月湄潭永兴可接纳学生。1940年底大体安定下来，总体布局是：校本部及文学院、工学院、师范学院文组在遵义；校分部及理学院、农学院、师范学院理组在湄潭；一年级在湄潭永兴（此前一年级暂设贵阳青岩）；1939年4月始设于浙江龙泉的分校，其学生读过一年级后也转到遵义、湄潭继续学业。

西迁途中，浙大师生及教职工家属颠沛流离，备尝艰辛，有的还被疾病夺去生命，其中包括竺可桢校长的妻子与次子。到了遵义、湄潭，物质条件依然较为困难，但1940年2月至1946年6月，在遵、湄的这7年间，总算有了一个相对安定的生活与治学环境。1989年11月，时任浙大校长的路甬祥教授在《浙江大学在遵义》一书的"序"中说："人民养育了浙大，遵义、湄潭是浙江大学的第二故乡。"

遵、湄办学期间，浙大有了巨大的发展。西迁前的1937年10月，浙大仅有文理、工、农3学院16学系，学生633人。随校西迁学生460人。西迁中，逐年发展。至遵、湄迁返杭州前夕，已有7学院，27学系、4研究所5学部、1研究室，1分校，2先修班，1附属中学，工场11所，农场有地300亩。在校大学生，1941年6月为1 486人，1946年10月为2 243人。

浙大在遵、湄办学，为国家和民族保全了一大批科学家，培养了数以千计的大量优秀科学技术人才。1944年，浙大全校教职工420人，其中教授、副教授144人，讲师38人，助教110人。在遵、湄时期的毕业生合计1 857人。上述绝大多数师生，新中国成立后，在国家经济和科教文化战线上作出了重要的历史性的贡献。据1989年统计，中国科学院学部委员中，有27人曾在浙大任教，40人为浙大毕业生，67人中80%以上在遵、湄工作和学习过，照一些浙大校友的说法，他们吃过遵义的米，喝过湄江的水。

遵、湄办学期间，竺可桢校长在宜山时提出的"求是"校训得以认真贯彻、实践。他说，求是精神就是奋斗精神、牺牲精神、革命精神和科学精神。求是之风遍及浙大，惠及遵、湄。在此风气熏陶下，浙大师生严谨治学，科研成果累累，爱国热情高涨，使浙大获得"东方剑桥""民主堡垒"的美誉。

遵、湄办学期间，浙大对遵义地区经济、社会的发展，有了极大的推动作用，产生了十分深远的影响。遵义属贵州较为发达的地区，就全国而言，当时依然相对闭塞，较为落后。浙大带来了现代科技文明，开阔了人们的眼界，推动了科学知识的普及。浙大在遵、湄帮助培训师资，编写辅导期刊，在中、小学兼课等，有力地推动了遵义地区教育的发展。科技成果的推广应用，从多方面促进了经济的发展，如农作物与蔬菜的栽培，病虫害的防治，五倍子的研究，锰矿的发现……至今依然发挥作用。社会科学方面，《遵义新志》《播州杨保考》等著作，开辟了遵义地域文化研究的新途径，现在仍有指导意义。抗战期间，遵义地区经济、社会发展水平，整体上有了相当的提升，浙大的影响即为重要因素之一。

  浙大西迁，是中国教育史上的一大壮举，是遵义历史文化中的光辉篇章之一，丰富的蕴涵有待我们不断发掘，对这一宝贵遗产，我们将倍加珍惜。

  遵义，在20世纪30、40年代，有幸经历两次长征的洗礼，长征精神与求是精神都已融入遵义的革命传统之中，将永远成为激励我们前进的动力。

2011年3月

"文军"气象：特殊时空下的浙江大学

谢尊修

2017年是著名的浙江大学建校120周年，也是浙大由于日本入侵而被迫开始西迁的80周年。

80年前的1937年，日本侵华军发动"卢沟桥事变"，随即铁蹄南下，西子湖畔的浙江大学受到威胁，在日本飞机狂轰滥炸下仍然坚持了三个月之后，师生们不得不在校长竺可桢先生的率领下被迫四次西迁，两年半时间，行程2600公里，历经坎坷，终得在黔北的遵义、湄潭摆下了课桌，在此办学七个年头，直到抗日胜利，于1946年返回杭州。

这支出发时七八百人的知识分子队伍，自从江西到黔北的行程，与三年前（1934年底）中国工农红军长征的足迹有许多相似。因此，浙大西迁之举，后来被人们称为"文军长征"。

几十年来，人们普遍知道"枪杆子里面出政权"，而"笔杆子"出什么，很少提到。"文军"，作为标准"笔杆子"，同样"系兴衰，系存亡"，如王淦昌伏于湄潭陋室油灯下研究"中微子"的存在，解决了原子能研究的一个重要环节。几十年后，又和他的学生程开甲一起，成了新中国的"两弹元勋"。可见，"笔杆子"亦很重要，试看日本侵略军在发动卢沟桥事变后，首次就轰炸南开大学等一系列罪恶举措，可见其对"文军"的堤防。

一、"文军"是一支什么样的队伍

浙江大学西迁的队伍，是一支高素质的知识分子队伍。以校长竺可桢为代表的教授、副教授、讲师、助教近三百人中，包括了各个学科领域的顶尖学者，有的身兼多职，学跨多科，他们一个个学通古今，学贯中西，有不少获得过学术界各种荣誉奖项，不少人的学术论文发表在国际权威刊物上。真是海纳百川，群星灿烂。即使在颠沛流离的迁移中，在陋室油灯下，弦歌不辍，科研不止，使浙大获得了"东方剑桥"的声誉。

浙江大学西迁的队伍，是一支爱国的知识分子队伍。多位学者放弃了海外优越的科研和生活条件，回到当时多灾多难的祖国服务。他们信奉一句名言："科学无祖国，但是，科学家有祖国！"同时，随校出发西迁时只有400多学子，后来加入的越来越多，都是不愿做奴隶的爱国青年，他们立志跟随名师学习做人做学问，有不少后来就直接参军上了抗日前线。

浙江大学西迁的队伍，是一支有正气有担当的知识分子队伍。他们来自五湖四海，为了科教救国走到了一起。队伍中还有共产党员和一批接受了马克思学说的青年学子。他们以天下为己任，关注国运民生，响应和支持中国共产党领导的团结抗日民主政治的主张，使浙大获得了"民主堡垒"的声誉。

附录：这里仅略举若干名师与学子，一观大概：

竺可桢：气象学家、地理学家、科学史家和教育家。哈佛大学博士。1936—1949年任浙大校长，西迁时还兼任中央研究院气象研究所所长。1950年后任中国科学院副院长。

梅光迪：留学于美国威斯康星大学。时任浙大文学院长。

胡刚复：美国哈佛大学博士。为研究X射线的第一位中国人，中国物理教育和实验研究的创办人，浙大西迁路上的智囊和先锋。时任浙大文理学院院长。

蔡　堡：两次留美。时任浙大生物系主任、文理学院院长。我国近代生物学、动物学、组织胚胎学奠基人之一。

陈　立：心理学家，伦敦大学博士，在中国最早从事工业心理研究。有"心理学泰斗"之称。时为浙大教育系教授，文学院长。后曾任浙江师范学院院长、杭州大学校长。

张其昀：史地学家、教育家。创办浙大史地系，任史地系主任，后兼任史地研究所所长、文学院院长。后去台湾，创办了"中国文化大学"。

苏步青：数学家、教育家。日本东北帝国大学理学博士。时任浙大数学系主任，教务长。主要从事仿射微分几何学研究，以"苏锥面"著称。1952年起任复旦大学教授，数学研究所所长，教务长，校长。中国数学会副理事长，全国政协副主席，民盟中央副主席。

陈建功：数学家。三次留学日本，日本东北帝国大学理学博士。时任浙大数学系主任。后历任复旦大学教授，杭州大学副校长，中国数学会副理事长。

钱宝琮：数学史家、天文学史家。英国伯明翰大学毕业。与李俨同为数学史学科奠基人。时为数学系主任。

王淦昌：物理学家。德国柏林大学博士。时任浙大物理系主任。曾任苏联原子核研究所副所长，第二机械工业部副部长。新中国"两弹一星"功勋奖章获得者。

束星北：英国爱丁堡大学硕士，美国麻省理工学院硕士。曾拜访爱因斯坦。时任浙大物理系教授，与王淦昌同称为浙大物理系两大台柱。

卢鹤绂：物理学家、教育家。美国明尼苏达大学博士。时任浙大核物理学教授。其对流体动力学的研究提出的"弛预压缩基本方程"在世界上首次命名为"卢鹤绂不可逆性方程"。新中国成立后任中科院上海原子核研究所副所长。

谈家桢：遗传学家、教育家和社会活动家，中国现代遗传学奠基人。美国加利福尼亚理工学院博士。时任浙大理学院长。曾任复旦大学副校长，民盟中央副主席，名誉主席。先后当选为美国国家科学院外籍院士，第三世界科学院院士，意大利国家科学院院士及纽约科学院院士。

蔡邦华：昆虫学家，日本鹿儿岛高等农林学校毕业，赴德国进修。时任浙大农学院院长。新中国中科院动物研究所副所长。

贝时璋：被称为世界一流的实验胚胎学家和细胞学家。德国图宾根大学自然科学博士。1930年放弃优厚待遇，回国任浙大教授、生物系主任，理学院院长。为我国107岁最长寿院士。

罗宗洛：植物生理学家，日本帝国大学农学博士。时任浙大生物系教授。后曾任台湾大学代理校长，"中央研究院"植物研究所所长。

李寿恒：美国伊利诺斯大学博士。浙大化工系创始人，先后任浙大工学院副院长，教务长，副校长。

王国松：留美电工哲学博士。历任浙大电机系主任，工学院院长，代校长，副校长。

钱钟韩：时任浙大机械系教授。曾任南京工学院院长，江苏省政协主席，东南大学名誉校长。

舒　鸿：克拉克大学卫生学硕士。时任浙大体育主任，经过勘察，在遵义、湄潭、永兴各建游泳场一处。贵州省近代史上建设标准化田径运动场的即是坐落在湄潭滨江背山的浙大体育场，即是校长应舒鸿之请求批准购地40余亩建成的400米标准运动场。

黄　翼：心理学家，美国耶鲁大学博士。时任浙大教育系教授。

费　巩：英国牛津大学政治经济科毕业，回国任浙大教授，后任训导长。在遵义时以自己薪金到洋铁铺里做了800多盏可加灯罩的植物油灯，分送到各学生宿舍使用，被人们称为"费巩灯"。1945年在应母校复旦大学邀请去重庆北碚举办"民主与法制"讲座时，被国民党当局杀害。1978年被上海市政府追认为革命烈士。

李浩培：考取中英庚款留学。1944年受竺可桢校长之邀请创建浙大法学院，任法学院长。新中国成立后先后任外交学院教授，外交部法律顾问，1985年当选为瑞士国际法研究院院士，1993年以87岁高龄当选为联合国前南斯拉夫问题特设国际刑事法庭法官。

罗登义：美国明尼苏达大学硕士。时任浙大农化系主任。对刺梨营养价值的研究发现，蜚声中外，此果被英国生物化学家李约瑟称为"罗登义果"。曾任贵州省人大常委会副主任，省政协副主席。

过兴先：浙大毕业，留校任教，为农学院教授。棉花研究专家。1939年被派遣为先遣人员到贵州湄潭筹建农学院，曾通过公费考试去美国选修。

朱祖祥：浙大毕业，留校任教，为农学院教授。土壤化学家，美国密歇根州立大学博士。后任浙江农业大学校长。

王　琎：化学家，早年就读美国科兴学院、理海大学。时任浙大化学系教授。中央研究院化学研究所所长。在分析化学基础理论和用近代分析方法研究中国古代冶金史方面有重要贡献。

王焕镳：时任浙大中文系教授，1945年6月受竺可桢校长之托撰写《国立浙江大学黔省校舍记》碑文。

谭其骧：历史学家、历史地理学家。时任浙大史地系教授。后任复旦大学历史系主任，历史地理研究所所长。主持编纂《中国历史地图集》。

缪　钺：时任浙大中文系教授。后为华西大学历史系主任，四川大学历史系教授，博导。

张荫麟：历史学家。清华大学毕业，官费赴美留学，入斯坦福大学攻读哲学与社会学。时任浙大、西南联大教授，兼中央研究院社会科学研究所《中国社会经济史集刊》主编。

叶良辅：地质学家、地形学家。美国哥伦比亚大学理学硕士。时任浙大史地系教授，接任张其昀任史地系主任。

涂长望：气象学家，中国现代气象事业创始人之一。伦敦大学硕士。时任浙大教授。新中国首任中央气象局局长。

刘之远：北京大学地质系毕业，曾参加湖北巴东鄂西矿产调查队。1939年浙大西迁时应聘任教，由讲师至副教授。在任教之余，调查遵义地质，写成《遵义新志》第一章"地质"。1941年发现遵义团溪锰矿，引来矿产开发。

丰子恺：画家、文学家、美术和音乐教育家。时为浙大副教授。

杨士林：化工系毕业，1980年代任校长。

程开甲：1941年浙大物理系毕业，留校任教。1948年获英国爱丁堡大学博士。1964年时，任核试验基地研究所所长、副司令员。为我国两弹元勋，国家最高科技奖获得者。

李政道：1943—1944年就读于在湄潭永兴的浙大物理系。茶馆读书的常客。美国芝加哥大学博士。1957年与杨振宁一起获诺贝尔物理学奖。

刘奎斗：参加抗日的浙大学子，曾在遵义读书两年，1942年毕业于浙大工学院机械系。1943年春，再次从军，远征缅甸和印度。1944年3月，所在的战车部队在缅北打了一场大胜仗，缴获日本十八师团的大印，刘奎斗即盖了一个印模寄给竺可桢校长，并报告战争经过。曾任台湾浙大校友会理事长及总干事，台湾森美工程公司董事长。

汤永谦：1940年毕业于在遵义的浙大化工系，并留校任助教。曾利用业余时间，采用当地乌桕子油为原料办起肥皂厂。后去美国进修，获化工硕士学位。曾无偿送一套瓶盖成套设备给青岛啤酒厂，解决啤酒密封问题。为北美浙大竺可桢教育基金会会长。

支德瑜：就读于在遵义的浙大机械系，1945年毕业。是学生自治会主席，在日军侵入黔南时，组成59人的浙大学生战地服务团，奔赴前线慰劳战士。留学英国，获曼彻斯特大学硕士学位。1950年毅然回国，曾任东风汽车公司副总工程师。

以上所列，只是一小部分，已足可看出这支"文军"的不可小觑，他们是国家民族的宝贵财富，在当时和后来的岁月里，在各自的领域，都为科学教育事业、为国家民族乃至为世界人类作出了的重要贡献。

二、这支队伍的领军人物

众所周知，浙大西迁队伍的领军者就是校长竺可桢。

对于竺可桢的办学理念，治校方略，科学思想，学术成果，社会贡献，精神风貌，人格魅力等，应该有专文叙述和研究才能说清讲明。这里仅就他带领师生们西迁的轨迹述一大概。

1937年11月，日本侵略军在距离杭州只有100多公里的全公亭登陆。此时起，随着日军的南侵，浙江大学被迫一迁天目山、建德，二迁江西吉安、泰和。不到半年，正当竺可桢校长奔走于湘桂道上寻勘校址时，忽得噩耗：次子竺衡和夫人张侠魂女士相继病逝。竺可桢忍受着国仇家难的巨大伤痛，继续领导全体师生，三迁广西宜山。不到一年，南宁失陷，日机轰炸宜山，学校又不得不第四度大迁徙。

校长竺可桢于1939年6月即亲到贵阳、遵义、湄潭视察迁校地点。1940年2月1日开始在遵义江公祠办公；2月9日一年级在贵阳青岩开课，2月22日二、三、四年级在遵义开课；5月农学院开始迁往湄潭。浙大落脚黔北，总算得以相对安定地进行教学和科研活动。在此办学了7个年头，直到日本投降，学校才决定返回杭州。

期间，1940年3月15日竺可桢在重庆与陈汲女士结婚。次月返遵义，寓居在老城碓窝井九号傅梦秋先生私宅（即五年前邓小平等人住过十天的屋子），年底得幼女，取名竺松。在陈汲夫人的支持下，竺可桢得以在繁忙的行政事务之余，着手本业科研工作，才有了新的重要科研成果。1941年6月，曾谢绝陈立夫欲其任中央大学校长职。

1946年5月16日，在部署好返校杭州的工作后，竺可桢离开遵义。于6月11日到达杭州。到9月25日，浙大在遵义人民欢送声中，返校工作全部结束。

三、苦难中形成的"文军"风骨气象

在抗日战争时期，不甘当亡国奴，为脱离沦陷区，不畏艰难险阻、长途跋涉，先后西迁的"文军"不止一支。但浙江大学这支"文军"，在颠沛流离的峥嵘岁月，知名教授群集，学子得到良好培育，教学科研硕果累累，学校在艰难中得到很大发展，形成一种特殊环境下的特殊"气象"。所谓"气象"，是指一种气度、气概、气势、气质、气韵，乃至气节、气魄、气度、气骨，等等。当年浙江大学这支"文军"所体现出的"气象"，笔者管见，主要体现在以下几方面：

1. 为国育才，为学储才

这支"文军"队伍，为国家民族保存了一大批站在科学前沿的专家学者，培育了一大批优秀学子和知识精英。

竺可桢校长和他的团队，以为国育才、为学（学术）储才为己任。在黔北办学七年，学生由西迁出发时的460人，到返杭时的2 000多人。在遵义毕业的学生有1 857人。1944年教职工人数420人，其中教授、副教授144人，讲师38人，助教110人。他们中许多在当时就誉满学界，更多的是在多年之后为祖国为人类做出大的贡献。

2. 求是创新，勇立潮头

竺可桢提出浙大校训"求是"二字，简洁明了却内涵丰富。他明确地提出："大学之能发扬光大在于研究。"而大学教育的目标，不是单纯的知识传授，应该是"养成公忠坚毅，能担当大任，主持风气，转移国运的领导人才"。(《1938年11月1日在广西宜山开学式上的讲话》)教师们特别注意洞察时代脉搏，了解科学前沿，掌握历史趋势和社会进程，使教学科研立于时代潮头。这支浙大"文军"，能团结奋进，没有门户之见，凝聚成一个强大的综合实力智库。

竺可桢带头践行"求是"精神，完成了重大科研课题《二十八宿起源之时代与地点》。从19世纪初叶起，西方世界天文学史研究中对二十八宿究竟起源于中国还是印度，热烈辩论了100多年。竺可桢以无可置疑的科学依据，论证证明了二十八宿的发祥地是在中国。

1942年，王淦昌教授发表于美国《物理评论》上的《关于探测中微子的建议》，经美国学者J. S. 阿伦按照这一建议做的实验获得成功，为核能研究过程解决了重要的理论和实践问题。被命名为"王淦昌-阿伦实验"，被国际物理学界称为该年世界物理学的重要成就之一。

1943年，张荫麟教授的《中国史纲》、苏步青教授的《射线曲线概论》《曲线射影概论及元分子振动光谱与结构》均获得国家自然科学一等奖。

这一支西迁"文军"团队以其综合实力赢得国内外学界声誉的例子实在太多，不胜枚举。如：王淦昌的《原子物理学》，卢鹤绂的《重原子核的潜能及其利用》，陈建功的《三角级数论》，苏步青的《微分几何学》，王国松的《电工数学》，李寿恒的《中国煤矿》，钱令希的《悬索桥理论和余能定理的研究》，钱钟韩的《工业自动化研究》，卢守耕的《稻作学》，吴耕民的《果树栽培学》，蔡邦华的《昆虫学》，黄翼的《物理心理学》等基础理论著作，以及专题研究著作如：谈家桢的《亚洲瓢虫色斑嵌镶显性遗传理论》，贝时璋的《丰年鱼之细胞学研究》，罗宗洛的《微量元素对植物生长的影响》，任美锷的《太平洋国际地理》，费巩的《政治经济学研究》，郑晓沧的《教育论著与译作》，王季思的《中国古典词曲研究》，陈乐素的《第七世纪中叶的中日战争》，陈立的《中国科学不发达原因的心理分析》等。还有关于贵州和黔北地方历史文化经济社会方面的著述（见下节），都影响深远。

1944年10月22日至29日，英国科学家李约瑟以来华援助抗日的英中科学合作馆馆长身份来浙大参观访问，并参加了在浙大湄潭校部召开的中国科学社年会，会后带走了七八篇论文到国外权威科学刊物发表，可见论文水平之高。"东方剑桥"就是他的观感。

还有一位伦敦大学文学院长陶德思教授，当他看到浙大文学院讲课的教授以娴熟的英语滔滔讲课，引述渊博，大为惊讶和佩服。称浙大文学院的教学质量可与英国任何大学文学院媲美。在座谈会上，他又发现谈论古典诗文且有深刻见解的几位教授竟是工学院的教授，更加叹服教授们"学通文理"的素养。

3. 家国情怀，时代担当

1936年，竺可桢在受命浙大校长于国难严重时刻的就职讲话中，用非常通俗直白的语言说："我国大学的目的，应该怎样呢？应该不单是学生能赚到他一个人的面包，而是使许多人能赚到他们的面包。换言之，就是使大家有饭吃。"

家国情怀，关注国运民生，显示出浙大师生令人惊叹的优秀品质。如：互学互勉、砥砺前行的团队精神；敬业如命、爱才如渴、爱生如子的教师；"倒孔（孔祥熙）运动""国是宣言"的正义发声等。

1944年年底，在中国抗日战争严峻时刻，学校发动知识青年从军，大家报名踊跃，一个多月后，即开会欢送从军学生去綦江入伍。在日本侵略军打到黔南（贵州独山）之际，先后两批学生组成"战地服务团"，前去慰劳抗日将士。

竺可桢校长一贯支持学生的民主运动。1942年1月16日，浙大学生举行反高层腐败性质的"倒孔"游行，竺可桢校长为了保护学生，自己走在游行队伍前面。时隔一周，教育部派二员来遵义追查，竺可桢大义担当，未曾追究一个学生。对当年浙大师生中被国民党陷害抓捕的学生滕维藻、助教潘家苏，女生王蕙、黑白文艺社社长何友谅，外文系讲师冯斐，"有共党嫌疑"的学生"卞婶"等，均千方百计加以保护，不遗余力地设法营救。特别是为费巩教授失踪一事，多方奔走，全校教授签名请彻查此案，当面对重庆卫戍司令部派来做样子"调查"的沈醉和美国人舒莱勃提出彻查要求。"文军"中的这些优秀人才，没有被日本侵略者所俘获，没有被侵略者的炸弹所炸死，却为国民党当局所不容，真让亲者痛仇者快！

4. 陋室油灯，锤炼人生

"文军长征"，艰苦备尝。然而却锻炼了意志，锤炼了人生。竺可桢校长多次举《孟子·告子篇》的话激励学子："天之将降大任于斯人也，必先苦其心志，劳其筋骨，饿其体肤，空乏其身，行拂乱其所为，所以动心忍性，增益其所不能。"训导长费巩曾说："导师是为了培养他们成为有人格、有骨气、有抱负、有见识的人，将来可以担当重托，经得起打击，不会被恶势力所同化。"他还曾以荀子的话勉励学子："身劳而心安，为之；利少而义多，为之！"贝时璋教授有名言："学问要看胜似我的，生活要看不如我的。"

1939年2月4日，18架日军飞机对在广西宜山的浙大校舍投下118枚炸弹，许多学生的衣服、书籍全被烧光，教师们展开捐助活动，买衣买粮，帮助学生度日。程开甲领到一件棉衣，束星北老师见无衣扣，即从自己衣服上割下两颗给他。

苏步青教授爱说"冷板凳与菜根香"的话题。他在破庙旁开辟一块地自种蔬菜以补生活。曾写一首诗道：

半亩向阳地，全家仰菜根。曲渠疏雨水，密栅远鸡豚。
丰歉谁能补？辛勤共尔论。隐居哪可及，担月过黄昏。

就读于研究生院理科研究所生物学部的周本淳作有一首《毕业歌》（调寄江城子），可略见陋室油灯下学子们激扬蹈厉的精神风貌：

骊歌一曲别情长。藕丝香，燕飞忙。回首春风，桃李又成行。天下兴亡俱有责，愿此去，莫彷徨。云程健翮及时翔。应难忘，耀炎黄。缺补金瓯，重聚在钱塘。留得他年寻旧梦，随百鸟，到湄江！

5. 关注现实，智识兴邦

浙大在流亡中办学，却并不闭门办学，而是切实关注地方经济社会发展。竺可桢校长曾说帮助贵州发展是他们的一项特殊使命。他认为师生们应该"不以艰难而自懈，且更奋发于自淑淑人之道，协助地方，改良社会，开创风气，那么每个大学将在曾到过的地方，留遗永久不磨的影响，对于内地之文化发展，定可造成伟大的贡献"。(《王阳明先生与大学生的典范》)。师生们选择的研究课题，就有许多是着眼当地的项目。许多看起来的"小项目"却出了大成果，沾溉一方。其中如史地研究所编撰、张其昀主编的

《遵义新志》，以现代知识调研成果为文，成为我国方志学著作的一个新类型。谭其骧《贵州杨保考》一文影响深远。任美锷、施雅风的《遵义地形》，刘之远《遵义团溪锰矿概述》，罗登义对刺梨的研究，蔡邦华对五倍子的研究，刘淦芝对湄潭茶的研究，吴耕民对湄潭有关园艺生产的系列论文，彭谦、陈善明的《湄潭茶树土壤之化学研究》，陈鸿逵、葛起新的《湄潭茶树病害之研究》，陈锡臣的《湄潭之农业》，吴文辉、赵明强的《湄潭之农家经济》，陈鸿逵、杨新美的《白木耳、冻蕈之人工栽培试验》，储椒生的《湄潭榨菜研究》，孙逢吉的《芥菜类突变品种葱菜之鉴定》，杨守珍的《豆薯各部杀虫作用之研究》，林汝瑶的《湄潭之特殊观赏植物》，张孟闻的《湄潭动物志》，席连之的《茅台酒之初步研究》等数十篇（部）科学论著，对地方历史文化和经济社会的发展，有着重要的推动作用和深远的影响。

浙大西迁中形成的气象风骨，蕴涵的不仅是学校史，也是教育史、人文史上的一个奇观，是永不过时的大学精神，永不贬值的思想财富。这种气象，可以而且应该成为国家社会可贵的精神财富和人民大众的精神食粮。其丰富内涵有待于不断发掘，深入体会和继承发扬。

2017 年 4 月

迁遵浙大学生的抗日民主运动

游平伟

抗日战争期间迁来遵义、湄潭办学的国立浙江大学，不但以其教学、科研的显著成就和严谨的学风，获得"东方剑桥"的赞誉，而且爱国抗日民主运动也开展得有声有色，赢得了"民主堡垒"的美称。

浙大学生在遵义、湄潭期间的爱国抗日民主运动的领导核心，1943年夏以前是"马列主义小组"，1943年夏以后是中共中央南方局指派党员到浙大组建的"据点"。"马列主义小组"（简称"马列小组"或"小组"）原名"拓荒社"，是浙大校内的一个进步学生组织，1938年底诞生于广西宜山，1940年初浙大迁遵后正式更名为"马列小组"，先后发展成员44人。"马列小组"虽还不是党组织，但它是根据党的方针、政策作为开展活动的指南。在"马列小组"和"据点"的实际领导下，依靠学生自治会和各学生社团，开展了一系列抗日救亡、反独裁、争民主的爱国运动。

一、反"总考"斗争

国民政府教育部为破坏进步学生抗日救亡运动，1941年春下令大学应届毕业生要考四年所学的全部课程，并由教育部统一命题，名为"总考"，妄图以此增加学生压力而达到破坏学生运动的目的。这理所当然地激起了学生们的强烈反对。于是，"马列小组"通过学生自治会发动了反对"总考"的斗争。首先是四年级学生一致罢考，并函电西南联大、武汉大学采取一致行动。由于大后方各大专院校普遍反对"总考"，教育部不得不于第二年取消了"总考"制度，因此，斗争取得了胜利。

二、"倒孔运动"

1941年12月，日本进攻香港，国民政府行政院长、"四大家族"之一的孔祥熙，置大批停留在香港的民主党派人士和文化界知名人士于不顾，让其家属和大批行李以及洋狗等，乘坐专机撤离香港飞到重庆。消息传到昆明，西南联大、中法大学等校学生，于1942年1月6日首先举行"打倒孔祥熙"的示威游行。西南联大的倒孔消息传到遵义、湄潭、永兴，三地浙大学生群情激愤，纷纷响应昆明学生的倒孔运动。在遵义，由"马列小组"负责人陈天保会同学生自治会代表和干事共同商定：这次行动的目标应是有限的，只提打倒孔祥熙及贪官污吏；运动须由学生自治会领导，尽可能让赞成这次行动的三青团骨干分子出面；并争取校长的支持。1月15日晚，学生自治会召开代表会议，并连夜作准备。16日上午8时举行全校学生大会，一致决议当天上午10时举行倒孔游行示威，并推举三青团员为游行总指挥。在校长训话后，游行队伍准时从何家巷向丁字口进发，北至汽车站，折转回到遵义老城体育场，宣读《倒孔宣言》后结束，历时约2小时。一路上，沿途张贴标语，"打倒孔祥熙！""打倒贪官污吏！"的口号声响彻遵义全城。街沿市民同申义愤，学生队伍始终保持整齐，军警在旁监视而未阻止游行队伍前进。

竺可桢校长在15日子夜得知学生要游行的消息，16日清晨便派人报告专员公署专员兼警备司令部副司令高文伯，要求派军警维持秩序。他本人亲自到何家巷参加全体学生大会，劝说学生不要行动。当他见劝说无效，便在队伍集合后向大家训话时毅然表示："……我领队，大家要有秩序，勿与军警发生冲突。"在游行中，竺校长又亲自到步兵学校，再次找警备司令张文达，要他下令军警勿与学生冲突。这次倒孔游行没有发生流血事件，是竺校长起了保护作用。

湄潭浙大学生于1月15同获悉西南联大的"倒孔"消息后，原定于17日召开学生大会，组织"倒孔"游行，但遭到顽固派当局的栽赃破坏而被迫取消。同时，学生滕维藻和助教潘家苏也被栽赃诬陷而遭逮捕。在永兴的浙大一年级学生，于1月18日上午召开了声讨孔祥熙大会，下午在永兴场街上胜利地举行了"倒孔"示威游行。

浙大"倒孔运动"后，顽固派当局对竺校长施加压力，竺校长以辞职表示抗议。不久，"黑白文艺社"社长何友谅、社员王蕙和"质与能自然科学社"社员陈海鸣也遭逮捕（此后，何友谅牺牲于重庆五云山集中营）。在竺校长的多方营救下，滕维藻、潘家苏、王蕙和陈海鸣先后获保释放。"马列小组"负责人陈天保，以"策划者"罪名受到开除处分，但竺校长让他先期离开学校后才贴出开除布告，待顽固派当局向校方要人时，陈天保已经早已离开了学校。"倒孔运动"后，浙大学生运动虽陷于低潮，但进步学生活动并未被扑灭，学生自治会主办的《生活壁报》还在坚持斗争。特别是在1943年夏浙大地下党"据点"成立以后，积极开展工作，迎接学运新高潮的到来。

三、准备打游击

1944年冬，日寇的猖狂进犯和国民党军队的溃败，致使发生了震撼西南各省的"黔南事变"。在竺校长主持筹组并实施师生在黔北坚持"自卫防护方案"的同时，浙大地下党也积极秘密部署在当地打游击的准备工作，曾先后派人在遵义团溪、四面山和湄潭皮家寨等地，开展筹建武装斗争据点的调查和联系等工作。后来，日军退出黔南，浙大打游击的准备工作才停止进行。

四、劳军运动

在日寇进犯桂黔时，国民政府从河南抽调汤恩伯部13军，途经遵义开赴黔南抗日。为挽救民族危亡，鼓舞抗日士气，浙大学生自治会发动了第二次大规模的劳军运动，几乎所有浙大师生都参加了。学生们连续几天从黎明到傍晚，前往遵义城区各处，向过路部队赠送食物、纸烟、草鞋、毛巾等慰问品。浙大师生的行动，得到了遵义各中小学师生的热烈响应，遵义广大市民也踊跃参加了劳军捐献，形成全市劳军热潮，大大激发了抗日爱国斗志。不久，浙大学生自治会又组织了第二次"浙大战地服务团"，于1945年1月20日前往惠水县青岩和摆金等地，开展战地宣传服务活动。

五、争取言论自由

1944年下半年，随着战局的巨变和大后方民主运动的迅猛发展，浙大学生自治会主办的《生活壁报》的内容，从改善学生物质生活条件为主的一般要求，逐步转向国家政治改革为主的要求。同时，以浙大进步学生为骨干主办的其他进步壁报也陆续出现，如遵义有《自由堡垒》《民主阵地》《今天》《呼吸》《石榴花》《中国文学》等，共10多种；湄潭有《海鸥》《剪报》《新潮》《文萃》等；永兴有《绿洲》《灯塔》《前夜》《五丁》等。这些壁报，大都具有坚定的政治立场和正确的斗争目标，即要求民主与进步，反对独裁与倒退。它们还同作为顽固势力喉舌的一些墙报展开论战。这些进步舆论的发展，遭到了顽固派当局的诽谤谩骂，采取高压手段，做出种种限制。在浙大地下党领导下，浙大学生为捍卫言论出版自由，进行了长期的反限制斗争，抵制了训导处的干预，最终取得了胜利。

六、发表《国是宣言》

在浙大地下党的领导下，由学生自治会委托本会秘书程融钜执笔，参考《重庆文化界对时局进言》的精神，广泛吸取《生活壁报》的内容和同学们提出的意见，起草了《促进民主宪政宣言》(简称《国是宣言》)。初稿于1945年3月16日在《生活壁报》上公布后，得到了大多数学生的支持，并提出若干修改意见。几经周折，《国是宣言》终于于3月23日印发全国各地。《国是宣言》明确指出：造成时局如此严重的危机，"根本的关键就在于政治的不民主"，必须立即"停止一党专政，实行政治民主"；国民党应当立即兑现其"民主宪政的诺言"；"国民大会之召开，绝不容为一党一派或少数人所操纵把持"，"首先必须产生一公允、合理的新组织，负责召开国民大会，其成员必须包括各党派的代表及无党无派的才高望重的人士"，实行真正的政治民主，方能挽救危局。《国是宣言》最后提出11项具体要求，包括：确切保障人民有言论、出版、通信、集会、结社等自由；取消一切党化教育；承认各党派之合法地位并保障其公开活动；释放一切爱国政治犯；裁撤并严惩一切腐化官吏；取缔一切囤积操纵和严惩奸商等。

《国是宣言》表达了反对国民党一党专政、拥护中国共产党提出成立联合政府的主张的严正立场，立即得到昆明、重庆、成都等地各大学学生的热烈响应，他们也纷纷发表类似的政治宣言，在大后方广大学生和社会各阶层中产生了巨大的政治影响。

七、保障人身自由的斗争

浙大民主进步教授费巩，因1945年2月7日在重庆《文化界对时局进言》上签了名，于3月5日在重庆千厮门码头被特务秘密绑架（后被杀害在集中营）；与此同时，参加青年军的浙大学生李家镐、易钟熙等5人，在四川綦江被国民党军202师宣布为"共产党"而遭逮捕。3月下旬，这些消息先后传到浙大，引起广大师生的震惊。同年4月，竺校长在重庆竭力营救费巩教授未获结果后，返遵途经綦江时，经尽力营救，终使李家镐等5位同学全部获释。"失踪"的费巩教授杳无音讯，学生自治会于5月27日在遵义何家巷大教室，举行了"费巩先生怀念会"。竺校长在会上报告了费巩"失踪"的经过，杨耀德、王驾吾等教授以及学生代表多人，愤怒控诉国民党顽固派的倒行逆施，表达了他们誓为保障人身自由、捍卫民主权利而斗争的决心。以后每年3月，浙大学生自治会都为费巩教授举行这种"怀念会"；1948年还通决议，把由费巩教授扶植的《生活壁报》改名为《费巩壁报》，表达了捍卫言论自由的决心。

八、倡议筹组全国学联

浙大学生为加强校际学生的团结，采取一致行动，推进国家政治民主进程，首先倡议筹组全国高等院校学生自治会联合会（简称"全国学联"）。1945年4月17日，浙大学生自治会成立了"全国学联促进委员会"，并推举严刘祜、安粤（毅夫）分别担任正、副主任委员。"促进会"首先联合当时大后方的西南联大、武汉大学、中央大学、燕京大学为全国学联的发起者。4月20日，起草并通过了全国学联组织大纲。6月1日，浙大学生倡议并联合西南联大等校发起筹组全国学联的消息，在重庆出版的《中国学生导报》第 8 期头版头条做了报道，引起大后方各高等院校的重视。工作进行不久，国民党特务就逼迫浙大校方出面干预；同时，国民党中央组织部还专门下达了破坏筹组全国学联的"密令"。在这种形势下，按照中共中央南方局的指示，浙大学生筹组全国学联的工作于同年暑假搁置下来。

  1945 年 8 月，日本政府宣布无条件投降，经过八年浴血奋战的中国人民，终于赢得了抗日战争的最后胜利。喜讯传到遵义，浙大师生和遵义人民一道，举行了盛大的火炬庆祝游行，欢庆抗日战争的伟大胜利。

2016 年 7 月

竺可桢日记所见浙大迁黔始末

陈遵平

浙大于 1940 年四迁贵州,偏居遵义、湄潭等地,于国难之时幸得七年平静岁月,坚持办学,昌明学术,造福地方,声名鹊起,时任中英科学合作馆馆长的英国学者李约瑟誉之为"东方剑桥"。"文军西迁"这段特殊经历不断引来各方学者关注,而上海科技教育出版社 2005 年出版的《竺可桢全集》(后文简称《全集》),为浙大西迁校史研究提供了不可多得的重要史料。《全集》中竺可桢日记分量最重,共计十四巨册,占了七成篇幅。透过记载翔实的竺可桢日记,浙大迁黔历史得以完整再现。而浙大迁黔,一波三折,极尽曲折艰难,超出想象。竺可桢在迁校过程中体现的办事认真、绝不苟且的"求是"精神,尤其令人感佩。

一、入黔非浙大首选

浙大于 1938 年 9 月三迁广西宜山,得以暂时立足。但宜山仅为浙大临时居所,不能久留。当时抗战形势十分险恶。日军进攻凶猛迅速,战局急转直下。1938 年 10 月 12 日,日军在广东大鹏湾登陆,随后占领广州,切断粤汉铁路。时在宜山的蒋百里对时局很悲观。竺可桢日记 10 月 26 日载:"蒋云,汉口之陷落已不可避免,并有蒋介石下野、汪精卫主持政府之议,盖广州一失,抗战势难支持也。"短短一年多时间,平津、沪宁、广州相继丢失。而广州陷落,广西即成为前线。宜山虽处桂北,但警报频频,已无安全平静可言。因此,寻觅较为理想的新校址,成为竺可桢 1939 年的重要工作。

竺可桢对于校址有较高要求，且非经实地勘察目验，即使教育部已有明确指示，也不迁就。1937年浙大由浙江迁江西，竺可桢就曾亲赴江西作实地考察。泰和之所以为浙大选中，因为该地："交通方便，出产丰富，兼有屋宇，故颇适宜于大学暂避也。"而1938年浙大拟由泰和三迁，决定派张晓峰、张孟闻赴贵州考察，竺可桢对应考察项目和内容再三叮嘱。11月22日载："余嘱彼等除都匀、三合而外，并往贞丰一视察，以其地通红河水也；并注意治安、交通、粮食、卫生、风景、工人等诸种问题。"可见其对校址要求之严。

1939年年初，竺可桢由重庆返宜山，第三天即召开校行政会议，做出暂留宜山办学的决定。竺可桢日记1月17日记载："三点半开行政谈话会，议决迁移校址、第二学期招收新生及房屋置配问题。决定下学期招考新生一百名，校址暂不迁移。"校行政会议"暂不迁校"的决定有两点可注意：第一，学校仍将再迁；第二，目前暂不迁校。竺可桢对此曾有解释。日记2月22日记载："下午三点开行政会议，讨论学校迁移问题。……因张荩谋、费香曾等均主迁移，故今日讨论时孟宪承即提出学校是否将重迁，余谓如教育部能发给迁移费之一部而能觅得较佳之地点，自然可以再迁。"迁移经费和较佳之校址，是竺可桢考虑迁校的两项主要因素。

从1939年1月至4月，竺可桢或亲自出马，或委派干员，再赴云贵等实地勘察校址。竺可桢亲自勘察5处，派员考察3处，合计勘察地点共8处。可见竺可桢对校址的重视程度。

1939年1月10日，竺可桢由重庆返宜山，途经贵阳，随后几天接连考察乌当、定番、乐平和麟山等四地。考察项目和内容，竺可桢日记有详细记录。1月11日记载："余以今日须往乌当勘地……其地在城东北卅里，系县道，弯曲而多骡马来往……至来仙阁须过渡，即南明河也。夏季常涨水，民国以来已没入赵家庄三次。此处有平地约百亩，但建筑须在山上，系砾岩。不久有马路可通洛湾，则赵家庄前之山门口交通始便。沿途在茶点等地治安亦不佳，惟建筑材料颇廉，附近谷定出木材，后所有砖窑……米价在乌当每百斤十二三元，鸡蛋一元四十个，肉一斤三角，蔬菜不多，包饭每月七八元，城内十元。乌当出米，称贵阳之仓库。"1月12日记载："自贵阳至定番凡55公里……定番在濛江旁，有大坝子。粮食、治安、卫生、交通尚佳，但疟疾盛行，地价亦贵，田每亩一百六十元。而浙大来此最大困难为缺乏房子。定番离城稍远，有土匪，今日县长即往四五区剿匪。三点偕士楷、方显廷乘卫生署金宝善所借车回至花溪，由李大光县长招区长往观乐平及麟山二地。乐平缺水，不宜于大学。麟山风景颇佳，且有水，惟大夏大学已先勘定，但乏款建筑。"这几处地点各有利弊，均非"较佳之地"。

1939年2月28日，竺可桢曾委派王克仁考察瓮安、湄潭等地。3月24日，竺可桢由重庆返宜山，再经遵义，听取王克仁之考察汇报："8：40至遵义车站，王克文即在此相待，乃同车回贵阳。据王云，渠曾赴平越、瓮安，于十八抵遵，待余不至，遂赴绥阳。三地以绥阳为上，平越次之，瓮安为下。绥阳有川主庙，可容八百学生及廿个教室，乃合三庙为一云。粮食每百斤四元。"对王克仁之考察，竺可桢甚为不满，因此于返回贵阳的第二日，竺可桢即亲赴平越勘察。当天日记载："平越城仅五百户，但街道甚宽，粮食亦廉，每百斤米六元。"显然竺可桢对平越也不甚满意。

1939年3月12日，竺可桢由重庆赴昆明参加中央研究院第一届四次评议会，多方打听建水情况，并派员赴建水实地考察。3月14日晤全文晟："余询以建水是否可办一大学。据云，建水有屋，粮食亦相当便宜，治安虽有问题，但尚无大股土匪云云。"3月16日见冯泽芳："余询以建水、石屏近况。据云建水有大屋，石屏风景佳但除城中外治安不甚好，水须吃井水，粮食高贵，每石140斤十六元，则贵过宜山。"3月17日访龚自知："询建水情况，渠极赞成浙大迁建水……汤蕙孙来谈，渠怂恿浙大迁移建水。据云，饮水、居屋不成问题。华西垦殖公司在建水东北垦田四万亩云。"即日，又派张其昀偕全曦堂赴建水"查勘校址"。张为全国著名的历史地理学家，时任浙大史地系主任，中研院评议员。这已是他第二次肩负校址考察之责。随行之全曦堂，则为云南建水中学校长，曾任昆明气象台台长。

经过多次实地勘察，汇集各方意见，云南建水成为浙大迁校的首选之地。4月8日召开校务会议，遂决定浙大迁往云南建水。当天日记载："八点开校务会议，到卅人，决定迁校，拟定云南建水，即日筹备。"宜山位于桂北，紧邻贵州，而云南建水却远在滇南。竺可桢舍近求远，不入黔而主张迁滇。原来由桂入滇，交通方便。由南宁经镇南关入越南之海防，换乘滇越铁路，四天时间即可到达昆明。滇越铁路是一条重要的国际交通要道，在广州陷落，滇缅公路尚未通车之时，这条铁路曾担负了为抗战运输物资的重要任务。这条由法国人建造的米轨铁路早于1910年即全线贯通。这条线路也是西南联大入滇时三条路线之一，其时联大之图书仪器均由此路西迁云南。而竺可桢本人也曾于1938年由滇越铁路入滇。正因为有这一条重要而便捷的国际交通线，所以浙大校务会议遂有舍贵州而取云南的决定。为使师生了解建水，学校并于4月10日在宜山标营新礼堂举办讲座，请亲赴建水实地勘察新校址的张其昀讲"建水地理"。当天日记载："二点半至标营新礼堂作纪念周，请晓峰讲'建水地理'。据云，建水为临安府首县，因其地逼似杭州，故名临安。"竺可桢之属意云南建水，绝非因临安府"逼似杭州"而又名"临安"。据《临安府志》，临安府自宋宝祐三年建通海都督府始，元为南路，寻又改为临安路，明洪武十五年置临安府治建水，清因之，领建水、石屏、阿迷、宁州四州，通海、河西、嶍峨、蒙自四县，兼隶九土司，为滇省迤南一大郡。[4]建水历史悠久，文化昌盛。建水孔庙，始建于公元1285年，占地约7.6万平方米，其规模仅次于山东曲阜孔庙。至今建水仍保存完好的包括文庙在内的古建筑群，当年足够容纳浙大。建水又有"临半榜"之称，云南科举中榜者，临安府占半数，堪称云南之冠。建水北距昆明220公里，而滇越铁路东距建水约50公里，交通称便。交通方便，文化昌盛，而且广有房屋，这才是竺可桢决意浙大西迁建水的真正原因。

当然，4月8日教务会议入滇的决定也是校长竺可桢意志的体现。早在3月19日，竺可桢滞留重庆时已打定浙大西迁建水的主意。当天日记载："三点吴选士来，余告以浙大将迁云南建水，以交通工具与房屋均有办法，入黔则二者均无着落为言，请其与陈立夫接洽，并约期会晤。"民国大学校长对于校政的决定权，与民国政府时期高等教育法规有关。根据国民政府1929制定的《大学组织法》，[3]校务会议取代评议会成为大学的最高权力机构，强化了以校长为首的行政权力。按《大学组织法》第十一条规定，学院院长"由校长聘之"；第十三条规定："大学各学院教员，分教授、副教授、讲师、助教四种，由院长商请校长聘任之。"组成校务会议的教授代表、各院院长及系主任，校长均有权决定是否聘用，因此校长对大学事务握有最终决定权。这就不难理解为何竺可桢的意志能够左右校行政会议的决定。

但浙大拟迁云南建水的计划却为当时教育部所阻拦。教育部 4 月 18 日复电"嘱浙大弗再迁"（4 月 18 日日记）。当 3 月 21 日竺可桢与教育部长陈立夫会晤时，陈已表明教育部之态度。当天日记载："六点晤立夫于其寓，渠伤风不能下楼。谈及浙省协款、浙省设分校及迁移问题。关于迁移，渠主张不动。"所谓"不动"，即间接否定了竺可桢西迁建水的想法。原来，当 1938 年浙大仍在江西泰和时，教育部长陈立夫就有浙大西迁入黔的想法。竺可桢日记 1938 年 7 月 10 日载："午后五点至教部晤立夫，渠赞成于必要时浙大可迁，但希望赴贵州。"7 月 28 日又载："闻教部有电，嘱准备移黔安顺。"因此，8 月 13 日举行的浙大招生委员会议明确浙大将按教育部之意西迁入黔。当天日记载招生委员会决议："指定阅卷及命题委员会，并电各考试地点，声明浙大移贵州。"之后，贵州安顺因交通不便而为浙大否决。经多方咨询并实地勘查，竺可桢决计迁浙大于广西宜山，教育部随即也同意了浙大迁桂的意见，但有所保留，明言浙大于宜山仅为暂驻而已。9 月 9 日载："今日得教部陈立夫函，谓赞成浙大先在宜山暂时开学之议。"浙大既然拒绝按原议入黔，又另谋迁入建水，所以陈立夫即令浙大在宜山"不动"。浙大校务会虽有学校行政的决定权，但搬迁经费却在教育部手上，没有教育部同意，浙大动弹不得。无奈之下，学校又于 1939 年 4 月 19 日召开迁校委员会，决定派人赴渝向教育部游说，但西迁建水的决心已然动摇。当天日记载："议决派梅迪生赴渝与教部接洽迁移事，如迁滇不成，则依照原议移黔之湄潭及赤水等地。"这实际上是两套方案：上策迁滇，不得已移黔。派往重庆的梅光迪本人倾向于第二套方案，所以他赴重庆与教育部接洽不久，教育部不再坚持"不动"，而立即同意浙大"迁黔"。5 月 14 日载："接梅生电报，云教部允浙大迁黔。"5 月 15 日又载："接教部公文，准本校成立化学系，又于暑期中迁移入黔。"其实当时教育部并非反对迁校，只是不同意浙大迁往云南而已。

迁校为浙大当时最大校政，学校却不能独立做主，不得不看教育部脸色。根据《大学组织法》第九条规定："大学设校长一人，综理校务。国立大学校长由国民政府任命之；省立市立大学校长，由省市政府分别呈请国民政府任命之。除国民政府特准外，均不得兼任其它官职。"（P405）[3] 又按《中华民国训政时期约法·第五章国民教育》第五十二条规定："中央及地方应宽筹教育上必须之经费，其依法独立之经费并予以保障。"[3]（P47）《中华民国宪法草案·第七章教育》第一三七条又规定："教育经费之最低限度，在中央为其预算总额百分之十五，在省区及县市为其预算总额百分之三十，其依法独立之教育基金，并予以保障。"[3]（P65）虽然大学经费有法律保障，但毕竟须由教育部划拨，而迁校等临时经费，则更须与教育部协商并经同意才有望解决。校长任免和经费划拨，即人事权和财政权，皆操于教育部之手，浙大在入滇这一重大校政上不能做主，理固宜然。可见国民政府时期国立大学已处处受制于人，并非完全独立。

　　浙大与教育部就浙大迁校问题的博弈，并非竺可桢与陈立夫个人之间的意气之争。竺可桢着眼于浙大发展，力争为浙大寻找条件优越的校址，这是一校之长的他应尽的职责。而作为教育部长的陈立夫则须放眼全局，统筹兼顾。因全面抗战铺开，烽烟四起，为保存民族精英计，国立大学等势必纷纷内迁。[1]此时，教育部不得不有通盘考虑。浙大入黔的决定即是教育部统筹安排的结果。况且，国立西南联合大学于1938年由湖南长沙西迁云南，已在昆明和蒙自复学。[2]建水与蒙自，一在滇越铁路线上，一在滇越铁路线以西，相隔不远。如两所国立大学汇聚该处，地方经济是否能够承担，确实不能不有所顾虑。同为大后方，云南物质条件当然远超贵州，但云南早已人满为患。1938年8月16日载："接二姊自贵阳来电，谓贵州贫苦甚，劝浙大迁昆明，但渠尚未至昆明，并不知昆明亦有人满之患也。"可见竺可桢对此知之甚详。因此，教育部主张浙大入黔的决定自有其不得已的苦衷，也不无合理之处。

二、竺可桢拒绝入黔

　　如上所述，教育部坚持浙大迁黔的决定既不可动摇，浙大势必难以入滇。但教育部"于暑期中迁移入黔"的公文，也并没有得以立即执行。以竺可桢的个性和对校址的重视，在勘察"较佳之校址"未有结果之前，决不会盲从部令，草率入黔，而教育部也不能强人所难。竺可桢曾亲自入黔考察，对已勘察之乌当、定番、乐平、麟山及平越等地均不满意，而对王克仁曾调查的绥阳、湄潭及瓮安等地，他提出了严厉的批评，认为："王克

仁则于绥阳仅有口头报告，毫不着实，湄潭与瓮安均未前往。其人办事太浮夸，如迁黔非有切实调查不可。"（4月18日）

因此，校址当迁何地，浙大又作了详细的安排，予以"切实调查"。五月中旬及六月初，浙大迁校委员会连续召开会议，决定第三次入黔考察校址。5月17日日记："三点至校开迁校委员会，决定于乔年、亦秋返校后派人去黔。"6月2日又记："午后四点开迁校委员会，迪生报告去渝经过情形，以大体而论，赞成湄潭。桐梓专员刘千俊极赞成湄潭。赤水则以治安不佳兼之公路一时亦不能通，天气又热。程耀椿主张在威宁，该处交通甚方便，但是否适宜，非一往视察不可。"

6月9日至26日，竺可桢偕张孟闻、胡刚复赴遵义湄潭实地考察。此次考察活动共计18天，在湄潭的时间为16日。这一天"看房者共有270间"。湄潭房屋应不成问题，但影响浙大迁湄之主要障碍不在房屋，而是交通不便，运输困难。交通问题主要有二：（1）乌江渡摆渡能力有限。11日记："昨晚消息乌江渡向北车有三百辆，而每日至多只能渡80辆，来者尚不止此数，因之车辆愈积愈多。"12日又记："偕孙孝宽早餐后于九点出发，一路甚称平顺，十一点一刻至乌江渡，在养龙场等渡北往者计297架。余等所坐系小车，故得尽先至渡口。有三木船在来往，余等待十五分钟即上渡，半小时即过江。北岸有车四十辆，至刀把水又有59辆等渡南往。"（2）遵湄之间不通公路。13日记："八点别遵义县长刘慕曾、遵义专员刘千俊，与刚复、孟闻及督学夏雨屏乘轿三辆、滑竿一顶出发赴湄潭，共距离71公里。因轿夫均四川人，吃鸦片烟，故每行十里至十五里必休息过烟瘾，因此非走二天不可。"15日在湄潭"遇湄松（松桃）公路吴段长及西南建筑公司总经理吴运庚，知湄潭遵义之公路于九、十月间始可通车"。而运输困难主要为车辆问题。竺可桢在贵阳曾拜访省财政厅、省公路局、后方勤务部等多家单位，以求浙大迁湄之运输问题能获解决，却毫无结果。16日记："偕刚复、孟闻至省府晤周寄梅，周对于浙大迁黔之运输问题极为悲观。"22日记："七点半至省府。偕刚复、孟闻晤主席吴达铨（鼎昌），渠年不过四十五六。谈及浙大校址，渠亦赞成湄潭，谓其地文化尚高，物价廉，而交通虽便，不在大路上，惟运输问题亦无办法。"

经过实地勘察，竺可桢拒绝入黔，决定浙大仍留广西继续办学，并开始在宜山之北的小龙江，圈地造房。而教育部"于暑期迁移入黔"的部令也因此而作罢。

随后，浙大开始积极谋划小龙江之建设。一方面，竺可桢亲赴广西临时首府桂林，与省府交涉。另一方面，开始制定建筑规划，物色建筑公司。（1）与省政府交涉。7月11日记："由宾南之介晤黄旭初主席，谈及宜山小龙江圈地及浙大与省府合作事，谈半小时。"（2）制定建筑规划，物色建筑公司。7月25日记："七点至校。开建筑委员会、行政谈话会联席会议。……决定建筑五种格式及文理、农、工建筑地点，初步计划工学院150方，文理230方，农100方，学生教职员宿舍、图书馆、教室共三百方，合780方之谱。现愿来宜山投标者计有中华营造厂、中亚建筑公司及又成三家。"8月22日记："七点至校。开行政谈话会及建筑委员会联席会议。议决小龙江第一批工程宿舍七座，每座4700元，住四十四人，交与桂林新美西建造，预期于七十天造成，即十一月中完工，则十二月初一年级生可以开学。"（3）设立小龙江办事处。8月3日记："余至徐芝纶处，嘱为小龙江办事处主任。"8月15日记："七点开建筑委员会及行政谈话会联席会议……决定于会后出发再赴小龙江。现工学院校址已测量就绪，次即着手测理、文、农、师范各院之地基。……今日决由张孟闻住莫村为建筑办事主任。"小龙江从圈地到规划并进而延工造屋，为时两个月，而校舍建设动工在即。

因日军飞机不断来袭，学校多名教授曾向竺可桢进言，主张浙大应迁移入黔。8月29日记："晚八点张孟闻、晓峰、洽周、左之等来，渠等以宜山警报众多，故又主张迁黔。余则以迁黔交通困难，事实上所难能，故只能积极进行小龙江建设。"可见竺可桢态度坚决，不为所动。

三、浙大迁校风潮

竺可桢决意拒迁贵州，则浙大积极着手营建小龙江校舍。不料战局突变，打乱了正在进行中的建校计划，而竺可桢坚持在广西长期办学的政策也受到严峻挑战。1939年11月15日，日军从北海登陆，随即一路北上，进占南宁门户防城、钦州，并于11月25日攻陷南宁。我军急于宾阳、武鸣一线布防，欲阻敌继续北上。战局至此，桂北危矣。此时，浙大是留是迁，再次成各方关注的焦点。对战局的不同判断，致使各方对于迁校的意见存在分歧，形成势同水火之留守与迁移两派，并进而引发力主迁校的学生与坚持留守的校方之激烈对抗，学潮突起。

对战局之研判集中于两点：一是日军之战略意图，一是我军扼守宾阳、武鸣防线之意愿和实力。竺可桢是留守派的代表，对于日军战略意图及我军防守实力，他有自己独立的判断。竺可桢日记对此有详细记录。11月26日上午，他曾与造访的学生自治会主席虞承藻，就时局及学校迁移问题谈了自己的看法："学生代表虞承藻来谈学生会活动、工作及膳贴，最后问及企沙上岸南宁危急，学校善后处理。余谓学校仍继续从前计划，预料寇虽得南宁，并无北上企图，盖其目的无非欲切断国际交通线而已。"这里所说的"国际交通线"，即为上文提到的浙大拟议中的西迁入滇线路，经南宁过镇南关入越南。这条国际通道具有重要的战略意义。由于对日军战略意图的误判，竺可桢认为处于桂北之宜山应无危险。因此，11月26日晚举行的校行政会议再次作出浙大继续留守宜山办学的决定："七点在寓开行政会议……决定目前照常上课，小龙乡建筑继续进行；俟敌人进占宾阳时始停课，书籍、仪器等不得已时留存小龙乡，女生由校车送至相当地点，男生步行。"由于此一决定建立在日军"无北上企图"的前提之上，行政会议遗漏了一个重要问题，即日军一旦突破宾阳、武鸣防线，则学校将迁往何处。这种情况一旦发生，而迁入地不明，则浙大迁校不免陷于仓皇与盲目。于此可见竺可桢个性中固执的一面。但竺可桢对于自己的判断充满信心。第二天上午，他亲自赶赴标营新礼堂，向参与学术讲座的学生发表看法："余报告昨日行政会议所议决各条，照常上课，俟敌过宾阳后即出发赴黔。并述南宁与宜山相距等于沪宁，宜山与宾阳相距等于沪杭。南宁之易于失落由于我军之疏忽，因师长、军长均不在场，而目前则夏威在宾阳、蔡廷锴在武鸣，指挥有人。且已调大军前往阻塞，决不致于短期内有危及宜山之事。"在报告中竺可桢补充了"俟敌过宾阳后即出发赴黔"的说法，但还有一问题仍悬而未决，即"赴黔"只是大方向，新校址究竟在何处，学生当集中于何处，竺可桢并未明言。

但学生却并不接受学校行政会议决定，竺可桢的分析和判断也遭到学生质疑。11月27日上午竺可桢赴标营新礼堂做报告。当天原定在标营礼堂举行学术讲座,"请李凤荪讲'害虫之重要',但以时局紧张,改至下星期一",因此改由竺可桢报告行政会议决定,以及他对战局的分析和判断。不成想到,这却引发了学生与校方的激烈冲突,一变而为学生对校方的抗议风潮。当天日记记载:"余报告后,一般学生即欲自治会主席虞承藻召集自治会重开会议,且不许到会教职员离室,余等即坐定。虞承藻报告学生自治会决案五条,其中二条,一为立即停课,一为筹备迁移,要余答复。余谓,立即筹备迁移并无冲突,因过宾阳即须出发,不能不立即筹备,惟上课则须照常进行。关于迁移何地点与时间问题,可由校务会议决定之。"学生自治会决定"停课迁校",以此表达不满和抗议。11月28日,学生罢课行动如期实施。

11月27日的时事报告会,学生自治会不仅做出了"停课迁校"的决定,而且"不许到会教职员离室",其扣留校长及教职员的举动无异于非法限制人身自由。27日日记又载:"今日开会秩序不好,且有学生沈自敏等不令教员外出,余面斥之。又霍少成批评过去移家之狼狈,但学校职员尚未有弃物件潜逃之事,而学生自己行李则一遇危难立即逃避并致溺水一人,何面目再批评。"日记中再现了当时标营新礼堂内的紧张场面,师生之间的言语冲突,以及学生与校方的严重对立。同时,也可见民国时期大学之学生自治会确曾拥有独立的权力。大学之内,学生、校方和教师,适成三足鼎立之势。不仅如此,挟27日成功对话校方之余威,学生自治会竟提出旁听临时校务会议的要求,以期再施压力逼迫校方妥协。28日日记:"学生自治会虞承藻等请求旁听未准。余离会时代表十一人尚在外相待,询会议消息。余告以会中已授权姜伯韩训导长转告会中经过。"浙大学生自治会似有干预校政之意图。对于当日遭受扣留一事,竺可桢显然十分不快,事后仍念念不忘。

学生之抗议活动,成功地对校方施加了压力。11月28日召开的临时校务会议不得已做出让步:"讨论应付时局问题,议决迁校,立即筹备。由校派筹备委员会七人,余派定张晓峰、吴馥初、梁庆椿、贺壮予、胡刚复、李振吾、蔡邦华七人,由委员会定紧急处置办法,于敌人侵入武鸣、宾阳线时实行。"1939年日记之"本年事要"也载:"11/28日,浙大又要迁校。"此次临时教务会议作出四项决定:(1)"议决迁校,立即筹备"。(2)成立校筹备委员并指派委员七人。(3)由校筹备委员会制定迁校紧急处置办法。

（4）学校"于敌人侵入武鸣、宾阳线时实行"。但此一决定在最为关键的搬迁时间上并未妥协，仍坚持搬迁时间为"敌人侵入武鸣、宾阳线时"。这一决定实际上延续了竺可桢留在宜山继续办学的思路，却使学校陷于被动。因竺可桢对日军战略意图之把握并不准确，且"我军"在武鸣、宾阳的防线并非固若金汤。这一决定显然与学生的诉求仍有相当距离，当然不能令学生满意。同时，部分教师对此也不以为然。实际上，该项政策出台之时就形同虚文，对师生均缺乏约束力。是走是留，师生用脚做出了回答。竺可桢对此无可奈何，曾在日记中多次发泄不满。12月1日记："近来教职员亦纷纷离去。古云：'疾风知劲草，世乱识忠臣。'到紧要关头方知说是谁。"12月2日记："梁嘉彬来。渠系单身职员而一见危急立欲跑走，我国智识阶级之立身行事已于此可见一斑。"12月5日记："十点余至图书馆阅报，见课室均阒焉五人，后知教员告假者已有十六人，其中文人凡九人，理工各三人，可知文人之胆小也。明日告假者恐将更增多。学生中亦有去者。"校长权威受到挑战，学校纪律荡然无存，当时的国立浙江大学已近崩溃。

四、浙大筹备迁黔

1939年11月28日，临时校务会议决定迁校后，学校开始认真积极地着手搬迁筹备工作。一所学校创建不易，搬迁更难。因学校搬迁牵涉极广，头绪繁多，事务琐碎。首先，必征得教育部同意。教育部如持异议，别的不说，搬迁经费无着落，学校即寸步难行。因此与教育部沟通就成为搬迁之首要工作。教育部对浙大迁址的态度经历了由"不甚赞同"到"答允"的转变。12月16日记："因姜伯韩昨接家函，谓部中对于浙大迁校不甚赞同，以为日人不能深入，故今日余作长函与吴选士，并令伯韩作函与陈立夫。"12月27日记："午后又接教部中电，谓战局转佳，暂可不移云云，乃十六所发电。"教育部显然对日军战略意图也存在误判，故对浙大迁址"不甚赞同"。迟至1940年1月9日，教育部长陈立夫才明确表态同意浙大迁址。当天日记载："接姜伯韩等自贵阳来电，知立夫部长已抵黔。迁校事已答允。"其次，浙大迁离广西，又得与省府交涉以求谅解，因浙大迁入广西曾获当地政府大力支持。1月2日记："得吴选士函，知部中对于浙大迁移非得广西省主席黄旭初等之谅解不可，因此余之桂林之行乃不可缓矣。"1月3日，竺可桢亲赴桂林晤广西省主席黄旭初："九点黄主席至环湖酒店谈一小时。余先述浙大迁校之经过，并述小龙江屋可送给省府。渠对于浙大迁校并无意见，允电教部将余意陈述。"除此以外，校址选择、小龙江扩建校舍工程的处置、图书仪器及人员运输等，诸多棘手问题，也须缜密思考，精心组织，周密安排。

1. 勘定新校址

1939年11月28日，临时校务会议只决定搬迁，但对浙大新校址究竟设于何处并未做出决定。如前所述，入滇已为教育所否定，新校址只能在贵州范围内选择。尽管校址事关学校发展，竺可桢也极为重视，但他本人此时却不能离校远行，而必须镇守宜山。个中原因，12月20日记有所透露："振吾欲余赴渝，但余不能离校，因外间谣传已多，有谓浙大已解散之说，故余万不能离宜山。"因此第四次赴黔勘察校址只能委诸他人。11月29日迁校委员会决定："派晓峰、振吾二人至贵州独山、都匀、瓮安等等地方，觅得150间房屋可为暂时之所，二人有全权决定。"虽然迁校委员会有此决定，实际上考察人员并不限于史地系主任张其昀和工学院院长李熙谋二人，考察地点也不限于决议所列独山、都匀和瓮安。

桂北之罗城、融县，黔南之独山、都匀、瓮安、墨冲等地都曾进入浙大迁址备选行列，终因安全、房屋或交通问题而为竺可桢一一否决。罗城位于宜山正北，南距宜山仅三十余公里，尽管理学院院长胡刚复绝口称赞，但竺可桢不为所动。12月13日记："中午遇刚复自罗城回，极言罗城四乡之佳，谓罗城有六百户，而北乡黄金龙岸寺门诸垆，其富庶皆过城内，全校移往可以上课。余以迁校为已决之事，往罗城不过为危险时万一之计而已。"黔南之墨冲，虽然安全但房屋缺少，也非理想之地。12月16日记："接乔年电，知墨冲房屋一年级勉可敷用，即电齐学启，嘱缉私营让屋。晚五点开行政会议、迁校委员联席会议，决定一年级在宜山上临时课。"融县位于宜山东北，西南距宜山也不过百里。12月22日记："刚复来，渠主张校迁融县，以迁遵义则费大，所有学校存款将用罄，故不如移地较近。但融县决不能容浙大，且地亦过近，警报频仍，不能安居。"瓮安位于贵阳东北,"虽然雅愿浙大迁往,但该处竟无房屋足资下足,殊非相宜。"(4月18日)而教育部原议之赤水,位于遵义西北,大娄山纵亘其间,"以治安不佳兼之公路亦不能通,天气又热"(6月2日)而不予考虑。遵义东面之湄潭,也因交通运输问题而作罢。

考察范围逐渐缩小,最后圈定贵阳之青岩与黔北之遵义,并由竺可桢亲赴勘察并最终拍板。这期间,竺可桢与张其昀、李熙谋等人为浙大是否应全体迁入遵义而存在意见分歧,曾经有过争执。11月29日校务委员会曾授权张、李二人勘定新校址,张、李二人入黔后也不断有报告发回。12月18日记:"得振吾电,谓'决定遵义,余再详'云云,似振吾信从蔡作屏之建议。余即复电,询是否能容全校。"因前一日竺可桢曾接生物系教授蔡作屏函:"谓遵义有屋足容浙大,因师范学校可以迁移而子弹库亦可让出云云。"(12月17日)12月29日记:"今日荩谋接晓峰函,以为一、二、三、四年级均集中遵义。但实际遵义决无如许之屋宇也。"竺可桢曾赴遵义考察,所以他认为张、李二人关于遵义房屋的报告言过其实,令人怀疑。随后,又传来贵州教育厅不允许浙大占据遵义师范的坏消息。1940年1月2日,竺可桢接侯家煦来电告:"知黔教育厅不允借遵义师范校址,而子弹库尚无着落,因此遵义尚无一间屋可以靠得住,可称焦急之至。"而此时,除张、李两人外,姜伯韩、陈剑修等教授也认为浙大应全体迁入遵义。1月6日记:"阅来往信件,知姜伯韩等已抵贵阳,有强占青岩乡师之意。遵义房屋仍无着落,而屠达、陈剑修均甚乐观,不可解。"1月9日记:"接伯韩、剑修电,主张全校移遵义,并放弃青岩乡村师范。对于遵义究竟有房屋若干,能否敷用,毫未顾及。余等均推想系张孟闻、储润科等已将家眷移至遵义,不愿再迁青岩,故怂恿陈剑修出此主张也。即复一电,嘱作详细考虑再定。"1月9日记:"剑修抵贵阳后坚决要一年级至遵义,故姜伯韩、季梁等联名来电主张放弃青岩乡村师范。余复电嘱弗放弃。"双方函电往返,意见相左。

除遵义外,贵阳青岩也在浙大考察范围以内。这时,又有关于青岩的报告。12月25日记:"接振吾廿三电,知青岩乡村师范屋已被教育厅支配为别的用途,故一年级之屋又落空矣。"但五天之后,事情又有转机。12月30日记:"午后贵阳胡建人来电话,报告青岩乡师屋教厅允让给,代价五千元。"青岩竟失而复得,竺可桢喜出望外,并令在筑人员立即与省教育厅接洽。1940年1月1日记:"余即拟稿复胡建人一电,嘱即接洽青岩乡师之屋。"当竺可桢亲自入黔时,于1月14日在贵阳与青岩乡师校长商议接收事宜:"七点半彭百川偕青岩乡村师范校长黄同义即黄质夫来……与剑修谈青岩之屋勉可容一年级,校具均有,所缺不多,而黄质夫明日即行,必须交出,故决计嘱许侠武于明天来接收。"1月15日记:"许已在青岩接收乡师校产。"遵义房屋虽未定而青岩已获解决,浙大一年级校舍问题终于有了着落,这让竺可桢大大地松了一口气。

而令竺可桢焦急不已的遵义师范房屋问题,因当时教育部长陈立夫的干预而得以初步解决。1940年1月16日记:"据晓峰云,知立夫于中午过此,即赴遵义师范,全城士绅欢迎。立夫即谓此屋甚佳,可让与浙大,而遵师则可迁至梧村。士绅胡宪之等均表赞同。"1月19日记:"膳后打一电话至重庆教育部吴选士,知立夫已电张志韩,嘱让遵义师范之屋"。浙大在遵义的新校址勘察工作遂告结束。1月22日记:"未几周寄梅来,余与谈遵义师范校址事,渠极劝浙大勿取遵师。余乃决意留一年级在青岩,定二月八日上课。"1月30日在遵义召集会议:"决定二月廿二上课,电知宜山,并在滇川黔垣登报广告。"至此,浙大入黔新校址也最终确定:青岩乡村师范为浙大一年级校舍,而遵义之师范学校和城成小学则为浙大二、三、四年级校舍。

2. 小龙乡之校舍建设

如前所述,浙大曾在宜山小龙江圈地修建校舍。浙大决定搬迁,小龙江校舍建筑工程问题必须予以处置。1939年11月29日五点开建筑委员会:"决定小龙乡已建木架之房屋继续进行,其未动工者则磋商作罢。"12月2日开行政会议、建筑委员会及迁眷委员会联席会议,决定:"建筑仍照原议,新美西与吴中记已建屋架者继续完成,余则缓建。"12月3日,竺可桢亲至小龙江查看校舍建设:"先至坝头看吴中记造工学院教室。木架已搭五座,工作可谓神速。……次至美心西所建工学院之宿舍。墙已起好,只差屋面盖瓦与三合土地板而已。……回校,偕勇叔颐回寓与壮予谈吴中记事。余主张只造七幢教室,余十幢不造,因合同尚未订就,无法律上效力也。"但"已建屋架者继续完成,余则缓建"只是浙大单方面的意愿,承包商吴记中却坚持按原合同修建十七座教室。因双方意见分歧，产生纠纷，承包商吴中记竟然不辞而别，一走了之。竺可桢为此专门咨询司法人员，欲寻法律途径予以解决。12月28日记："偕壮予至西二街广西高等法院晤院长张达材，询其关于吴中记半途弃未成之建筑而走之事。彼以为如校中欲中止建筑，应予吴中记以赔偿；如校中欲完成建筑而吴中记潜走，则屈在吴中记，可向其劝告，劝告不听可由省府拘留云云。"1940年1月4日记："晚七点吴记中老板之兄及黄炳松来，谈及建筑事，请求三点：（一）工人到宜山后立刻指定地点，（二）有工具运工人赴宜山，（三）先付工资四百元。余允第一点，（二）则允商桂柳段火车运往柳州，第三点则完全拒绝。"此事最后不了了之。浙大离开宜山，将小龙江校舍无偿让与广西省政府。

3. 交通运输问题

竺可桢曾拒不入黔，其理由即为交通运输问题不易解决。故筹备迁校，交通运输是另一个重大问题。交通与运输比较，运输问题又尤为突出，因战时车辆极不易得，而汽油又十分紧张，所以当务之急是寻找车辆。1939年11月30日载："下午晤中国银行主任庄祖贤，询以车辆事。"1940年1月2日记："请章灰志接洽农本局车辆。又杨耀德自柳州回，报告接洽西南公路处车辆。"由于车辆有限，学校不得不对车辆作妥善安排。1939年11月28日载："通知各系将图书、仪器分紧急与不紧急两部，不紧急者先行起运。"1939年12月1日载："余允在学校可能范围内可用汽车送女生、女教员及教职员眷属。"12月7日开迁校委员会及行政会议联席会议："决定旧杂志及重要仪器雇利通公司车运黔。"1940年1月15日记："三点莫葵卿来，渠对于浙大运输甚肯帮忙，回空车十五辆即由彼之介绍与中国运输公司。"至于男教师、男学生或乘车或步行，则自行解决，学校已无能为力。1939年12月4日载："余至标营，与叔岳及伯韩等中膳。膳后即有紧急警报。余偕学生代表洪鲲及虞承藻、蔡骅及叔岳、伯韩同至野外，与叔岳及学生代表谈一小时余，谈及迁校时学生如何步行及行李迁移办法等。"

迁校过程中，运费问题也得加以考虑。1939年12月28日记："五点开行政会议迁校委员会谈话会，决定向部请款为运费，计仪器、书籍廿五万，教职员津贴二万，学生四万五千，合315 000元。"教育部长陈立夫曾对此大惑不解。1940年1月14日记："与立夫谈迁校问题。渠对于浙大迁校需款之卅一万颇为惊异。余谓只要能设法有车辆，则费可省至二分之一。"

学校为运输而苦恼，有人却想乘机捞上一把。1939年12月9日载："接贵阳屠达电话，询校中是否急需车辆，谓贵阳有车，每次价三千元，余以价贵拒之。"12月30日记："寿臣来谈胡凤初购汽油作弊事，谓前购6 500元中每桶只40元而报53元，此油购于军校云云。"1940年1月1日记："余告壮予，嘱澈查胡凤初购汽油作弊事。"

4. 师生津贴

如前所述，师生搬迁津贴共计需六万五千元。此一津贴为搬迁所必须。1939年12月5日召开行政会议及迁校委员联席会议："议决教职员薪在100元以下者，迁遵义、湄潭单身给津贴40元，带眷80元；迁都匀、独山单身10元，带眷20元。男生步行者，贷金生各廿元（湄、遵）与十元（独、匀），其余学生亦可请特贷金。女生有学校车送，贷金生免费，非贷金生公路局半。职员押送仪器每人给150元水运，押车则免费送达地点。教员薪水在100元下者得预支十二月份薪水。"但学校补贴的搬迁津贴显然不够，师生均不满意。12月7日载："据蔡邦华来报告，谓农学院已几不能上课，单身教职员如王云章等亦去都匀，学生方面对于贷金数目至都匀、独山只十元认为不足，因鞋、帽、袜等需钱已多，而费用每日七角尚嫌不足。但以余度之，学生最大问题尚在行李。"12月7日在宜山工读学校召开迁校委员会及行政会议联席会议，学生因津贴问题再与校方冲突："余等讨论至学生贷金问题。学生请求41.90，其中挑力18元，而会议中只准15元，行李水运费五六元之数，学生不满。渠等正开大会，由刘守绩报告大会，嘱全体来工读学校。未几虞承藻率学生约百人来，秩序尚佳，但其中有孙祺荃等数人出言无理、形同要挟。余嘱彼等外出再讨论。结果给与公路局车资（都匀24元左右）而散。"竺可桢对学生的举动十分反感。12月9日记："昨学生包围会议要求增加津贴、批评学校优待女生与有眷属之教职员，自私自利之面目狰狞万状。"日记用词尖刻，毫不留情。12月11日竺可桢出席纪念周，向学生表达了他的不满："余谓近来两次包围，一为迁移校舍，一为增加贷金，均属无聊之至。因无此包围，同属一样结果。浙大势在必迁，而原来校中所拟津贴办法，即每人步行者各十五元，再加二十公斤行李由校中负责运输，实不亚于目今得一西南公路之票价也。现在学生得到票价而失去人之同情，亦大不值得矣。"12月13日虞承藻来访，竺可桢又对其抱怨："余告以上次自治会两次大会包围之举动，凡属以浙大利益为前提之人均极痛心。渠亦以此举动为孟浪，且谓大多数学生亦不以为然云云。"

浙大迁校筹备工作虽然备极艰难，所幸问题最终均得以解决，矛盾和冲突也都一一化解。浙大终于在1940年初成功迁入贵州，并在青岩和遵义复课，重新开始办学。

从1939年到1940年，竺可桢为浙大迁校整整忙碌了一年。浙大迁址，竺可桢十分重视，同时也引来各方关注。由于迁滇为当时教育部否决，入黔又受制于交通运输，学校迁移久拖不决，而战局突变，浙大势必再迁，却冲突不断，风波迭起。此时此刻，作为一校之长的竺可桢，其处境之艰难与尴尬，可想而知。但竺可桢不仅是一位伟大的科学家，同时也是一位具有高超管理艺术并能驾驭复杂局面的大教育家。面对困境，竺可桢始终镇静从容，理智清醒。在他的精心指挥和严密组织下，浙大成功完成了四迁贵州的艰难任务，为日后的崛起和壮大创造了条件。

注释

① 周诒春：字寄梅，时任贵州省财政厅厅长。
② 屠达：浙大工学院教授。
③ 吴选士：时任教育部高教司司长。
④ 陈立夫：时任教育部部长。
⑤ 纪念周：1927年国民党第三次全国代表大会决定每周于星期一举行的纪念孙中山纪念仪式。

参考文献

[1] 陈立夫. 成败之鉴——陈立夫回忆录[M]. 台北：正中书局，1994.

[2] 李洪涛. 精神的雕像——西南联大纪实[M]. 昆明：云南人民出版社，2001.

[3] 宋恩荣. 中华民国教育法规选编[M]. 南京：江苏教育出版社，1990.

[4]（清）张无咎修，夏冕纂. 临安府志. 雍正九年刊本.

[5] 竺可桢. 竺可桢全集[M]. 上海：上海科技教育出版社，2005.

2017 年 4 月

浙大西迁遵义、湄潭办学原因初探

林茂前

1937 年 7 月 7 日，日本侵略军的炮弹落在卢沟桥，抗日战争爆发。8 月 13 日，日寇调集陆海空军进攻上海。8 月 14 日，日机开始轰炸杭州。一望无垠的杭嘉湖平原再已放不下一张平静的书桌，挂不稳一块三尺黑板，许多大中小学或疏散、或停办或向内地搬迁。11 月初，日军在距杭州仅 100 余千米的全公亭登陆，浙江大学不得不开始艰难的迁徙，先后迁浙西天目山、建德；江西吉安、泰和；广西宜山；1940 年 2 月迁至贵州遵义、湄潭，才终于在战火纷飞、艰苦卓绝的大环境中觅到一处相对安稳、平静的栖身之地。浙大在遵义、湄潭幸得七年安定的治学时间，且取得卓著成绩，被誉为"东方剑桥"。这七年，浙大也由一所普通地方大学衍变为一所国内外享有盛誉的大学。

被后人称为一支"文军"长征的浙大西迁，为什么会发生？为什么一迁又迁，再迁乃至四迁黔北方才"定根"下来，本文拟就个中多种原因略作些许疏理。

一、日寇铁蹄践踏中国，烽火狼烟逼近"天堂"，是浙大西迁办学的首要原因

日本军国主义分子一直蓄意侵吞中华大好河山。1937 年 7 月 7 日"卢沟桥事变"之后，日本开始大举侵略中国。7 月 28 日，北平失守，7 月 30 日天津失守。三个月后，上海沦陷。12 月 3 日，南京沦陷。国民政府被迫迁都重庆。代表邪恶的日本侵略军，他们在侵占中华大好河山的同时，还

必然要摧毁孕育民族精神、民族灵魂的教育和文化，摧毁中华民族复兴的希望。

1937年7月29日，日本飞机轰炸南开大学。南开大学是抗日战争以来，中国第一个罹难的高等学府。随即，清华、北大等学府也横遭日寇铁蹄践踏。1937年8月14日，日本飞机开始频繁轰炸杭州，在日军一次又一次的轰炸中，浙大学子们已经无法正常上课，多数时间都是用于跑警报。

野蛮和凶残已经把一所一所凝结着民族灵魂的高等学府，纷纷逼入了深深无底的苦难之渊。从1937年7月至1938年8月，全国108所学校，有91所遭到战火摧毁，其中有10所被彻底摧毁，有25所被迫停办、解散。

在山河破碎、国难当头的时刻，国民政府于1937年7月27日在庐山召开了举国投入抗战的国是谈话会。在这个会上，同时部署了教育文化大迁移、尽力保护教育事宜。至此，按照国民政府的统一部署，教育文化大迁移全面启动。

沦陷区内以北京大学、清华大学、南开大学、浙江大学为首的106所高校，开始了中国高等学府在中外历史上罕见的一次大逃难、大流亡、大迁徙。

从天堂杭州西子湖畔走上西迁之路的浙江大学，冒着敌人的炮火，经历了四次大搬迁。为了避敌空袭，浙大先把1937年度的一年级新生安置在远离杭州的浙西天目山学习。三个月后，这批学生步行到浙大第一个迁徙点建德县，与校本部汇合。12月14日，杭州陷落，建德县警报日多，浙大被迫再次迁徙到江西吉安。在吉安度过寒假后，于1938年3月迁到泰和继续上课。九江被日军侵占后，战事剧烈，泰和已不安宁，浙大被迫作第三次迁徙。这次迁徙按国民政府教育部旨意，原本是"迁贵州安顺"。但竺可桢校长经实地勘察后，认为"交通运输需时半年以上"，故决定先迁广西宜山，再看情势决定行止。1938年10月底，浙大全校教职工、学生到达宜山，草草安居后即开学上课。不料，上课不久，日机的轰炸便接踵而至。1939年2月5日，日机18架以浙大为目标，投弹118枚，给浙大师生造成重大损失。1939年年底，南宁失陷，宜山天天都闻警报声，浙大又被迫作第四次迁徙，最终落脚黔北。

如果不是战火烈焰，如果不是敌机频频空袭，一所理应在安定静谧之环境中进行教学活动的大学，哪会一迁又迁、流动不断呢。

二、国民政府行政干预，校方受掣、身不由己是浙大西迁黔北办学的直接原因

　　浙大三迁至广西宜山后，得以暂时立足。这里虽比前两处迁徙之地条件要稍好些，但仍摆脱不了日机轰炸之虞。浙大无意久留宜山，况且国民政府教育部早先也曾明确要浙大从江西吉安、泰和迁贵州安顺，只是因交通不便而未成。因此，寻觅一处交通相对便捷、平安稳定安稳的办学之地，便成了竺可桢校长和浙大校务会议面临的新问题。

　　从 1939 年 1 月至 4 月，竺可桢亲自出马，同时也派员连续不断赴云贵等地勘察校址。据竺可桢日记记载，在三个多月的时间内，对新的校址，竺可桢亲自勘察 5 处，派员考察 3 处，合计考察了 8 个拟迁地址。

　　1 月 10 日，竺可桢由重庆返宜山，利用途经贵阳之便，接连几天考察乌当、定番、乐平和麟山等四地。经过比较，竺可桢认为考察的几处地点各有利弊，但都不是"较佳之地"。

　　2 月 28 日，竺可桢曾委派王克仁考察平越、瓮安、湄潭等地。3 月 24 日，竺可桢由重庆返宜山，途经遵义时，专门听取王克仁的报告。对王之报告，竺可桢甚为不满。因此，从遵义到贵阳的第二天，竺可桢即亲赴平越考察，认为"平越城仅五百户"，作为校址，根本不能考虑。

　　此前，3 月 12 日，竺可桢在昆明参加中央研究院第一届四次评议会时，就多方打听建水诸情况，并派员赴建水实地考察。3 月 17 日，竺可桢又派时任浙大史地系主任张其昀赴建水"查勘校址"。张其昀是全国著名的历史地理学家，由张去查勘校址，可见竺可桢对新校址选择的重视。为慎重起见，竺可桢随后又委派张其昀赴黔考察是否有更好的校址。

　　经过多次实地勘察，汇集各方意见，将云南建水作为浙大迁校的首选之地。4 月 8 日，竺可桢立即召开校务会议，"决定迁校，拟定云南建水，即日筹备"。并拟电请示教育部。宜山位于桂北，紧临贵州，而建水却远在滇南，竺可桢为什么要舍近求远呢？对此，校务会议上也有不同声音，对舍黔入滇有异议。竺可桢却坚持认为，从广西入滇有铁路，可经南宁过镇

南关入越南海防，又从海防经河内、老街入云南直达昆明，这条铁路名为滇越铁路，而建水北距昆明仅200余公里，距滇越铁路才50公里，交通方便。这是竺可桢决意迁建水的主要原因。

4月8日的浙大校务会议决定体现的是竺可桢的意志而已，其实竺可桢3月19日在重庆时就打定了迁建水之主意。竺可桢当天的日记曾有记载："三点吴选士来，余告以浙大将迁云南建水，以交通工具与房屋均有办法，入黔则二者均无着落为由，请其与陈立夫接洽，并约会晤。"

浙大在等待教育部复电期间，还着手迁校准备工作。如打听建水房屋具体分布情况及相关办公、教学用具之价目等情况，还安排张其昀作"建水地理"讲座，名为学术活动，实为迁徙建水的思想动员。

教育部4月18日复电"嘱浙大弗再迁"。其实，早在3月21日竺可桢与教育部长陈立夫会晤时，陈已表明教育部之态度。当时，陈即主张对浙大拟议中的迁移为暂"不动"。所谓"不动"，即间接否定了竺可桢迁建水之想法。陈立夫的态度就是教育部的态度，浙大要迁建水，虽有校务会议决定，但迁校不是说迁就迁，得要一大笔钱，这钱除靠教育部拨款外，浙大自己无论如何也是解决不了的。说白了，教育部不给钱，你即使有一千只脚也动不了半步。无奈之下，学校只好派人前往教育部游说，同时作了若教育部坚持不同意则另考虑迁黔事宜。学校作出这一决定之时，迁建水之决心实际已经动摇。教育部复电的本意不是不同意浙大"动"，而是"动"的去向。所以，浙大派员与教育部接洽后，教育部便立即"允浙大迁黔"。

按《中华民国训政时期约法·第五章　国民教育》第五十二条规定："中央及地方应宽筹教育上需之经费，其依法独立之经费并予以保障。"虽然大学经费有法律保障，但毕竟须由教育部划拨，而战时迁校等产生的临时性经费，则更须与教育部协商并经同意方能获解决。教育部管着大学校长的任免和经费的审批，即人事权和财政权，皆握在教育部手上，不听命于教育部，又奈何它哉。因此，浙大迁滇的决议之事最终夭折，应该就是理所当然的了。

三、遵义、湄潭相对安稳的地理位置和相对便捷的交通以及能满足一所大学生存之物质条件,是浙大落脚黔北的关键原因

浙大与国民政府教育部达成"迁黔"共识后,落脚黔省何处,又成了竺可桢和校务会议考虑的首要问题。为此,学校曾先后派人考察独山、都匀、瓮安、墨冲等地,终因或交通或房舍或治安等问题而被一一否决。教育部动议迁位于遵义西北的赤水,竺可桢以"治安不佳兼之公路亦不能通,天气又热"而不予考虑。

校址的考察范围最后缩小圈定于贵阳青岩与黔北遵义,并由竺可桢亲赴勘察并最终拍板。其间,因"知青岩乡村师范屋已被教育厅支配为别的用途,故一年级之屋落空"和"知黔教育厅不允借遵义师范校址,而子弹库尚无着落"而发生动摇。然又得知经多方交涉"青岩乡师屋教育厅允让给"及遵义师范房屋问题因教育部长陈立夫之干预而又得以初步解决的消息后,浙大因房屋不能满足如许之需产生的忧虑迅即解除了。至此,浙大新校址勘察工作遂告结束。浙大一年级迁入青岩乡村师范,二、三、四年级迁入遵义师范学校和杰生小学。

从现象看,浙大西迁青岩和遵义似乎聚集于校舍问题,其实,导致浙大最终落脚遵义、湄潭的更深次的原因是交通、治安、物资供应等问题。

遵义地处重庆与贵阳之间,川黔道是抗战时期最繁忙也最顺畅的运输线之一。这里北距重庆 300 余千米,南距贵阳仅 150 余千米。广西至此,车辆运输不成问题。竺可桢日记记载:"余允在学校可能范围内可用汽车送女生、女教员及教职员眷属。"校行政会议决定:"旧杂志及重要仪器雇利通公司车运黔。"

遵义离战区相对较远而离陪都近,战火不会轻易燃至。加之民风习俗淳美,治安亦尚可,竺可桢几番考察后,青睐有加。

遵义、湄潭地处黔北,而黔北素有粮仓之称,是渝黔湘桂的物资集散地。这里物资供应虽因战事影响比平时贵一些,但相比之其他地方,仍然是低廉的,且大米、菜蔬至日常生活用品等,完全能满足一所大学生存之需。竺可桢 1939 年 2 月 28 日考察遵义、湄潭后,在日记中写道:"谓其地

出产甚丰,肉每元可买七、八斤,鸡蛋每元一百个,米二、三元一担……其地有水多鱼云云。"作为一校之长的竺可桢,关注办学地之物资保障及物价,这是最自然不过的。因为教育部划拨的经费十分有限,"俭用"便成了必练的基本功。竺可桢不仅在迁来遵义、湄潭之前注意调查了解当地的物价,落脚遵义、湄潭后,他更是时常牵挂粮食这类须臾离不得的生活必需品的价格。在他的日记中,记载各地粮价的内容不少,如1940年6月4日,他在日记中记载:"近来接到各地每斤米价之比较(斤/元),大理1.20、绍兴1.00、昆明0.80、宝山0.30、乐山0.30、无锡0.20、龙泉0.20、贵阳0.25、遵义0.17、湄潭0.08、成都0.33。"

经过不止一次的实地考察、多方走访,汇聚在竺可桢心中的黔北印象,使他把贵州"天无三日晴,地无三里平,人无三分银"的民谣忘得荡然无存,在他看来,这首贵州民谣唱的内容根本不符合黔北这方水土。

对遵义、湄潭的交通、治安、物价诸情况的考察比较,让浙大和竺可桢悬着的心放下了,之前在宜山与同事们的争论、不悦以至因新的迁移校址而形成的不和,均在黔北这方水土的吸引下冰释了。在竺可桢和浙大师生看来,遵义、湄潭具有浙大办学的诸多优势。历史证明,他们的选择是正确的。

四、遵义、湄潭的政要贤达、开明绅士及民众悉心关照浙大师生的深厚情谊,是浙大"定根"黔北办学达七年之久的不可或缺的重要原因

时任遵义县县长的刘慕曾和湄潭县县长严溥泉知悉浙大将迁来遵义、湄潭的消息后,均认为这是天大的好事,"对促成地方文化……有很大裨益"。按时任贵州省政府主席吴鼎昌1939年12月12日发布的对湄潭县政府的1823号训令"查国立浙江大学,将由广西宜山迁来本省。所有校址,业经择在该县境内……仰即预为准备,切实协助为要"之要求,严溥泉接令后不惜兴师动众召开了湄潭各方头面人物、社会贤达、地方绅士以及湄潭中学校长冉茂森等参加的重要会议,专门讨论和计议欢迎浙大落户湄潭之大事。这个会议,按今天的说法,开得大有成效,当天就落实了一百多

间房屋作为浙大用房。12月18日，湄潭县正式成立了"欢迎浙大迁湄接洽协助委员会"，当天，这个委员会行使职权，要求国民党县党部搬出文庙，迁往城隍庙办公。常备队迁出贺家祠堂；县男子小学、女子小学让出部分校舍。在湄潭县城大街上，贴出了"全党为浙大，全民为浙大"的标语。湄潭县政府将拟作浙大用房的一应房舍位置绘制成图，呈送遵义专员公署转浙大，并表示，若房屋不够，还可想办法。县政府还及时向省政府呈文，报告执行省府1823号训令的情况："县长遵即召集地方各界开会，原勘校址，均未动用……伏乞钧府鉴核备查。"

由于遵义到湄潭的公路尚未修通，浙大一年级还不能迁湄潭上课。1940年2月3日，已经在遵义江公祠办公的竺可桢，在征得教育部长陈立夫的同意后，决定在等待公路竣工的情况下，一年级361名学生暂时在青岩上课，其余二、三、四年级学生在遵义开课。

浙大决定先在遵义开学上课，给这座人口不足3万的小城带来了文明科学的新风，同时，也带来不少压力。首先是房舍问题。在浙大迁来遵义之前，已经有中央陆军大学迁来罗庄，加之一些国民政府的办事机构也纷纷迁来遵义，城里一时屋舍紧张，房租涨价不断。在此情况下，遵义名仕傅梦秋让出一部分居室作浙大校长竺可桢住所；县政府决定将江公祠借浙大作图书馆；城中何姓柏姓等大户让出一百余间房舍低价租让给浙大办学；杰生小学与浙大部分校舍仅一巷之隔，浙大缺教室和食堂，杰生小学主动借用，并提供校园、礼堂等场所作为浙大教学、集会之用；在有关部门协调下，驻军子弹库也让出作浙大校本部用房。

为了抓紧修通由遵义去湄潭的公路，省政府拨出专款，遵义专员刘千俊多次前往工地视察督促，沿线农民知晓大义，忍痛让地，不扯皮绊，使公路提前半年贯通。1940年夏季新学期开学，从青岩迁来的一年级迁永兴，生物系、理学院、师范学院理科迁湄潭。工学院、文学院、师范学院文科连同学校本部已经在遵义安定下来，不再迁湄潭。

浙大迁入遵义之时，正是抗战进入相持阶段的艰难时期。战事与灾荒的双重影响，致各种生活必需品价格飞涨，严重威胁浙大生存，尤其是米价一年之内竟由1角7分一斤"骤涨至每斗53元"。在这种情况下，遵义专员公署决定"每日以当日最低价供给"浙大三担大米。当时，遵义尚有库存1 000

余担积谷可以支配，专员公署允诺紧急情况下可优先保障浙大师生使用。

遵湄公路修通后，浙大部分师生即迁往湄潭办学。自始，湄潭百姓便与浙大师生相濡以沫，同舟共济。他们在自身住房条件也十分困难的条件下，由县政府通过"欢迎浙大迁湄校舍协助委员会" 分配、调给浙大房舍 250 余间。让出文庙、民教馆、救济院等公益房屋，腾出财神庙、禹王宫、双修寺等寺庙及部分家族的房舍供浙大使用。另外还在城西专门规划 200 多亩地，无偿提供给浙大办农场。勤劳厚道的湄潭百姓不仅最大限度地为浙大师生提供校舍和居所，还在遭受灾难、物价飞涨的时候无私支持、关照浙大师生。县城一位做大米生意的粮行老板，不顾驻军长官之命，偷偷将军队已征用的近 100 担米无偿送给浙大食堂。永兴一富裕农户，也把自家积蓄多年的数十担粮食无偿赠予浙大。县城边一党姓士绅，平时与浙大的教授们往来频繁，听说教授们油水差，便将自家饲养的鸡鸭请人帮忙挑进县城，一户一户送给每一位教授。

遵义、湄潭民众对远道而来的浙大的教书人和读书人，骨子里有着一种理所当然的尊重和向往。

浙大在遵义、湄潭办学期间，老百姓主动为浙大师生送菜、送米是常有的事，不时还有人把饥肠辘辘的浙大人请到家里，用珍藏的腊肉、土酒厚待他们。

在遵义人和湄潭人的眼中，浙大师生是"文明人"，是兄弟姊妹，是民族的栋梁，是国家的希望。因此，他们对浙大师生嘘寒送暖，关怀备至。浙大在遵义、湄潭七年，遵义、湄潭的百姓对浙大师生的关心与希冀情怀，天天如斯，月月如斯，七年如斯。

抗战胜利后，浙大要复员回杭州，有的学生为了筹集回归路费，不得不窘迫地求房东帮他们典当衣被，以作路资。善良的遵义、湄潭百姓每每遇到这种场景，他们总会绞心剜肚。面对要典当衣被的学生，他们深情地说："衣被典当了，回下江后穿什么？盖什么？"然后，他们将早先作为房租收取积攒起来的铜板，悉数拿出来，返还给满含热泪的学生。

遵义、湄潭百姓自始至终的情义，温暖和呵护着浙大师生。否则，国之不幸期间，他们能在远离"天堂"的黔北驻足那么长的时间吗？

修改定稿于 2017 年 3 月

西迁办学：浙大崛起的转折点

林茂前

浙江大学建校至今已经120周年了，西迁办学也有80周年了。从一所普通的地方学校到誉满全国乃至世界的高等学府，浙大崛起的重大转折缘于西迁办学。

一

浙江大学的前身为光绪二十三年（1897年）设立的求是中西书院。书院设置于杭州市蒲场巷（现称大学路）普慈寺，是中国人最早创办的新式高等学堂之一。1901年11月易名为浙江求是大学堂，1902年1月易名为浙江大学堂，1904年1月易名为浙江高等学堂。辛亥革命后，1912年1月改称浙江高等学校，因教育体制变化而停召新生，至1914年6月第四期学生毕业即停办。1927年7月15日，为纪念孙中山先生，国民政府在杭州设第三中山大学，校址在原浙江高等学校旧址蒲场巷。1928年4月1日改称浙江大学。同年7月1日起冠"国立"二字，称"国立浙江大学"。

1936年4月8日，在风雨如磐的大背景下，竺可桢出任浙江大学校长。

1937年7月，卢沟桥事变标志着抗日战争的全面爆发。日本开始大举侵略中国。7月28日，北平失守。7月30日，天津失守。三个月后，上海沦陷。12月3日，南京沦陷。国民政府被迫迁都重庆。代表邪恶的日本侵略军在侵占中华大好河山的同时，还必然要摧毁孕育着民族精神、民族灵魂的教育和文化，摧毁中华民族复兴的希望。

1937年7月29日，日本飞机轰炸南开大学。南开大学是抗日战争以来，

西迁办学：浙大崛起的转折点

中国第一个罹难的高等学府。随即，清华、北大等学府也横遭日寇铁蹄践踏。野蛮和凶残的日寇已经把一所一所凝结着民族灵魂的高等学府，纷纷逼入了深深无底的苦难之渊。从 1937 年 7 月至 1938 年 8 月，全国 108 所学校，有 91 所遭到战火摧毁，其中有 10 所被彻底摧毁，有 25 所被迫停办、解散。

在山河破碎、国难当头的时刻，国民政府于 1937 年 7 月 27 日在庐山召开了举国投入抗战的国是谈话会。在这个会上，同时部署了教育文化大迁移、尽力保护教育事宜。至此，按照国民政府的统一部署，教育文化大迁移全面启动。沦陷区内以北京大学、清华大学、南开大学为首的 106 所高校，开始了中国高等学府在中外历史上罕见的大逃难、大流亡和大迁徙。

1937 年 8 月 13 日，日本进攻上海。次日，日本驻台湾的航空大队开始轰炸杭州。自此，沪杭沿线敌机肆虐。11 月，日军在距杭州只有 100 余千米的全公亭登陆，浙江大学在校长竺可桢的带领下也被迫转移西迁。

浙大选定的第一个迁徙点是浙西的建德县。千余名师生眷属借用当地的林场、天主堂、孔庙及民宅为教室和宿舍。浙大在建德只待了两个月，虽然生活和学业都处于非常艰苦的状况，但授课却一天也未停止。11 月底，早先被安置在天目山上课的一年级新生，步行至建德与校本部汇集。12 月 24 日，杭州陷落，浙大被迫再次迁徙。

浙大的第二个迁徙地是江西吉安。从建德到吉安，行程七百余千米。师生们一路上颠沛流离，于 1938 年 3 月到达后，稍事安顿，便开始教学。各院系的实验和课业因要补足以前所缺的数目，都比以前增多，上课时间一律自觉延长。1938 年年中，日军侵占九江，战火蔓延，浙大又被迫西迁。

浙大的第三个迁徙点是广西宜山。全校师生沿湘赣路、湘桂铁路西行。学校的图书仪器则循赣粤水道入桂。1938 年 10 月底，全部教职员和学生到达宜山。草草定居下来后，即开学上课。宜山是桂北重镇，浙大以当地原工读学校为总办公室，以文庙、会馆为礼堂、教室，在东门外标营搭盖草屋为临时教室和学生宿舍。1939 年年底，南宁失陷，宜山危急。浙大被迫进行第四次迁徙。

浙大第四次迁徙的目的地是贵州遵义。1940 年年初，浙大到遵义后，当务之急是落实校舍问题。最初，全校集中在遵义城。5 月，湄潭分部校舍落实。至 1940 年初冬，浙大各院系用房大体固定，具体布局为：校本部及文学院、工学院和师范学院的文科设在遵义；理学院、农学院和师范学院的理科则设在湄潭。校舍的落实尤其是有了相对安稳的环境，浙大教学科研活动在遵、湄两地才得以继续展开。

从 1940 年初抵达遵义，至抗战胜利结束，浙大取得长足发展，成绩斐然。1946 年 6 月，浙大师生东归，陆续返回杭州。

二

浙大由杭州开始西迁时，仅有文理、工、农 3 学院 16 个系。西迁过程中，逐年有所增加。1938 年 8 月，增设师范学院，下设国文、英语、教育、史地、数学、理化等系。1939 年 8 月，文理学院分立。文学院设中文、外文、教育、史地等系。理学院设数学、物理、化学、生物等系。同年，设文科研究所史地学部，理科研究所数学部，并另设史地教育研究室。同年 5 月，农艺系农化组扩展成农化系。1940 年 8 月，师范学设二部，另在湄潭设浙大附属中学。1941 年 8 月，设工科研究所化工学部。1942 年 8 月，增设理科研究所生物学部、农科研究所经济学部。1945 年 8 月，增设法学院，设法律系。

抗战胜利浙大东归前夕，不断壮大的浙大已有 7 个学院，27 个学系，4 个研究所 5 个学部，1 个研究室，2 个先修班及 1 所附属中学。另还有工场 11 所，农场有地 300 亩。

西迁过程中，浙大学生人数不但没减少还有所增加。1937 年 10 月统计，有学生 633 人，随校西迁学生共 460 人。至 1941 年 6 月，在校大学生 1 486 人，研究生 13 人，先修班学生 40 人。1946 年 10 月，在校大学生 2 243 人。

撤离杭州西迁时，浙大教授和副教授仅 70 人。至 1946 年，浙大已有教授、副教授 210 人。据 2009 年的资料显示，中国科学院、中国工程院的院士中，当年曾在遵义、湄潭工作和学习过的浙大师生就有 51 位。浙大西迁遵湄办学期间，中央研究院的科研记录中，浙大的学术论文最多；中央研究院选举院士，浙大有四位教授当选，仅次于北大、清华的人数。

英国科学史家、剑桥大学生物化学教授、皇家学会会员、英国驻华文化与科学协作代表团团长李约瑟曾于 1944 年两次前往遵义、湄潭参观、考察浙大。他对浙大师生开展的科研活动水平之高、学术氛围之浓,十分惊叹。在他所著《科学的前哨》一书中做了高度赞扬。他这样记述:"在湄潭,研究工作是很活跃的,生物系正在进行着腔肠动物生殖作用的诱导现象和昆虫的内分泌素等研究。这里关于甲虫类瓢虫所有奇异的色彩因素的遗传方面的研究,在美国已引起很大兴趣","在物理方面,因为限于仪器,工作侧重于理论的研究,如原子核物理方面、几何光学等,水平显然是很高的。这里还有一个杰出的数学研究所"。在对浙大开展的科研活动及其取得的成果进行例说后,李约瑟教授由衷地称赞浙大是"东方的剑桥"。

其实,李约瑟教授看到的浙大科研成果只是一部分,并非全部。而且,浙大在遵义、湄潭所开展的许多研究工作,都是处于当时中国和世界的科学前沿。

理学院的科研成果如苏步青的微分几何、王淦昌的中微子研究如《中子与反质子》和《五维空间场》(与程开甲等合著)、束星北的相对论、贝时璋的细胞重建研究、谈家桢的遗传学研究等都是当时浙大教授们不断探索前进、在科学前沿取得的重大成果,有的还被认定为世界性的重大发现。1942 年至 1945 年,中国物理学会年会曾四次在湄潭召开,宣读论文 50 余篇。李约瑟夫妇也应邀参加了 1944 年的年会,并将一部分论文带回英国发表。

浙大文学院主动积极地开展了考古和地质野外考察。张其昀主编的《遵义新志》、谭其骧的中国历史地理学和《播州杨保考》、竺可桢的《二十八宿起源考》、张荫麟的《中国史纲》、刘之远的《遵义锰矿》、任美锷与施雅风的《遵义地形》等研究论文,都是颇有见地的研究成果。

在抗日战争胜利前夕,西迁遵义、湄潭办学的浙大,教学规模和科研成果早已闻名遐迩,与当初为躲避日寇炮火被迫从杭州撤离时的那个浙大相比,早已今非昔比。"在重庆与贵阳之间叫遵义的小城里,可以找到浙江大学,是中国最好的大学之一。"(李约瑟语)

浙大在西迁办学中崛起,已是不争的事实。

三

浙大之所以能在西迁办学中崛起,主要是:

1. 西迁办学期间，浙大始终保持迁而不散的完整建置，为崛起打下了坚实的组织架构

卢沟桥事变后，日寇大举进犯中国。在国土连片沦陷的紧急形势下，为救亡图存，抢救和保存我国文化教育命脉及民族之元气，沦陷区的许多高校纷纷在战乱中进行了罕见的大迁移行动，走上颠沛流离的西迁之路。

由于战争爆发突然且日军推进出乎意料之快，不少大学是仓促撤离的。故教学设备、图书资料、科研器材等都来不及一同运走。不少大学到了新的落脚点后，无论师资、设备、经费都难于再维持正常教学科研活动。于是，只好打破建置，校与校之间重新组合办学。比如：1937年卢沟桥事变后，北京大学、清华大学、南开大学先迁至湖南长沙，组成长沙临时大学，同年10月25日开学。三校校长蒋梦麟、梅贻琦、张伯苓为常务委员，共主校务。翌年4月，长沙临时大学迁往昆明，改称西南联合大学；1937年11月，北平大学、国立北平师范大学、国立北洋工学院三所院校迁往西安，组成西安临时大学。1938年春，西安临时大学迁至汉中，改名为国立西北联合大学。随后，国民政府教育部指令，撤销国立西北联合大学，成立西北大学、西北师范学院、西北工学院、西北医学院、西北农学院五个独立国立院校。1938年7月，国立北洋工学院、私立焦作工学院、北平大学工学院和国立东北大学工学院在汉中组建国立西北工学院。1938年，西北联大农学院迁往陕西武功，与国立西北农林专科学校合并，称国立西北农学院。1939年，西北联大文理、法商两个学院则组成西北大学，随后西北医学院并入西北大学。1938年3月，国立交通大学北平铁道管理学院并入交通大学唐山工程学院。5月，学校迁往湖南湘乡杨家滩。随后，交通大学唐山工程学院举校再次被迫西迁。1939年，学校在贵州平越（今福泉市）复课。1942年1月，组建国立交通大学贵州分校，下设唐山工程学院和北平铁道管理学院。1944年11月，日军攻占贵州独山，国立交通大学贵州分校再次迁校到四川璧山办学。1942年8月，交通大学总部从上海转至重庆九龙坡，重庆商船专科学校并入交大。交通大学分设上海、西安两部分。当时，大学之间打破建置，重新组合，联合办学的现象比比皆是，这里不再例举。

而浙大从杭州撤离的那一刻起，始终保持着完整的建置。尽管校舍分散，有时一年级在天目山，有时在贵阳青岩，有时在湄潭永兴，但都与校本部紧紧构成一体。落脚遵义、湄潭时，大本营就一个，一个校长，一个核心，无论行政、教学、科研都是统一部署。

在西迁办学的高校中，像浙大这样始终保持完整建置的，实属凤毛麟角。正因为浙大建置完整，架构未变，才能统一调度，统一指挥。尽管烽火狼烟，筚路蓝缕，一路走来，无论陆路、水路，无论汽车、火车，教学设备、图书资料、科研器材都有专人负责，完整无缺。西迁办学是被迫的，是灾难所致。浙大却因灾难始终紧紧抱成一团，在逆境中避免了裂变。在中国的高等学校中，像浙大这样，在战乱中辗转流离，跋涉长征而弦歌不辍的并不多；像浙大这样，在极端艰难困苦中反而崛起的更为罕见。

抗战胜利后，当西迁办学的各所大学回归后纷纷忙着重新完善建置、图谋东山再起时，浙大带着完整无缺的架构，带着西迁办学取得的骄人成果，在竺可桢校长的率领下，凯旋般重回西子湖畔，一刻不停地立即又开始了一所大学应有的正常教学和科研工作。

2. 浙大师生潜心践行西迁办学中确立的"求是"精神，为崛起夯筑独树一帜的精神高地

1938年11月19日，西迁至广西宜山的浙大召开校务会议。会上，根据竺可桢校长的提议，决定将"求是"作为校训。竺可桢校长在讲演时解释说："人生的目的在于服务，而不是享受。所谓求是，不仅限于埋头读书或是实验室做实验，求是的路径，《中庸》说得最好，就是博学之，审问之，慎思之，明辨之，笃行之"，"求是精神，就是奋斗精神、牺牲精神、革命精神和科学精神。这是科学家应有的言行标准"。竺可桢校长还多次强调，"所谓求是精神，首先要有服务精神。"他极力倡导要确立诸葛亮"鞠躬尽瘁，死而后已"和孙中山"义所当死，死贤于生"的人生信仰。他说："如若不如此，也是无法承担起天下大任的。"

为了"求是"，浙大师生在异常艰难困苦的环境中始终坚持正常的教学秩序。由于战乱，加之西迁途经和落脚之地大多是贫瘠闭塞的山区，物货奇缺，交通不便，住破庙，用杂粮野菜充饥是常有之事。教学无正规教室，

差不多都是利用庙宇、会馆甚至室外空地进行。与在杭州相比，真是天壤之别。诺贝尔物理学奖获得者李政道博士，几十年后回忆这段生活时说："我在浙大的学习条件十分艰苦。物理实验是在破庙里做的。"著名数学家苏步青一家人口多，粮不够吃，几个孩子经常饿得走不动路，只好依靠自己和夫人在所居住的"朝贺寺"破庙外一块向阳地上种些红苕和蔬菜，补充生活之不足。他们常常把红苕当作主粮，将其用水煮熟后蘸着盐水当饭吃。当时，不少教授和学生往往是吃了上顿没下顿，或者一天就啃一个红苕应付。尽管如此，浙大在西迁办学的过程中，无论是在建德、泰和以及落脚时间相对长一些的宜山以及一住六年多的遵义、湄潭，除了1944年年底日本侵略军进攻黔南独山时被迫停了几天课以外，从没因任何原因影响正常上课。师生们勤研苦读，相互切磋砥砺，患难与共。为弥补搬迁延误的课时，他们无论在何处，都是闻鸡起舞，秉烛夜读。浙大所到之处，总是书声琅琅，实验不断。"衣带渐宽终不悔"，艰涩困苦的生活条件，不但没有影响浙大师生的教学和科研热情，相反，苦难激励着他们更加勤奋地教学与探索。生活如此困苦艰难，时局如此纷乱危急，浙大的教学和科研活动却一直秩序井然，这在内迁的上百所大学中实属罕见。当时，国民政府教育部曾派专员赴各地巡视，认为浙大是所有西迁大学中，教育秩序和教育质量都保持得最好的一所高校。

为了"求是"，坚持开展教学改革，鼎力创新。竺可桢认为："大学教育的目标，决不仅是造就多少专家工程师、医生"，而主要是培养"公忠坚毅，能担当大任，主持风气，转移国运的领导人才"。在这一思想指导下，竺可桢任校长后，就大力推行改革。西迁开始，改革力度不断加大。第一个措施是革新体制，大力推行民主办学。民主办学说到底就是教授专家治校。具体说来就是依靠一批德才兼备，热心教育事业，有建树、有威信、能办事且身体又好的教授专家来管理学校。第二个措施是充分发挥学生自治的积极性，注重培养学生民主自治能力与有组织、有纪律的习惯和作风。学校管理者支持学生自治会开展各种有益活动，支持学生开展的各种爱国民主活动。第三个措施是在高校中率先推行"导师制"。其实，"导师制"施行的目的就是为了充分发挥和体现教授专家治校的作用。费巩教授出任训导长时，就曾在演说中讲过"导师制"的作用："导师不是为了监督学生的思想，而是为了培养他们成为有人格、有骨气、有抱负、有见识的人，将来可以担当重托，经得起打击，不会被恶势力所同化。"在推行"导师制"的过程中，导师、学生实行双向选择。即导师自由选择学生，学生自由选择导师。不仅如此，还可跨学院跨系进行选择。第四个措施是注重教学实践。学校十分重视教学与生产实践和科学实验相结合。为了加强实践的训练，学校的研究室、实验室以及工场、农场均敞开提供给学生使用，使学生养成不但用脑而且积极动手的好习惯。

为了"求是"，竭尽知能，造福地方。浙大西迁落脚遵义不久，竺可桢校长就明确提出："浙大……抗战时期在贵州更有特殊之使命。昔阳明先生贬谪龙场，遂成知难行易之学说。在黔不达二年，而闻风兴起，贵州文化为之振兴。阳明先生一人之功尚能如此，吾辈虽不及阳明，但一千余师生竭尽知能可有裨于黔省。"不难看出，竺可桢校长要求浙大师生"竭尽知能"为地方作贡献。这种强烈的使命感和责任感一直鞭策和激励着浙大的每一个师生。早在西迁途经江西泰和时，浙大师生为防赣江水患和发展水上交通，主动帮助当地设计修建"浙大防洪堤"和"浙大码头"。在遵湄办学期间，浙大师生的教学科研工作，切实与当地生产实际紧密结合起来，既创造了举世闻名的研究成果，又实实在在地促进了当地的经济发展和社会进步。如对湄潭茶叶种植、加工的研究以及茶场发展建设的推进；对野果刺梨营养成分的研究；对五倍子的研究；对团溪锰矿的发现和运用；对遵义历史文化遗产的研究，等等。这些工作，对推动当地经济社会的长足发展功不可没。

为了"求是"，读书不忘救国，同赴国难。早在抗战爆发时，浙大师生就明了，国无宁日，学校焉能正常教学。西迁之初，浙大师生们本着"读书不忘抗日救国"的精神，利用课余时间开展各种各样的抗日救亡宣传活动和备战工作。西迁至遵义、湄潭后，随着抗战形势的变化，他们先后组织捐资抗战。在学生会的发起下，浙大全体师生、家属积极开展给前方将士募捐活动。竺可桢校长带头捐献结婚戒指，用以制作劳军物品之需。1944年12月3日，十三军和九军奔赴前线路经遵义，师生们早上5点就起床，将募集来的16万元买包子、香烟及生活用品送给每个战士，场面十分感人。

天下兴亡，匹夫有责。在抗日战争最危急之时刻，浙大学生两次组织战地服务团奔赴前线,直接参加抗日。独山失守后,学校还一度配置了武器,准备与当地民众一道打游击,武装护校。整个抗战期间尤其是在遵义、湄潭办学期间,学校广泛开展各种各样的抗日文艺活动,如排演抗日话剧,上街讲演和开展歌咏活动等,推动了抗日救亡活动持续深入地开展。

3. 竺可桢校长以其深厚的学识根底、坚毅睿智的人格魅力引领西迁办学的师生前行,为浙大崛起竖立标杆与灯塔

1936 年 5 月,竺可桢受命于危难之际,担任浙江大学校长。在这之前,竺可桢就已经是享誉国内外的知名学者。他在我国地理学、气象学、物候学领域的建树,是业界一致推崇的。在颠沛流离的战乱西迁历程中,竺可桢带领全校师生,不畏艰难,坚持教学科研,采取一系列措施来贯彻自己的办学思想。

罗致人才,增加设备,改善校舍——是竺可桢主要的办学理念。他特别强调:一个学校实施教育的要素,最重要的不外乎教授人选,图书仪器设备和校舍建筑三者。浙大迁来遵义、湄潭后,逐渐有了较为安稳的教学环境。竺可桢抓住这一难得的有利时机,竭尽全力,豁然大公,以礼增聘国内外知名教授、学者来授课。一时间,浙大知名教授云集,汇成教学中坚。在他倡导下,各系均以有名教授形成领导核心,开展学术活动,组成研究队伍。竺可桢还主张并实行教授治校、民主办学。除了充分发挥教授在学术和教育上的主导作用外,又让教授在校务和行政工作方面发挥民主管理才能。图书仪器是办好一所大学不可缺少的条件,竺可桢深知这一道理。他通过对国外如柏林、哈佛、剑桥以及牛津等大学的考察,认为,浙大经费无论多么紧缺,每年都必须拿出总支出的百分之二十购置图书仪器。初到遵义,竺可桢就优先将图书馆设置在新城条件较好的江公祠。除此之外,竺可桢又向中英庚款董事会、中华文化教育事业基金会等机构申请补助专款,通过国外关系增购若干外文新书刊。当时,物理系就藏有整套的国内外的物理期刊。浙大未西迁时,图书馆有藏书 6 万多册,到 1946 年年底,已有各类藏书 11 万册以上,这还不算各系的藏书。较为多样的图书资料,为浙大师生开启了了解外部知识领域和发展水准的多个窗口,同时,增加了与外界交流的渠道。仪器的增加,保证了各类实验的正常进行。竺

可桢到任后，花费了不少心思去解决和改善校舍。西迁途中，多次就地新建简易房屋，力求满足教学需要。到遵义后，除利用旧建筑外，还在遵义城北门处新建有工学院实验室群，在湄潭新建有礼堂、理化实验楼、病虫害楼、学生宿舍 5 栋、附中及附小校舍等。"讲堂、寝室、集会、办公、操练、庖湢之所"，都很齐备。

竺可桢强调培养人才要经过"老师宿儒"的严格训练，主张文理并重，提倡并致力于"通才"教育。他认为大学培养的应该是既有专门知识，又能博学傍通、思想开阔、能担当大任的人才。在竺可桢及浙大一大批教授的努力下，全校学术空气浓厚，科学研究广泛开展，这在战时环境中是难能可贵的。

竺可桢对教师、学生关怀备至。在遵湄办学期间，当章用、黄羽仪、张荫麟、梅光迪四位教授不幸病故时，他悲痛无比，亲自安排处理后事，并经常去看望慰问故者家属。训导长费巩失踪后，他更是多方奔走，极力营救，甚至亲赴重庆找蒋介石陈情说理。在"倒孔游行"中，他担心出事，不仅派人而且自己还亲自去遵义警备区打招呼，要军警理解和善待学生。在游行队出发前，他还赶去何家巷给学生们交代上街游行要注意的事项，叮嘱游行队伍按预定路线走，不要与军警人员发生冲突。不要给当局镇压、破坏游行留下口实。为了保护参加游行的学生，他尽了最大努力。

浙大西迁办学十年，经历了血与火、艰难与挣扎、生与死的考验，学校非但没被削弱，相反，却奇迹般地像滚雪球一样得以成长壮大起来。这绝非偶然，而是与竺可桢渊博的学术根底、坚毅睿智的人格魅力和独特的办学理念有着必然的关系。若把西迁办学的浙大比喻成一支部队的话，那么，竺可桢既是统帅，又是马前卒；若把西迁办学的浙大比喻成一艘在大海的狂风巨浪中行进的航船的话，那么，竺可桢既是熟谙航向的舵手，又是镇定自若的船长；浙大一些师生干脆用朴素无华的语言称竺可桢为"浙大保姆"。对竺可桢而言，这些比喻和说法，都名副其实。浙大的崛起，是一个渐进的过程。在前行的探索中，竺可桢无疑是标杆与灯塔。

4. 遵义湄潭相对安稳的自然环境以及两地民众对浙大师生无微不至的关怀，为浙大崛起养精蓄锐、奋力前行做出了不可磨灭的贡献

遵义、湄潭地处黔北山区，南有乌江天险，北有娄山横亘，远离前线，

是名副其实的大后方。加之紧挨陪都重庆,在当时乃京畿之地,交通方便且少有兵匪之扰。只是小邑之地,房舍不多,物资匮乏。早在浙大迁来之前,已有陆军大学等不少内迁单位入住。浙大来遵后,校舍难寻,住房更为紧张。遵义官府及民众绅士知悉浙大要迁来,积极安排调节房屋,采取小集中、大分散,并校让屋等方法,让浙大师生最大限度减轻入住之忧。湄潭县于1940年5月成立了以县长严溥泉为首的浙大迁移协助会,经多方努力,调剂公、民房250多间,让出文庙、民教馆、救济院等社会性房舍多处交浙大使用。厚道朴实的遵湄两地民众不仅最大限度地为浙大提供校舍,而且还将自己辛勤种出的粮食蔬菜无私地供应浙大师生。

浙大迁入遵义之时,正是抗战进入相持阶段的艰难时期。战事与灾荒的双重影响,致各种生活必需品价格飞涨,严重威胁浙大生存,尤其是米价一年之内竟由1角7分一斤"骤涨至每斗53元"。在这种情况下,遵义专员公署决定"每日以当日最低价供给"浙大三担大米。当时,遵义只有库存1000余担积谷可以支配,专员公署允诺紧急情况下可优先保障浙大师生使用。厚道朴实的遵湄两地民众不仅最大限度地为浙大提供校舍和居所,而且还将自己辛勤种出的粮食、蔬菜无私地供应浙大师生。在遵湄民众心中,浙大师生是文化人,更是自己的亲人。他们的困难就是自己的困难。关心帮助他们,是自己义不容辞的责任和义务。1945年于湄潭毕业的农化系学生戴朱恒在《重访湄潭忆旧》一文中写道:"湄潭民风淳厚,人民勤劳好客。在物质并不充实的战时,宁愿自己节衣缩食,也要为浙大师生提供优良大米和各种副食品。"遵湄民众的深情厚谊,令浙大师生感动不已,他们早已从心底里将这里视作第二故乡。

浙大在遵湄的七年不仅是安稳的,也是幸运的。正是这七年,浙大破茧成蝶、涅槃成凤,完成了从一所普通地方学校衍化为知名大学的嬗变。

四

20世纪30年代,当中国工农红军以"万水千山只等闲"的英雄气概进行了震撼世界的二万五千里长征之后,又有一支由浙江大学教授、学生组成的队伍,沿着红军走过的路,进行了一次不同凡响的"长征"。

中国工农红军到了遵义后,召开了一次日后影响中国乃至世界进程的会议;由浙大教授和学生组成的"文军"长征到了遵义后,在这里坚持办学达七年之久,取得了让世人刮目相看的成就并形成了推动时代进步的大学精神。

历史早已证明,没有红军的长征,没有"遵义会议",就没有中国革命之胜利,就没有今日中国之振兴;同样,没有"文军"的长征,没有一群文弱书生在遵义的养精蓄锐,就不会有浙江大学的崛起。

历史常常有惊人的相似之处。红军和"文军"在遵义的相似之处,叫"转折"。

参考资料

[1] 贵州省遵义地区地方志编纂委员会. 浙江大学在遵义[M]. 杭州:浙江大学出版社,1990.

[2] 周开迅. 永远的大学精神[M]. 贵阳:贵州人民出版社2006.

[3] 政协遵义市红花岗区委员会. 遵义——浙大西迁大本营[M]. 杭州:浙江大学出版社,2012.

2017 年 5 月 8 日

浙大、遵义与"求是"精神

陆昌友

从 1897 年（清光绪二十三年）由杭州知府林启创建的求是书院起步的浙江大学，至今已走过了 115 个年头。115 年来，浙江大学秉承严谨执着的"求是"精神培养优秀人才，创造丰硕成果，逐步建设和发展成为一所基础牢固、实力雄厚、特色鲜明，国内居一流水平，国际有较大影响的煌煌学府，蜚声海内外。

2011 年年底，才"离岗待退"的我，陪同刚到任的红花岗区委宣传部周玉新部长、区人大关云丽副主任、区政府董桂生副调研员，就浙大西迁历史研究事宜，曾造访过浙大。尽管只在浙大紫金港校区逗留了短短的半天时间，但通过对浙大校史展览的参观，与浙大党委宣传部、浙大档案馆等相关部门负责人的座谈，和浙大党委陈子辰副书记的简短交谈，浙大也还是给我留下了深刻的印象。

2012 年 9 月下旬，我又有幸参加由区人大、政协和浙大继续教育管理处联合举办的新一届人大代表、政协委员素质提升研修班，再赴浙大学习。同样是短短几天时间，紧张学习之余的清晨、黄昏，戴着表现刚劲、搏击个性象征的"求是鹰"校徽，挎着须臾都难离身的相机，我一次次徜徉在风景如画的紫金港校园里，一趟趟流连于"遵义林""湄潭林"的繁茂林木间，一回回驻足于阳明桥头、月牙楼前竺可桢老校长的雕塑前。歆羡地凝望着校园里一个个或来去匆匆、或专注晨读的莘莘学子，我在思索、我在寻觅、我在询问，作为被李约瑟博士称作"中国最好的四所大学之一"的一代名校，什么是浙大赖以生存和发展的根？什么是浙大得以历练和依附的魂？答案只有一个，那就是浙大率先倡导、践行而且历久弥坚的"求是"

精神。

何谓"求是"？按《辞海》解释："求"指探索、寻取。如《孟子·告子上》："求则得之。""是"指正确，与"非"相对。如陶潜《归去来辞》："觉今是而昨非。"浙大前身求是书院创建伊始即提倡"务求实学，存是去非"的"求是"学风，并在师生中逐渐形成"正其谊，不谋其利；明其道，不计其功""以尽一己之职责"的"求是"校风。这样的学风和校风一直延续至今。被公认为浙大学术事业奠基人、浙大灵魂的竺可桢校长，则是浙大"求是"精神的集大成者、积极倡导者和身体力行者。是他提出要以"求是"二字为校训，要求浙大师生继承和发扬"求是"的优良传统，贯彻治学的精义。是他在自1936年至1949年担任浙大校长的13年间，多次对"求是"的涵义进行深刻的阐述。他在《求是精神与牺牲精神》的演讲中说："所谓求是，不仅限于埋头读书或是实验室做实验。求是的路径，《中庸》说得最好，就是'博学之，审问之，慎思之，明辨之，笃行之'。单是博学审问还不够，必须审思熟虑，自出心裁，独著只眼，来研辨是非得失。"

正是由于"求是"精神的感召，在日本侵华战争爆发、上海沦陷、杭州告急的1937年11月，浙大师生为使民族文脉免遭侵略者蹂躏，由竺可桢校长带领，举校西迁。首迁浙西天目、建德，次转江西吉安、泰和，继徙广西宜山，最终落脚贵州遵义、湄潭。一路上，跋山涉水，餐风露宿；一路上，颠沛流离、筚路蓝缕。既有敌机追袭、轰炸的危险，又有食品匮乏的困厄，还有疾疫流行的侵扰。竺校长夫人张侠魂女士和次子竺衡也病逝在西迁途中。浙大师生勠力同心，不畏艰险，辗转浙、赣、粤、湘、桂、黔6省，行程5 200里，历时两年半终于完成了慷慨悲壮的西迁旅程，谱写了中国近代教育史的独特篇章。这一非凡壮举，在1987年，被时任全国人大委员长的彭真称作"文军长征"。

正是因为"求是"精神的激励，在遵义、湄潭办学的7年里，浙大师生在竺可桢校长的统领下，扎根于宁静的湘江、湄江河畔，蜗居在简陋的遮风避雨之所，"穷且弥坚，不坠青云之志"。一灯桐油如豆，映照他们潜心读书论学的脸庞；一缕薄雾似纱，伴随他们追求科学真谛的身影；一湾湘水若带，回响他们"倒孔""反蒋"，争取民主的呐喊。——当时的遵义老城及丁字口周边，俨然就是一座"大学城"，浙大师生几乎无处不在。7

年间，浙大名师荟萃，人才辈出；7年间，浙大教学科研，硕果累累；7年间，浙大普及科教，宣传抗日；7年间，浙大服务黔北，开风气之先。在新中国"两院"院士（学部委员）中，有27人在浙大任过教，40人在浙大就过学。而这67人中就有50余人吃过遵义的饭，喝过湄江的水。以《中国史纲》奠定其学术地位的青年历史学家张荫麟，年仅37岁就病逝于官井石家堡，归葬于老城南门外插旗山天主堂坟地，永远留在了遵义。"民主斗士"费巩教授惨遭特务绑架、杀害并毁尸于硝镪水池。张其昀教授主编的《遵义新志》集学术性、实用性于一体，开创了志书以自然为主、进行土地利用调查研究的先河。谭其骧教授撰写的《播州杨保考》"阐发幽潜，考证精确"，对黔北历史和"土司文化"的研究，具有十分重要的意义……难怪，英国剑桥大学教授李约瑟博士以驻华科学考察团团长身份于1944年4月和10月两次来华并深入地处僻壤黔北的浙大考察访问后，发自内心地将其称赞为"东方剑桥"。

在进入21世纪10余年后的今天，在浙大人引以为豪地称作"第二故乡"的遵义，"求是"精神与我们是否有关？如果有联系，该不该传承？如果要传承，又该怎样传承？

浙大前党委书记张浚生在他的《回归与合并》一书中，提到过这么一件事：在浙大召开的一次座谈会上，一个学生代表发言提到竺可桢校长对"求是"精神的解释时，居然把"笃行之"说成了"马行之"。堂堂博士生尚且如此，一般人就可想而知了。在浙大校园里，我也试着问过几个学生，大都一脸茫然。

在遵义，提到"可桢桥"，恐怕是无人不知，毕竟是在市中心嘛！但你问起谁是竺可桢，能有几人会肯定地回答你？至于浙大西迁办学的历史，随着时间的推移，当事者、知情人的一个个离去，恐怕更是要渐行渐远啦！

人所共知，遵义是1982年国务院首批公布的24个历史文化名城之一，理应享有"一座名城，两个长征"的美誉。因为无论是中国工农红军北上抗日的长征，还是浙江大学文军西迁办学的长征，都和遵义有着非常重要的联系。前一个长征因实现中国革命生死攸关伟大转折的"遵义会议"和"四渡赤水""娄山大捷"等，使遵义名扬天下。后一个长征同样是遵义历史文化的锦上添花之笔，理应得到世人的关注和重视。7年艰苦办学，"求是"精神在黔北大地得到磨砺、日臻完善，同时也使遵义这个偏处一隅的小城得以润泽、沾溉。8年殊死抗战，处于大后方的遵义，社会进步、经济发展、文化繁荣、世风清纯，哪一样离得开浙大师生的启迪和襄助？哪一桩离得开"求是"精神的影响和浸润？如今的遵义，要想走出"经济洼地"，构筑"精神高地"，建设"宜居宜业宜游"城市，理所当然要加强与浙大的联系、沟通和协作，大力宣传、弘扬和承续"求是"精神。

要传承"求是"精神，必须立载体，建平台。

2011年11月，在红花岗区四届一次人代会上，笔者曾建议将位于可桢桥和添秀桥之间的"湘滨游园"改建成"浙大西迁历史纪念主题公园"。希望在游园内设公园标志，建"竺可桢""丰子恺""张其昀""张荫麟""费巩""谭其骧"等"求是精英"雕塑，改建园内现有建筑为纪念室和纪念亭。这一建议，得到不少有识之士的认同和首肯。后来，民盟遵义市委也将其作为党派提案，提交遵义市四届一次政协大会。听说红花岗区文广局已拟定具体方案，上报省文化厅。但愿能引起关注，早日落实。

曾经是浙大办学旧址的十一中（原子弹库）、朝阳小学（原杰生小学）、一中初中（原江公祠）等，应有醒目的纪念标志；现有已开放的红军长征纪念地如邓小平故居（遵义耆宿傅梦秋旧宅，竺可桢校长曾在此居住6年半），博古、李德故居（浙大女生宿舍），警备司令部（浙大教务处）等，应以恰当方式，加挂浙大纪念标志，陈列相关纪念内容。

要传承"求是"精神，必须深挖掘，广宣传。

市、区浙大西迁历史研究团体和相关人士应在《浙江大学在遵义》《遵义——浙大西迁大本营》等的基础上，深入对浙大在黔办学历史进行抢救性挖掘，特别是针对幸必达、李永颐、邹人绪等当事、知情的老人，要多讨教，多交谈，哪怕是一件小事、一个细节，都力争不放过。市区文化部门还应在尽可能的范围内，尽力征集浙大在遵义的文物，所有这些，无论大小，都是吉光片羽，弥足珍贵，对完整、准确还原历史十分重要。

组织相关专家、学者创作反映浙大西迁办学历史的文学、影视作品，广泛宣传。市区教育局应组织遵义一中、十一中、朝阳小学等与浙大西迁办学直接关联的学校，编写浙大西迁在遵办学的历史，作为乡土教材或校本教材，对广大青少年、中小学生进行"求是"精神的学习、宣传和教育。

我们有理由相信，通过广大有识之士长期坚持不懈、锲而不舍的努力，涵盖了"革命、奋斗、牺牲、科学"的"求是"精神，一定会在浙大、在遵义，在浙江、在贵州乃至在全国发扬光大，昭示当代，激励后人。

修改定稿于 2012 年

求是精神，光耀千秋

王朝裕

浙江大学以"求是"为校训，浙大的精神就是"求是精神"。求是精神伴随着浙大成长、发展、壮大，记录着浙大的艰难、曲折与成功、辉煌的历史。

浙大的前身是林启（字迪臣）于1897年5月21日在杭州创办的求是书院，求是书院是我国最早由中国人自办的四所新式高等学堂之一。"求是"一词源出《汉书·河间献王传》中"修学好古，实事求是"之语。颜师古给其注释为"务得事实，每求必真"。求是书院以培养讲求"实学"（即"新学"）的人才为宗旨，是我国少数几所最早实行近代科学教育的高等学府之一。1928年7月1日，"求是书院"改称"国立浙江大学"，以实事求是的科学精神和爱国主义思想启迪青年。1938年，浙大坚持办学以抗战救国，西迁于广西宜山村，竺可桢校长确定"求是"为浙大校训，自此以后，求是精神就成为浙大办学的精神动力，也是浙大办学的宗旨。

求是的含义在《中庸》中是指为学要"博学之，审问之，慎思之，明辨之，笃行之"。也就是说治学首先要做到博学，广泛地学习和积累有关的知识，成为学识渊博的人。其次要对所学知识进行审查，仔细询问，学会发现问题，提出问题。再次是慎思熟虑，对事理要深刻地、认真的思考。再次是独具慧眼地来明辨是非得失。最后是要把理论知识与实际结合起来，认真地坚决地在实践中实施，用实践来检验所学的理论知识或自己发现的道理和规律，看它是否是真理。

浙大在竺可桢校长的领导下，把求是精神的内容极大地丰富和发展开来，使之具有更加丰厚的内涵。正是这种求是精神，指导、启迪着浙大师生，历经艰难曲折，不断成长、壮大，创造了浙大的辉煌。

求是精神的核心是爱国主义精神和民族精神。浙大学生在"读书不忘抗战，读书不忘爱国"思想的影响下，相继成立了许多进步团体，宣传抗日救国的思想，开展抗日救亡的各种革命活动。浙大的黑白文艺社自1940年起在遵义、湄潭开展活动，在湄潭设立了小型的图书室，成立了读书会等组织。黑白文艺社内设文艺、哲学、政治经济等学习小组，学习马列主义和其他进步著作，经常举行座谈会、讨论会，它是浙大影响最大、人数最多的一个进步组织。浙大学生还建立了许多进步文艺团体组织，如浙大剧团、塔外画社、质与能自然科学社等。浙大剧团永兴部的学生排演了话剧《民族万岁》，浙大剧团湄潭部的学生排演了话剧《雷雨》《日出》《野玫瑰》等话剧。铁犁剧团上演了打击汉奸的大型话剧《夜光杯》等。大家唱歌咏队，除定期学习唱歌外，且到各中、小学向学生教歌，还到集市教歌，节假日在街头演唱抗日歌曲。

1944年，浙大学生自治会先后发起组织了劳军运动和战地服务团，赴惠水县青岩服务。抗战胜利后，浙大学生宣传队亲赴前方营地慰问伤员。

浙大学生的团体组织和抗日革命活动，充分体现了求是精神中的核心精神，即抗战爱国主义精神和民族精神。

求是精神就是艰苦奋斗、勤奋学习、自强不息的精神。浙大师生在湄期间，条件极其艰苦。教授、专家们只能住在破庙里，吃的是野菜、坐的是"冷板凳"，点的是桐油灯。可他们仍然孜孜不倦地备课、写论文、搞科研，他们认为"学理之研讨重于物质之享受"。浙大的学生们在战乱期间，经济特别困难，但他们坚持从事各种工读活动如打字、缮写、油印、清扫、挖树坑等劳动来解决困难。浙大的教授、专家们的许多重大科研成果都是在湄潭办学期间取得的。我国核弹先驱王淦昌完成了验证中微子存在的实验方案。著名生物学家谈家桢在湄潭唐家祠堂完成了重要的论文《中国西南果蝇之调查及研究》。著名物理学家卢鹤绂《重原子核之潜能及其利用》《原子能与原子弹》等文，引起了国际科学界的极大震惊与重视。苏步青教授完成了《射线曲线概论》一书，在国际教学界产生了深远的影响。竺可桢的《二十八宿起源之时代》，陈建功的《三角函数》，罗宗洛的《微量元素及生长素对植物生长的影响》，贝时璋的《丰年鱼元细胞学研究》等，在国际科学界都引起了高度重视。

求是精神就是勇于牺牲、乐于奉献、团结互助的精神。浙大师生在五千里西迁途中，遭遇了许多艰难险阻，运送的教学仪器、机器和图书资料等很多，搬迁十分困难。但浙大师生不分职位高低，都积极充任押运、留守等艰辛任务，在途中主动照顾病员、伤员、老人、妇女和儿童，始终保持着井然的秩序，教学设备、资料等无一损失。浙大在湄期间，一边孜孜为学，一边坚持抗战爱国的斗争，多次发动捐献、义卖宣传，慰问伤病员，组织战地服务团到抗日前线服务，为伤病员缝补衣服，演出话剧《再上前线》，使伤病员大受感动，高呼"抗战到底"。浙大师生在湄时，深入农村，慰问抗属，宣传抗日，帮助农民识字等，受到士兵和农民的热情欢迎。浙大的教授、专家，在湄潭当时极其艰苦的条件下，不计个人得失，坚持教学和科研，互相帮助，互相鼓励，取长补短，写出了许多极有价值的学术论文，取得了一大批震惊世界的科研成果，这些无不体现着浙大师生的勇于牺牲、乐于奉献、团结互助的高尚精神。

求是精神就是实事求是，理论联系实际，不断探索真理的精神。浙大在湄时，竺可桢校长就提出："要坚持求是精神，就必须有为真理而献身的精神。"他强调在教学中"要坚持学以致用，要与生产教育结合，培养锻炼学生解决实际问题的能力"，浙大农学院在湄潭先后增设了作物实验室、园艺实验室、农化实验室、农业分析室、生物统计室、农业统计室以及蚕桑、植病两系的特种实验室。农学院的科研总是与湄潭本地的自然和生产实际紧密结合起来开展的。据1943年2月统计，当时农学院的试验研究专题即达89项。林世成教授研究小麦杂交育种和良种引种试验，他引种的"中农28"在湄潭长势好、产量高、质量好，受到农民普遍欢迎。农艺系选出果树、优良土种9个，均有推广价值。其洋葱、番茄、甜瓜等在湄潭试种成功。甘薯栽培产量较湄潭本地提高了3~4倍。农化系的罗登义教授，测定出湄潭油菜籽的碱化质为170—174，碘化值为102—111。病虫害系研究了湄潭的白木耳人工栽培并获得成功，其产量较土法高23.58倍。其他如桑树病虫害调查、五倍子研究、水稻害虫防治等，也有较大成果。浙大师生还参加了对湄潭123户茶农的调查，对湄潭茶树的栽培、茶叶的制作、土壤分析、病虫害的防治等，作了细致的研究，对湄潭茶叶产业的发展做出了重要贡献。

湄潭一中与浙大的历史渊源和传统的关系，决定了学校办学的指导思想和宗旨，学习、继承和发扬浙大的求是精神是历史的必然，多年来，学校师生都自觉地以弘扬求是精神为己任，并付诸实践中，受益匪浅。特别是自 1990 年 7 月更名为求是中学，到现在的求是高级中学，确定"求是"为校训，从办学思想、办学目标、办学方向、办学措施等方面都以学习、继续和弘扬求是精神为核心，为原则和动力，贯彻党的教育方针，全面实施素质教育，全面提高教育教学质量，逐步形成了"传承浙大文化、弘扬求是精神"的办学特色。现在湄潭求是高级中学已经成为省级二类示范高中，按照这个办学特色不断发展、壮大着。学校今后也将更加突出这一办学特色，培养更多的具有求是精神和创新精神的全面发展的人才。

2017 年 3 月

弘扬浙大西迁精神　促进地方社会发展

——浙大西迁遵湄办学的困难及发展壮大的启示

裴恒涛

浙大在抗战初期由杭州西迁时，仅有文理、工、农3个学院16学系，学生633人；到抗战胜利前夕，浙大已发展为6个学院，25学系，4个研究所5个学部，1研究室，1分校，2先修班及1所附属中学，工场11所，农场地300亩；到1946年10月，在校大学生人数达2 243人，教职工人数也有所增加。更重要的是浙大在遵湄近7年的办学当中，在教学科研方面取得了累累硕果，被英国著名生物学家和科学史家李约瑟博士称之为"东方的剑桥"。人们往往感叹于浙大的这些辉煌成就，但对浙大西迁遵湄办学遇到的艰辛及在困难中发展壮大的原因认识不够充分，目前依笔者学力所见，还没有专门系统探讨这一问题的文章，本文通过挖掘相关历史资料，试图分析这些困难，并且揭示当年浙江大学在困难中坚持办学并发展壮大的原因，进一步使人们深刻认识和理解浙大西迁精神，促进地方社会的发展。

一、浙大西迁遵湄办学面临的困难和挑战

其一，浙江大学不是国民党的嫡系大学，国民政府对浙江大学的西迁重视不够，财力、物力支持少。西迁前的浙江大学只是一所普通的大学，不能像一些著名大学，如北大、清华、南开、复旦那样，由中央财政拨款，很快搬迁到重庆、昆明等比较安全的战略大后方，许多西迁工作只能靠浙大自己。如苏步青在回忆文章中指出的，"在这时期里，国民党的中央大学

等,都迁到大后方,对地方大学不闻不问,所以我们浙大就成了无人过问的孤儿。"[1]当时,全靠校长竺可桢的英明领导及全校 700 多师生的共同努力,经过长途跋涉,走建德、过吉安、赴宜山,最终抵达遵义、湄潭,其间,流离颠沛,困苦万状。浙大 1940 年进入遵、湄后,由于抗战进入艰苦的相持阶段,加上国民党官僚资本主义经济的恶性膨胀,后方经济逐渐恶化,国民政府教育文化经费迅速压缩,如 1940 年度到 1945 年度,国民政府年度教育文化经费分别占年度岁总预算的"2.72%、1.94%、2.17%、1.84%、3.13%、3.01%","国民政府的教育文化费压到了相当低的程度"。[2]经费的削减自然增加了浙大在遵湄办学的难度。

其二,遵义、湄潭经济社会发展落后,物资相对困乏。首先是交通闭塞,浙大由广西宜山迁往贵州遵义的过程中,山峦重重,运输是最大的困难。当时正值 1939 年隆冬,到处是雪淞冰凌。浙大师生一路顶风冒雨,协助学校搬运图书仪器。在艰难的旅途中,有时连打地铺的地方都没有。竺可桢校长遇到这种情况,将自己的床铺让给学生,自己挤到车里过夜。进入遵、湄之后,由于物资缺乏,物价飞涨,浙大的师生时刻遇到衣食住行等方面的困难。这主要是由于战时货币贬值,物价飞涨,遵义也不例外。当时,遵义这个山区小城,作为沦陷区同胞在贵州的主要避难所,人口由 1937 年的 223 万增至 1940 年的 237 万,增加了 14 万人,这些增加的人主要集中在城镇。现遵义市区,当时已有陆军大学、军官外语班和步兵学校迁入,加上浙大师生和避难外来人口,城区人口成倍增加。1940 年后,抗战进入了艰苦的相持阶段,物资缺乏。浙大学生家在沦陷区的多,经济来源断绝,大部分学生靠有限的公费、贷金及工读维持生活,教授和员工虽有薪给,但大多拖带一家数口,积蓄少,开支大。据载,当时学生伙食相当差,"食堂里没有凳子,八人一桌站着吃饭,一碗饭吃完菜就没有了,第二碗残汤剩菜凑合着吃。配给米饭中的砂子稗子多得无法挑。"[3]学生生活困难,当年浙大的教师生活也非常艰难,据 1940 年入学,1944 年夏天毕业的浙大校友施雅风回忆,当时绝大多数老师都是举家内迁,"一家好几口,只有老师一人拿工资,面对着迅速上升的物价,其困难可想而知。有好几个老师家里吃不起干饭而吃稀饭,孩子穿不起鞋子而穿草鞋;有些老师疾病缠身,无钱医治;有些老师负债累累,无力偿还。"[3]当时的竺可桢校长在其 1944 年 2 月 1 日的日记中写道："余每月所收入共为四千三百元，一市担米，而上月单买菜已三千元，油盐酱均在外。三者连煤、水至少一千五百元；而梅儿一个在湄须用一千元，贵重药尚不在内。余尚如此，余人可知。"[4]很多教授在贫困中，被迫摆地摊，变卖衣物糊口。当时浙大在遵义、湄潭、永兴场的校舍、教室、宿舍、办公室等都是尽量利用破旧寺庙、会馆、宅第等，条件十分简陋。

其三，政治条件的严酷及政局的动荡，也给浙大西迁遵、湄办学带来了挑战。浙大被迫决定西迁时，已是 1937 年 11 月，当时日军在距杭州只有 100 余千米的全公亭登陆。这与其他西迁学校相比，就增加了搬运中的许多困难。当时由于战事紧张，铁路客货车已停运，师生只得在风雨中结集，攀登难民车或兵车西行，大部分学生则沿着铁路线步行。在遵、湄办学期间也并不是世外桃源，风平浪静。当时，地下的革命潮流和国民党当局的镇压魔爪，革命与反革命斗争活动，汹涌澎湃，此起彼伏。浙大学生被捕被扣的消息，时有所闻。竺可桢校长等为同学奔走、周旋、辩解、担保，确实煞费苦心，为师生们所尊敬。国民党特务手段残酷，费巩教授因说了几句公道话，在赴重庆休假期间，即被特务绑架、暗杀。

由于国民党及其军队的腐败无能，1944 年 11 月，日军从桂北直逼贵州，不久占领独山，黔南事变爆发，浙大面临着更加严峻的形势。许多同学认为日寇已经打到贵州，无地可退了，应该拿起武器，保家卫国，保卫学校，组织抗日游击活动。蒋介石也号召青年学生参军报国。国民政府甚至要撤销浙江大学，据载："12 月 7 日，民国政府中央教育部长朱家骅急电要求浙大全体学生参军：'因战局变化，贵州将失，故中央教育部决定，撤消浙江大学，合并于中央大学。学生全体从军，教职员之年岁合格者亦从军。其余步行至渝。仪器、图书，择其重要者运输至渝移交中央大学，次要者暂留乡间。'"[5]当时学校人心惶惶，教学秩序、学校的生存和发展都面临严峻的挑战，甚至"在遵义有同学在街头拍卖衣物，准备逃难，而大多数同学在犹豫、在徘徊观望，把目光投向学校负责人"。[6]在关系浙大命运的关键时刻，由于竺可桢校长坚决表示不离开遵义一步，拿起枪杆打游击，武装保卫浙大，同时加上日军很快退出黔南，贵州形势转危为安，浙大师生才度过了西迁办学中的一次危机。这说明，浙大当年在遵、湄，尽管小环境相对安定，但仍然面临着严酷的政治条件和动荡的时局，这就使得竺可桢校长及浙大要花费很大一部分精力去应对这些问题。

二、浙大在遵湄发展壮大的原因

浙大在这样严酷的条件下，在自身生存的基础上又获得了巨大的发展，这种发展和辉煌，浙江大学党委书记张曦在《浙大西迁办学纪实——永远的大学精神》一书"序一"中作了很好的评价："（浙江大学）在贵州遵义、湄潭、永兴坚持办学的 7 年时间……创造了众多举世闻名的科研成果，成长起一大批优秀的科技文化人才，使浙江大学迅速崛起为中国著名的高等学府，赢得了'东方剑桥'的赞誉，在中国高等教育的发展史上书写了浓墨重彩的一笔，为中华民族的文化科技事业做出了重要贡献。"[5] 其原因是多方面的，笔者认为主要有以下几方面。

其一，竺可桢校长的人格魅力和正确领导。竺可桢作为我国杰出的科学家、教育家，他廉洁自守，高风亮节，为科学和进步奋斗终生，被誉为一代治学的楷模，是科学界、教育界的一面旗帜，在担任浙大校长期间，特别是西迁遵湄办学过程中，所付出的努力，是浙大克服困难，生存发展的重要原因之一。在竺可桢率领浙大师生员工西迁遵湄之后，他主要从这几个方面做了努力。首先，罗致人才，增加设备，改善校舍，从基本建设入手办好浙大。千方百计引进知名教授到浙大任教，实行教授治校，民主办学；在经费紧张的情况下，节俭行政开支，千方百计增加图书仪器设备，逐步提高图书仪器购置费；以讲求实用为原则，尽可能地利用遵义、湄潭、永兴等地旧有的破旧寺庙、会馆、宅第等，作为校舍，同时兴建一批校舍，满足教学科研的需要。其次，重视德智体美教育，培养德才兼备的专门人才。竺校长重视德育，使浙大在国内首先实行导师制；重视智育，严格要求，录取严格，重视学生的基础知识，规定教授必须为新生上课，同时强调文理并重，提倡通才教育；重视体育美育，使师生朝气蓬勃。可以说，浙江大学在遵义七年的办学，是求是精神和竺可桢校长民主办学精神的体现。这里倡导的是科研和生产的结合，基础理论和应用技术的并重，学生德智体美的全面发展。以此，使浙大在艰苦的条件下，培养出了大批手脑并重，吃苦耐劳，精通专业又旁及各科的高级专门人才。最后，如上面所讲的，在浙大的危急关头，能够坚守，用镇定、信念和信心鼓舞浙大师生。正如《浙大西迁办学纪实——永远的大学精神》中所指出的："浙大在颠沛流离的西迁办学过程中，全校1 000余师生及家属，2 000多箱图书、仪器，在竺可桢先生率领下，浩浩荡荡，艰难西进。他们经过近10年的血与火，艰难与挣扎，生与死的考验，这支队伍不但没有被拖垮，也没有被消耗和削弱，相反却奇迹般地像滚雪球一样得以成长壮大起来，并崛起为国内外著名高等学府，科学研究名列全国大学前茅，一些科研成果还享誉世界。这并不是一种奇迹，一种偶然，而是与竺可桢先生有着密切的、必然的关系。因为他高尚的人格魅力、渊博的知识和治学理念、'求是精神'、对人对事的诚信等，形成了一种巨大的凝聚力，把全校师生和家属紧紧地团结在一起，众志成城，所向披靡，从而最终取得辉煌的胜利。"[5]

其二，浙大师生恪守求是校训，发扬高昂的牺牲精神、爱国精神、民主精神、科学精神及艰苦奋斗的革命精神，"不图虚名，不尚浮夸，敦厚朴实，实事求是"，这是浙大在艰苦的西迁遵湄办学过程中得以发展壮大的根本保证。1938年在广西宜山，西迁中的浙大校务会议决定以"求是"为浙大校训，竺可桢将之解释为奋斗精神、牺牲精神、革命精神和科学精神，正是在这些精神的鼓舞下，浙大师生在遵湄艰苦的条件下，浙大学生孜孜为学，教员兢兢业业，学风严谨踏实，科研硕果累累。程开甲、胡济民、周志成在回忆文章《遵湄时期的浙大物理系》一文中指出："遵湄时期生活如此艰苦，实验条件如此困难，文化交往几乎完全隔绝的情况下，物理系所以能兴旺发展，固然靠王淦昌、束星北等思想十分敏锐、深刻的老师的先导作用，也靠渗透在全系各项工作中的民主精神。"[3]这种民主精神体现在学习和科研的充分自由，真理面前人人平等，而无尊卑之分，教师同情学生的爱国民主运动，反对法西斯的迫害。又如1941届毕业生赵善成在回忆文章《遵义时期的浙大化工系》中指出："战时生活，十分艰苦。教师待遇菲薄，仅能勉强糊口。有以瓜菜代饭者，有赖变买衣物度日者。此情此景，笔者至今记忆犹新。学生中，家在沦陷区者，因经济来源断绝，全靠贷金和工读维持，生活更苦。广大师生，处境虽艰，但并不因此而丧志。教师为莘莘学子传道、授业、解惑，循循善诱，不辞辛劳；学生受师长熏陶，刻苦学习，孜孜不倦。师生患难与共，甘苦同尝，为争取政治和学习上的民主与自由，切磋学问，探求真理而努力奋斗，为夺取抗战胜利，复兴中华民族而携手并进。"[3]正是在这些精神的支撑下，艰苦的衣食住行，没有难倒浙大师生。每天，教授们备课、上课、做实验，井井有条，学生上课做笔记，下课做实验和做作业，力争取得好成绩；师生们除了教学活动之外，早锻炼，晚散步，同时还打打桥牌，郊游散心，生活很充实。在艰苦的岁月里，浙大师生结成了一个爱国、爱校、爱科学事业的整体，这成为他们克服困难，取得成绩的精神动力。

其三，教学科研与实践相结合，努力立足地方，服务地方经济的办学思想。在西迁之初，竺可桢校长和他的同事们就把目标定在僻静的城镇或农村，认为这样可以使大学的内迁与中国内地的开发相结合，所以笔者认为，浙大最终西迁偏远的遵、湄不是偶然和盲目的。浙大当年把东南先进的科学文化引入西南地区，在遵湄办学的七年时间里，浙大师生把教学科研与当地的生产社会实践实际相结合，对遵义的政治、经济、文化作了多方面的实地考察和研究，产生了许多有价值的学术成果，提高了浙大的知名度，被李约瑟博士誉为"东方剑桥"。如史地研究所的师生在主任张其昀的带领下，通过阅读和研究《遵义府志》及不辞辛苦地对遵义的自然地理、人文地理进行实地考察，编写出十七万字的《遵义新志》，这本书不同于其他地方志多以文献为主的方式，其基本资料或是通过实地观测取得，如气象资料和水系变迁史；或是进行专题研究，得出研究结论，如相对地势、地形、土地利用和产业与旅游以及聚落等。这本书编纂的主要目的就是为社会实践服务，"张其昀和他的师生们达到了这一目的。相对地形、土地利用等内容，既是理论上的开拓，也是服务于社会的有益尝试。至于各章的结论，基本都有使用价值，可以解决实际问题。土地利用的结论部分，完全是改善遵义农业耕作制度，提高农作物产量的建议，还有合理利用土地资源的具体措施"。[7]同时，浙大师生的科研成果紧密结合并服务于遵义的工农业生产。如现在遵义地区农业生产中普遍种植的胜利油菜，受到国内外好评的湄江红茶，具有经济价值的蚕桑和马铃薯等，都是当年浙大师生帮助引入、研究和实验成功的。在工业上，遵义如今广泛开采利用的锰矿资源，也是当年浙大师生实地勘测确认的。

同时，浙大在竺可桢校长的推动下，关心民众疾苦，推行公益事业，如针对遵义当时鸦片吸食现象严重的情况，浙大组织学生为贫苦烟民募集戒烟费用举行义演，浙大还与遵义地方当局合作筹设了一所戒烟所，免费为贫苦烟民戒烟，使地方卫生院顺利推行戒烟令，对移风易俗、戒绝恶习起到了良好的作用，也为浙大在遵义立足并发展壮大创造了群众基础。

由于浙大重视社会实践，使一些学生通过社会实践，对黔北社会有了进一步深刻的认识，激发了一部分学生深入群众，改造社会，走向革命的进步思想。如施雅风在其回忆中就其野外调查和社会感受时指出，"在多次野外调查中，对群众生活了解渐多，遵义农村群众生活是相当困苦的，是自给自足的小农经济。但为着维持最简单的生活，又必须从外地输入棉花纱布和食盐二种必需品。遵义市场上的盐价，比四川产地高出10倍，棉花比湖南产地高出一倍，农民买不起食盐与棉布，'致常有淡食之虞，而多衣不蔽体。'在金沙、黔西大路上，看到十百成群背盐巴苦力，'破衣百结，负盐而行。'在凄风苦雨中，日趋数十里，是野外调查当中见到最触目惊心的景象。我多次住宿在'未晚先投宿，鸡鸣早看天'的小旅店，我是自带行李睡在有床铺的房间内，而多数穷困旅客则在店堂内围着一个烧木炭的火盆，横七竖八地躺在那里。向着火盆一面是暖烘烘的，背着火盆一面是冷冰冰的。我还看到一穷旅客，只穿一件用玉米壳编的背心和一条破短裤。他们实际上是在死亡线上挣扎，能吃顿饱饭就不错，根本没有菜蔬，只吃一点辣椒。"[3]这些见闻与经历促进了其政治上的启蒙，最终使其投身于党的事业。

其四，遵义和湄潭悠久良好的人文地理环境及当地人民力所能及的大力支持。一方面，遵义位于贵州北部，气候宜人，雨量充沛，物产资源相对丰富，文化源远流长，这里尊师重教，历史上曾产生著名的"汉三贤"（盛览、尹珍、舍人）和"清三贤"（郑珍、黎庶昌、莫友芝），再加上这里处于大后方，远离战火，可以为治学、科研提供一个相对良好安定的人文环境。另一方面，遵义、湄潭、永兴等地的人民在困难的条件下，对浙江大学办学给予爱护和支持。遵义、湄潭人民尽其所能，使浙大师生有栖身之地，有一个相对安定的治学环境。如浙大教师姚鑫在回忆中深情地指出，"抗战时期交通运输虽然困难，然而由于当地各界的大力支持，一般生活资料和食物用品还是能得到基本供应。浙大师生员工和当地群众相处得十分和谐。对所谓'下江人'并不另眼看待，包括在遵义也是这样。"[3]浙大当年迁遵时，当地政府和人民都大力支持，当竺可桢校长于1939年到达湄潭考察迁校事宜时，湄潭21团体集会欢迎浙大迁湄，市民表示愿建房出租，省府还决定补助迁移费1万元，公路局表示可用运盐车辆支持搬迁。遵义人民也尽力帮助浙大西迁办学。他们挪让若干庙宇祠堂和出租私人宅第作为校舍，又从生活需要上尽量给予方便。当时团溪人华仲麟先生在年支三千担军粮的重负下仍拨米贱售给浙大，以缓解千余员师生吃粮的困难。湄潭县在1940年5月成立以县长严溥泉为首的浙大迁移协助会，支援浙大房舍250余间，让出文庙、民教馆、救济院等办公房屋。在湄潭时，1944年由于遭受天灾人祸，当地物资紧缺，物价飞涨，浙大师生面临着饥饿的威胁。看到这种情况，县城一位姓刘的做大米生意的粮行老板，不顾一位驻地军官的强令，"偷偷将军官准备强行征用且仅剩的近100担大米，全部无偿捐送给浙大食堂，缓解了浙大师生的燃眉之急。在这之前，当他得知一个浙大学生重病在身无钱医治时，还与他的朋友们一起为她捐资出钱，帮助其治病"。[5]这样的例子还有很多，当地人民的无私帮助，把浙大师生当作亲人，成就了浙大的辉煌。无论当年的浙大，还是今日的浙大，都念念不忘当地人的恩情，用各种方式回报遵湄父老，这正印证了那句话——"滴水之恩，当涌泉相报"。

　　浙大西迁遵湄办学得以克服万难，发展壮大，就是靠着一种精神，这种精神就是对真理的不懈追求，对学术的自由探索，对科技的持续创新，对文化的传承弘扬，这种精神就是艰苦奋斗、不怕牺牲的革命精神，为中华民族崛起而奋斗的爱国主义精神。今天我们办大学，尽管时代发生了变化，政治、经济、文化条件都远远优越于当年的浙大，但必须要继承和弘扬这些精神，坚守浙大西迁办学给我们所开创的永恒的精神家园，这是我们在办大学的过程中克服困难、发展壮大的精神动力；同时，大学必须立足地方，教学科研必须与社会实践相结合。当年的西迁遵湄的浙大，作为东部的一所综合性大学，尚能自觉地把教学科研活动与遵湄当地的社会实际紧密结合，为地方经济社会发展创造累累科研硕果，在很大程度上推动了当地社会经济文化的向前发展，而达到自身发展和当地发展、人民拥护爱戴的双重效果，遵义师范学院作为遵义的一所本科院校，理所当然，也应该把我们的办学目标和当地的社会发展需要紧密地结合起来，为当地培养出合格的建设人才。欣喜的是，学院目前已经确定了"立足西部，服务山乡"的办学宗旨和培养"留得住、下得去、用得上"的合格本科应用型人才的培养目标，并且确定了"强本争硕"的奋斗目标，在教学过程中，严格要求学生，推行"导师制"，注重实践教学环节，重视学生的社会实践活动等，这些都秉承了浙大的优良传统，当然这也是一所落后地区本科院校办学的应有之义。与当年的浙大相比，我们还做得很不到位，在如何促进学生全面成长成才，在如何提高学院的教学特别是科学研究水平，在推动和促进遵义当地社会经济文化发展方面所起到的"智力支持，科技支撑"的智囊与服务作用等方面，我们还有许多烦琐的工作要做，还有很长的路要走。这方面，浙大西迁遵湄办学的宝贵经验和精神财富永远值得我们不断去思考、学习和汲取。

参考文献

[1] 苏步青.与竺可桢校长共事十三年[J].浙江文史资料选集（第40辑），1990：2.

[2] 张宪文.中华民国史（第三卷）[M].南京：南京大学出版社，2006：309.

[3]. 贵州省遵义地区地方志编纂委员会.浙江大学在遵义[Z].内部资料，1990：120，121，152，179，127-128，165.

[4] 竺可桢.竺可桢日记Ⅱ[M].北京：人民出版社，1984.

[5] 周开讯.浙大西迁办学纪实—永远的大学精神[M].贵阳：贵州人民出版社，2009：171-172，78，57.

[6] 王树仁.怀念竺可桢校长[J].遵义文史资料（第四辑），1984：100.

[7] 王永太.张其昀与《遵义新志》[J].中国地方志，2005：2，59.

2016年10月

浙江大学在遵义（四题）

李连昌

竺可桢在遵义的名作初版

20世纪初期，国际学术界对二十八宿体系的起源时间和地点发生过激烈的争论，认识上有多种观点，主要以中国说、印度说和巴比伦说为主，主流认识多是倾向起源于印度后再传入中国。

抗日战争浙江大学西迁遵义时期，竺可桢任浙江大学校长，他日理万机，于百忙之中，经过认真缜密的思考和研究，论证了二十八宿起源于中国，撰写了《二十八宿起源之时代与地点》这篇拨乱反正文章，全文分为甲乙丙丁戊己等六个部分，洋洋一万五千言，文章后面注明了完成时间和地点："民国三十三年（1944年）六月十一日作于遵义。"

1944年10月，竺可桢借浙大即将召开中国科学社成立30周年学术活动之机，邀请英国剑桥大学生物化学教授、英国皇家学会会员和驻华文化与科学协作代表团团长李约瑟访问西迁遵义的浙江大学。原因一是李约瑟要编写一本《中国科学技术史》的书，竺可桢请他到遵义，直接了解战时浙江大学西迁后的学术状况；二是李约瑟对二十八宿持中国、印度同时起源说，竺可桢觉得有必要与他进行深入探讨。

1944年10月25日，浙江大学中国科学社成立30周年学术活动会在遵义湄潭县召开，会上李约瑟发表了《中国之科学与文化》的专题演讲，竺可桢同时发表了他的那篇著名论文——《二十八宿起源之时代与地点》。由于竺可桢这篇论文说理清楚，考证精骸，逻辑严密，论证了二十八宿在周初起源于中国，基本上平息了国际上100多年来对二十八宿起源的争论，后来李约瑟在他的《中国科学技术史》第一卷（天文）中，引用竺可桢的观点，并把这篇文章收入了他著的《中国天文史》一书中。

竺可桢这篇论文写于遵义，在湄潭的学术活动会上宣读，首发于《思想与时代》34 期，而且《思想与时代》又是当时引领中国社科研究的重要期刊，编辑部地址又设于遵义，故这篇文章意义深远。鉴于以上原因，笔者对这期《思想与时代》期刊尤为关注，希望遵义能有这本期刊，这既是历史的见证，又是地方的一笔宝贵文化财富，可惜时过境迁，此期刊物如凤毛麟角，连浙江大学也没有。所以多年来，笔者通过各种渠道寻找，最终得到了这期《思想与时代》月刊，喜悦之情，难于言表。

这期刊物为 16 开本，特别之处在于采用了套红印刷（创刊号也未套红），出版时间是 1944 年 12 月，并刊明了设在遵义的编辑部详细地址为老城水洞街 3 号。期刊上面不仅有竺可桢的《二十八宿起源之时代与地点》一文，还有钱穆、贺麟、缪钺、谢幼伟、徐近之等著名学者首次发表的文章，因此，更显这期刊物的珍贵。

名扬天下的"半部书"

2016 年 10 月某日《遵义晚报》有一篇新闻，报道贵州省考古队来遵义，在老城南门外寻找抗战时期逝世于遵义的浙江大学教授张荫麟的墓地，据说坟墓位置已经基本确定。

70 多年前，著名史学家张荫麟在遵义完成了他一生仅有的半部书，即《中国史纲》（上古篇），不幸英年客死于遵义老城石家堡。从他去世至今，海峡两岸不断再版他这半部书，目前笔者已经发现不同出版社的近 50 个版本（同一出版社多次出版不计算在内），其中大陆 40 多个，台湾 6 个，每种书上的《初版自序》后面落款均为"三十年（1941 年）三月张荫麟于贵州遵义书"，其宣传效应和地域效应影响甚大，所以对于发生在遵义的这桩旧事，理当引起地方文化部门的高度重视。

张荫麟 1905 年生于广东东莞，1923 年考入清华大学。次年在《学衡》杂志第 21 期上发表处女作《老子生后孔子百余年之说质疑》，针对梁启超对老子事迹考证提出异议，清华师生大为震动，并得到梁启超的激赏。1924

年 6 月，又发表论文《明清之际西学输入中国考略》，分析明清两代传入的西方学术的差异及其对中国文化的影响。1929 年，张荫麟以优异成绩毕业于清华大学，已以史、学、才三才识出众而闻达于学术界。是年他获公费到美国斯坦福大学攻读西洋哲学史和社会学，本该留学 4 年修完应学课程，未待期满，他已获博士学位提前返国。

1934 年，张荫麟应清华大学之聘，任历史、哲学两系专任讲师，并兼北大历史、哲学课。抗战时期任西迁昆明的西南联大教授，1940 年初受聘于西迁遵义的浙江大学，次年他的专著《中国史纲》（上古篇）由浙大石印刊出。张荫麟曾任国防设计委员会研究员、中央研究院社会科学研究所《中国社会经济史集刊》主编。1941 年参与发起浙大《时代与思想》月刊，其影响极为深远。由于他积劳成疾患上肾炎症，遵义缺医少药，于 1942 年 10 月 24 日在遵义病逝，年仅 37 岁。中央科学研究院为张荫麟去世出了一个专辑，以悼念这颗陨落的史学新星。

张荫麟的《中国史纲》（上古篇），起于殷商，至于西汉，因这半部书文笔细腻，深入浅出，阐述精宏，才情四溢，引人入胜，成为一本不朽的中国史学名著，名家大师赞誉之声不绝于耳，被誉为"最优秀的史学名著"，引得海峡两岸的出版社和大专院校纷纷再版，盛况空前。

在那段非常的历史时期，有这样一位学术渊博的知名大师，在遵义写出了这样的名著，并发生了如此深远的社会影响，以及他本身的悲壮故事，在遵义地方文化史上是浓墨重彩的一笔，作为遵义人，笔者有责任去收集整理，并传之于后世以激励地方人文精神。

目前，笔者已经收集到 38 个出版社的《中国史纲》版本，在这些版本中，最珍贵的是张荫麟在昆明西南联大时的稿本，还有他在遵义修订完成的初版书，其他均为 1948 年至 21 世纪初的各省及大专院校的再版书，现尚缺 10 余个近期的版本，收集难度不大，目前正在收集之中。后附余诗云：

一度风流誉满都，燕山跃马志踌躇。
蝉鸣惬意三春柳，天嫉英才半部书。
虽遣孤魂湮草莽，却留文字胜河图。
遵城绝笔也闻达，无憾凶年早驾桴。

张其昀著《中国历代大教育家史略》简介

《中国历代大教育家史略》这本书由张其昀著，蒋中正题写书名的《中国历代大教育家史略》，为中华民国四十五年（1946年）七月初版，"中国新闻出版公司"印刷并发行，该出版公司的地址在台北市中山北路二段十六巷。笔者最近征集到这本书，经阅后认为：这本书是抗日战争时期张其昀随浙大西迁到贵州遵义时所著，应列入他在遵义完成的几本著作之一。

因这本书没有序言，也没有署明在什么地方完成，书上仅留有初版的时间，但可以根据这个时间，查清楚张其昀这本书出版前他在什么地方任事，则可判定他成书的地点。浙江大学是1940年初由广西宜山迁到遵义，当时张其昀任浙大文学院史地系主任，1946年5月浙江大学从遵义回迁杭州，近7年间张其昀一直在浙大文学院的相应职位上，也就是说他这段时间没有离开过遵义，而书是当年7月出版的，所以认定这本书应该是他在遵义写成的。

张其昀在书中共列举的历代大教育家共12名，分别为孔子、孟子、荀子、董仲舒、王道、韩愈、胡瑗、程颢、程颐、朱熹、陆九渊、王守仁。因本文只介绍这本书大概状况，故不讨论张其昀为何只认可这12个人，以及列举这些人是否偏颇。另外，蒋中正是在什么情况下为他题写的书名，这点局外人恐怕亦难以知晓。

该书为32开本，平装，内容简明扼要，深得要领，有画龙点睛之妙，刊出后两岸均未再版过，今存世极为稀少。笔者现已将此书"完璧归赵"，张其昀等留下了抗战时期浙大流寓贵州遵义时的学术成果，也是浙大得到遵义人民的呵护，留给遵义的一笔宝贵文化财富。

一代宗师叶良辅

浙大教授，被称为"一代宗师"的叶良辅，抗战时期他在西迁遵义的浙江大学史地系任教7年,现在遵义关于浙大西迁的历史资料却把他遗漏了。

叶先生是杭州人，我国早期的地质学家、岩石学家，是我国地貌学开创者之一。他于1920年留学美国，1928年任中央研究院地质研究所研究员。

1935年担任中国地质学会理事长，1938年他受聘于浙江大学任史地系教授、研究生导师时，已经有20余种著作问世。他在浙江大学培养出严钦尚、丁锡祉、沈玉昌、杨怀仁、施雅风、蔡钟瑞、陈述彭、毛汉礼、陈吉余、李治孝、杨利普等，这批人都成为当代著名的教授、研究员，他们分别为中国地理地质方面的学科领头人，部分还当选为中国科学院院士。他的浙大学生还有美国匹斯堡大学教授谢觉民、台湾文化大学理事长张镜湖等人，1949年9月，叶良辅在浙江大学地理系任上去世。

抗战时期叶良辅在遵义教书育人，为研究生确定研究方向，同时也留下了一批学术成果，已知的有他在遵义出版的《史地杂志》和重庆出版的《中央研究院地质研究所集刊》《地质评论》上，发表了一批论文，另外，他在遵义还有一本学术专著《瀚海盆地》问世。

1959年5月中国社科院古脊椎动物研究所翻印的叶良辅著作《瀚海盆地》，封面注明该书成书时间在1943年5月。叶良辅1938年受聘于浙江大学，至1949年去世，这段时间叶良辅均在浙江大学任教，故1940年他随浙江大学西迁遵义已确认无疑，所以他这本书也应该是他在遵义时期的学术成果。笔者手里还有一个民国时期叶良辅的《瀚海盆地》正式版本，由正中书局印行，出版时间是1948年，版权页上署为初版，比中科院翻印版上注明的时间晚5年，原因是中科院用的是叶良辅的原稿本，1948年才将这本书正式刊行，故称为初版，这种情况在战时浙大教授的著作中常见。

笔者还有一本中科院院士陈述彭1946年2月的油印稿本，名为《螳螂川流域之地文与人生》，陈述彭在抗战时期浙大毕业后留校任助教，他完成这个稿本时浙大还未迁回杭州。稿本的开篇附了3位浙大教授的评语，第一个是叶良辅，第二个是黄秉维（浙大著名教授、院士），第三个是李春芬（也是浙大著名教授）。笔者这里还有一本浙江大学1989年编印的《叶良辅与中国地貌学》，为中科院院士施雅风签名并钤印的赠送本，书中前面部分是叶良辅的论文，后面部分是他的学生施雅风、沈玉昌、杨怀仁、丁锡祉、陈述彭、蔡钟瑞等十余人写的纪念文章。从这两本书可以看得出叶良辅的学术地位，以及他的学生们对叶良辅先生的敬重，因此，抗战期间流寓遵义的这位大师，不能这样被遗忘。

2017年3月

西迁办学　往事情深（五题）

林茂前

"浙江大学黔省校舍记"碑

1982年7月7日下午3时，遵义市十一中扩建工地挖出了一块长1.8米、宽0.8米的青石碑。泥土虽然遮掩了碑上的大多数文字，但浙江大学等些许字迹仍清晰可辨。

消息传开，省、市文物专家、地方志专家、浙江大学校友会派出的相关人员及遵义市的有关领导纷纷赶至现场。经过几天认真仔细的清理，碑上的全部文字终于显示如初。原来这块碑是湮没了47年，新中国成立后浙江大学校长竺可桢多次寻找的"浙江大学黔省校舍记"碑。

据相关资料证实，"浙江大学黔省校舍记"碑，就是1945年6月抗战胜利消息传来遵义后，竺可桢校长为铭记西迁办学史实，委托该校文学院教授王焕镳撰写文字、由罗韵珊先生用楷书镌刻的石碑。该碑立于曾用作浙江大学校本部的"郑莫祠"旁。石碑质地上乘，打磨精细。碑文文白相间，记叙互衬，文字简洁，一气呵成。全文如下：

岛夷之患心，区内俶扰，徙都重庆，学多内移。士险贼中者，辄冒险阻，间道来归。国家增学校，延师儒，优其廪给，收而教之。由是西南之名都繁邑，僻区隩壤，往往黉舍相望，弦歌之声洋洋。然顾庶事草创，师资图籍，弗备弗精，亦其势然也。当是时，国立浙江大学迁徙者数矣。民国二十九年春始抵贵州之遵义，而别置一年级生于青岩，既而以理、农二院处湄潭，文、工二院处遵义，师范学院则分布两县间。湄潭有镇曰永兴，一年级生复徙居之。盖积时六稔，而以学院名者五，析系至二十有五、以研究院名者一，析部至五。其隶而附者，若工厂、农林之场，中学小学之属，又不一而足。师弟子之在校者总三千人。其讲堂、寝室、集会、办公、操练、庖湢之所，取诸廨宇寺观与假诸第宅之羡者十八九。故其材不庀而具，其功劳不而集，其新筑者取苟完而已。凡为屋之数千有余间。其书自四部七略暨声、光、电、化、算数、农艺、工程之著作，不下五万余册；其仪器以件记者三万；机器以架数者七百有奇；标本都万二千，凡所以安其身，养其知，肄习其能者如此。遭时多故，世不复以简陋见责，甚或有从而誉焉者。可桢窃独忧之。夫至变而莫测者，事也；至赜而无竟此，学也。守先哲之所以明，而益穷其所未至，以应方来之变，犹惧或赜焉！况区区但袭故迹，无所增进，而谓可与一世角智力，竞雄长，幸存而不替，何以惧欤!校故在杭县，清季为求是书院，院废，为高等学堂，民国十六年易今名。余乃倡求是二字，以与多士共勉焉。军兴以来，初徙建德，在徙泰和，三徙宜山，而留贵州最久，不可以毋记也；故记之以谂后之人。校长　竺可桢。中华民国三十四年六月立。

　　为了保护好这块有着非常意义和文物价值的"浙江大学黔省校舍记"石碑，遵义地、市领导机关拨出专款，在市中心河滨公园修建了具有江南传统风格的八角飞檐亭，并将这块记述当年浙江大学西迁办学历程的珍贵石碑移入亭内。

　　1985年10月22日，在新落成的石碑亭前，举行了隆重的揭幕仪式。除有遵义地、市领导及众多学生、群众参加外，浙江大学也派出了时任校长韩祯祥为首的代表团莅临祝贺。这以后，前往拜谒这块"浙江大学黔省校舍记"碑的人络绎不绝。石碑亭，成了市区内一处靓丽的旅游景点。

　　2002年6月，因修建连接碧云路和新华路之大桥（这座桥建成后被命名为可桢桥），碑亭被暂时拆除，当时有关方面允诺移址重建。

　　2011年，几经周折，在可桢桥北桥头畔，新的"浙江大学黔省校舍记"碑亭重建竣工。

西迁浙大与播声电影院

　　1940年元月，当国立浙江大学抵达遵义时，这座小城已接纳了不少沦陷区迁来的学校和机构。面对房舍非常紧张的现实，近千人的浙江大学只能分散在子弹库（现十一中）、江公祠（现一中）、何家巷（现红花岗区人大所在地、天利广场）等处开展教学。师生的住宿则遍布全城。

为寻觅一处方便全校师生集会的场所，校方找遍了全城，查看了不少地方，均无理想之地。后来经早先迁来遵义的中央陆军大学文艺处处长邱玺推荐，浙大决定，凡开展大型室内活动，均租用位于市中心的播声电影院。

播声电影院坐落于桃源洞山下，面向丁字口。这座电影院是遵义人马绍康邀约十余名股东集资修建的。与现今的任何一座电影院相比，这座1937年建成的电影院实在是太简陋了。整个大厅全由木头架构，白铁皮蒙顶。但空间大，场地宽，可容纳近千人。在当时的遵义，可算是名副其实的大礼堂。马绍康等股东为了突出渲染在遵义首开有声电影之先河，结合遵义古称播州，便将新修建的电影院取名为"播声电影院"。

浙大在遵义办学期间，每周都要择日举行纪念周活动。到遵义的前几个月，纪念周活动都是临时借场地。先后借过老城小学、西南川戏院（龙井沟巷内）、元天宫（杨柳街东出口红旗小学校址）等地方。

1940年8月12日，浙大第一次在播声电影院举行纪念周活动。内容为有"民主斗士"之称的教授费巩担任训导长作就职演讲。

当时国民政府所有大学的训导长一职，都是由国民党党员担任。费巩不是国民党员，竺可桢校长却顶着压力，任用费巩担任训导长。

在播声电影院，费巩发表了掷地有声的演讲："吾今天上台，不胜惶恐之至。吾绝对没有想到，这一个训导长的职务，会轮到吾的头上来的。因为吾不是党员，根本没有资格。但是将近一个月以前，姜先生（前任训导长）决计离校后，校长亲自来找我，要我出来维持一下。吾第一个念头是不答应，不愿做。做教授何等清高，何必办这吃力不讨好的事，还要叫人误会我热衷，岂不冤枉？所以当时并没有答应。但是校长的诚意，却亦叫我感动。并且想到同学们生活太苦了，没有人注意你们的幸福。能够替你们做些事，亦觉当仁不让，终究答应考虑。考虑了十天，提出了几点意见，经过几次磋商，完全得到校长同意，增加了我不少勇气，才毅然出来担任这个职位。在吾个人，可以说是完全牺牲。吾不要支训导长薪俸，仍支教授原薪，一年可以省出四五千块钱来，要求拿这笔省出来的钱，用在学生物质生活的改良上面，亦已得校长答应了。"这样真诚坦率又替学生着想的开场声明，让学生们的掌声响彻了播声电影院。

播声电影院除作为浙大纪念周会场外，还是浙大开展京剧、话剧演出活动，宣传民主抗日的场地。1941年5月31日至6月2日，浙大话剧团在播声电影院连续三天演出曹禺的《日出》，为浙东难民募捐。一时间，播声电影院出现了少有的人满为患的场面。

1946年初夏，浙大外文系戏剧讨论班为怀念刚去世的系主任梅光迪，也在播声电影院演出了话剧《万世师表》。

浙大每次在播声电影院举行纪念周活动，竺可桢校长只要在遵义都会参加，并在日记中都有所记载。如1941年8月1日，竺可桢在日记中写道："八点至播声电影院开浙大成立十三周年纪念大会，到教职员、学生三百余人。余首致辞，述浙大之使命，抗战期中在贵州更有特殊之使命……以一千余师生竭尽知能，当可有禅于黔省"。又如1943年2月22日，竺可桢在日记中写道："十点半至播声电影院举行本学期第一次纪念周，余讲新订中美、中英新约及吾人应有之努力，并述及学生戏迷及赌钱之不当，学校经费之困难情况。"

浙大在遵义期间，播声电影院老板多次更换，名称先后变更为"荣记播声电影院""湘江大戏院""黔北大戏院"等，但其作为浙大的"礼堂"，却始终没有变过。

20世纪50年代初，播声电影院易名为遵义电影院。

阿家寺与西迁浙大

阿家寺，对于上了点年纪的遵义人来说，是作为一个宗教场地留存于记忆之中的。然而，对于当年西迁来遵义办学的浙江大学师生来讲，阿家寺则是作为一个特殊的地标被铭记的。浙江大学是一所举世闻名的高等学府，阿家寺则曾经是遵义一座普通寺庵。它们之间有什么关联呢？

话得从20世纪浙江大学西迁办学说起。

1937年11月，浙江大学师生在竺可桢校长带领下，举校西迁，开始了筚路蓝缕，慷慨悲壮的"文军长征"，历时两年多，行程2 600千米，于1940

年初抵达遵义,并在这里坚持办学长达七年之久。

当时,由于受战争影响,遵义虽处大后方,各类生活资料依然十分匮乏,日子异常艰难。浙大师生们常常都不能填饱肚子,更不要奢望什么营养了。师生们天天清汤寡水,往往是上餐有了忧下餐。不少人身体素质下降,病魔随之袭来。加之战争时期医药奇缺,生了病又得不到及时治疗,有的竟拖成了慢性病。

浙大西迁抵达遵义时,就已经有一名教师、三名学生患上了肺结核病。当时尚无治疗这种病的特效药,导致患病的人员有增不减。针对这一情况,浙大校方在新城中北路中段西侧租了一处独门独院的民房作为疗养室,将患肺结核病的人员安置于此,让他们一边治疗一边静养。这里不仅环境清静,交通也方便,校医周威隔几天便来这里巡诊。为方便病友的生活起居,校方还聘请本地人鲍士良夫妇来帮助照料。

后来病员日见增多,中北路的疗养室已不能接纳新增病员,校方几经选择,决定将疗养室迁北门大龙山麓的阿家寺(现洗马路街道办事处后山森林消防道路左侧)。

阿家寺原名普贤庵。在清康熙年间,阿定国夫妻扩建,更名为阿家寺。该寺始建于何时,已无从查考。据说初建时香火很旺,后因连年战乱,加之主持远走不归,从此颓败,好景不再。尽管如此,该寺房屋仍有好几十间,但只住有三名女尼。

浙大租用的是该寺后院的全部房屋,除了用三个大间和两个小间作病室外,其余房间则作为接待室、工友室、厨房。

阿家寺地处半山腰,寺后山峰连绵,树木葱茏,泉水淙淙,人迹罕至。当时曾在这里疗养的浙大学生吴寿松后来著文回忆:"我曾白天见豺狗在山上行走。这里空气非常新鲜,疗养肺病倒是一个好地方……竺校长还亲自来看望我们,并给我们讲了话,大意说他年轻时也曾体弱多病,叫我们要有信心把身体养好。"

竺可桢的日记1944年12月24日曾有如下记载:"上午九点至阿家寺看望疗养之肺病(学生),计13人。顾金梅、李金长、徐道观、方圆四人均已住院三年以上。黄一芹、顾荣申已一年半,吴惠二年。其余凌明哉、王祖坡、徐扶明、杨钧、冯承昌均在一年以下。另高崇武则非浙大学生。

13人中惟李金长比较严重,不能起床,且有温度。顾金梅虽不起床,精神尚好。"

当时,浙大校本部在老城郑莫祠(现十一中内),离阿家寺较远,加之在平原生活惯了的校医周威年事渐高,到阿家寺又要爬坡,不能像早先去中北路疗养室那么方便。学校只好约请本地执业医生朱诚中先生定期为住在阿家寺的病员诊治。

朱诚中先生医术不凡,人也和气,与病员接触多了,逐渐熟悉起来,时常给病员聊些遵义掌故,缓解病员的紧张心情。在药械均缺的情况下,朱医生想方设法为病员施展力可能及的治疗。对肺结核病,人工气胸术是当时认为较有效果的一种治疗措施,朱医生克服困难,东拼西凑了一套气胸设备,针对病员具体情况进行施治。施行人工气胸术得有人配合。给朱医生帮忙的助手是浙大机械系主任、青年教授钱钟韩。钱教授自愿来阿家寺当朱医生的助手,除了他熟悉治疗所用的器械这个因素外,更主要的是他对病员们的同情。

阿家寺虽远离浙大校区,去城区交通也不方便,但在这里疗养治病的病员们并没有因患传染病而被"隔离"的感觉。除了竺校长等校领导时常来看望外,病员所在院系的老师同学也常来看望他们。病员们除了养病,还非常关心时局发展,关注抗日战场的动态。有的病员身体稍好些后,时常去后山采摘野果野菜。在阿家寺疗养的日子,他们很少有寂寞感。

经过治疗和静养,来阿家寺的病员大多有好转,并康复出院。每康复一批出去,又有一批患者住进来。直到1946年浙大东归杭州,阿家寺浙大疗养室方正式停办。

浙大西迁办学时诞生的两首歌曲

浙江大学西迁办学期间,曾诞生了两首对日后浙大崛起有过深远影响的歌曲。一首是"浙江大学校歌";另一首是"毕业歌"。这两首歌都与遵义、湄潭有关联。

1938年10月底,在竺可桢校长的带领下,浙大师生经过一年多的艰苦跋涉,从杭州经建德、江西泰和抵达广西宜山,并草草安顿下来。11月19

日下午，竺可桢校长主持召开了在宜山的第一次校务会议。在这次校务会议上，作出了两个重要决定：第一个是决定以"求是"为校训；第二个是决定请著名国学家马一浮先生制校歌歌词。竺可桢校长在当晚的日记中写道："决定校训为求是两字，校歌请马一浮制。"

时年56岁的马一浮，是半年前应竺可桢校长之邀到浙大开设"国学讲座"课的。马一浮接受校方撰制校歌歌词之托后，经过精心考虑和仔细斟酌，还不到20天就向学校提交了所拟浙江大学校歌歌词：

大不自多，海纳江河。惟学无际，际于天地。形上谓道兮，形下谓器。礼主别异兮，乐主和同。知其不二兮，尔听斯聪。国有成均，在浙之滨。昔言求是，实启尔求真。习坎示教，始见经纶。无曰已是，无曰遂真。靡革匪因，靡故匪新。何以新之，开物前民。嗟尔髦士，尚其有闻。念哉典学，思睿观通。有文有质，有农有工。兼总条贯，知至知终。成章乃达，若金之在熔。尚亨于野，无吝于宗。树我邦国，天下来同。

马一浮作的这首校歌歌词，因为引用了较多的古代典籍，用的是文言文，不太通俗，且读起来有时比较拗口，竺校长曾考虑改写。但他又觉得，马一浮作的歌词虽文理艰深，但含义深远，很能体现浙大所追求的求是精神。因此，最终决定采用。

校歌的谱曲工作延宕了一年多，主要原因是没有找到合适的谱曲者。直到浙大迁到遵义、湄潭一年多以后的1941年6月，竺可桢校长方致函著名音乐家、歌唱家、时任国立音乐学院应尚能教授，请其为浙大校歌谱曲。8月7日，应尚能教授完成谱曲工作并寄给浙大。8月10日，在湄潭浙大附中礼堂，由"回声"歌咏队演唱。这是浙江大学校歌第一次正式演唱。还有一种说法，称浙江大学校歌是在遵义由"音协会"合唱队在播声影院首次演唱的。不管在遵义还是在湄潭演唱，反正浙江大学校歌首次演唱是在黔北这方热土上，这是所有浙大人一致认可的。

此后，浙大每遇重大纪念节庆之际，都要演唱校歌。因校歌"乃学校精神之附丽"，故师生演唱时均严肃端庄，精神饱满。在遵、湄期间，适遇新学期开始，老生教新生唱校歌已成为惯例。年复一年，浙江大学校歌就这样一代一代地传承下来。

抗战胜利，浙大东返杭州，校歌一直被传唱着。2014年国家教育部公布了全国高等学校最受喜爱的十首校歌，这首诞生在西迁办学时期的浙江大学校歌名列榜首。

"骊歌一曲别情长，藕丝香，燕飞忙。回首春风，桃李又成行。天下兴亡俱有责，愿此去，莫彷徨。云程健翮及时翔，应难忘，耀炎黄。缺补金瓯，重聚在钱塘。留得他年寻旧梦，随白鸟，到湄江。"这首《江城子》是抗战时期"国立浙江大学附属中学毕业歌"歌词，作者是20世纪四十年代随浙大西迁至遵义、湄潭的生物系学生周本湘。当时，大半河山沦丧，战火方殷。周本湘用这首词句典雅、意蕴深沉的古词，勉励同学们毕业告别师长后奔走四方，去重拾金瓯一片。

浙大西迁湄潭时，苏步青、钱宝琮等九教授倡议成立了"湄江吟社"。在"吴越久沦丧，音信渺萧瑟"（钱宝琮诗）的环境中，唱和吟咏，感怀时局，抒发感慨，陶冶性情。诗社成立时，热爱诗词的周本湘虽还是学生，但仍被视作诗社成员，积极追随师长砥砺诗艺，进步很快。周本湘写的《江城子》被确定为附属中学毕业歌后，传唱了半个多世纪，至今不少当年从浙大附中毕业的校友都对这首毕业歌记忆犹新，不少人还能一字不漏地背出全部歌词。2007年，这首毕业歌被杭州第二中学（前身为西迁时浙江大学附属中学）定为校歌，流风余韵，绵延不绝。

竺可桢铜像

在历史文化名城遵义的湘江河畔，可桢桥头，"国立浙江大学黔省校舍记"碑亭旁，屹立着一尊竺可桢先生的铜像。

竺可桢先生铜像高2.8米，底座高1.8米。铜像采用了深色调，形象庄重厚实。整体用黄铜铸就的竺可桢先生面容亲切，目光深邃而宁静，炯炯有神；身着西装，外披风衣，风衣一角仿佛在前行中被风撩起；持手杖，迈步向前，似乎正行走在遵义的石板路上。

竺可桢先生乃浙江绍兴人，曾任浙江大学校长、中国科学院副院长。他一生中生活和工作的时间主要是在杭州和北京，在遵义仅居住了还不到4年时光。但为什么这座小城会在市区景色最优美、游人最多的地方安放他的铜像呢？

让我们穿过时光的隧道，回到20世纪30年代。

1937年7月7日，日寇发动卢沟桥事变，抗日战争全面爆发。8月，日机开始轰炸杭州，11月，日军在距杭州百余公里的全公亭登陆。在轰炸中仍坚持上课3个月的浙大，被迫踏上西迁之路。在两年多的迁徙时间里，经常是立足未稳，日机又至。几经磨难，终于于1940年1月到达遵义，2月开始上课，12月部分学院迁到湄潭。从1940年1月至1946年6月，浙江大学在遵义、湄潭近7年时间里，好不容易觅得一个相对安定的生活与治学环境。

浙大西迁遵义、湄潭办学，为国家和民族保存了一大批科学家，培养了大量科学技术人才。浙大在遵义、湄潭办学期间，不断发展壮大，不仅被誉为"东方剑桥"，而且对地方科学文化也有极大的推动。抗战时期，遵义地区的经济社会发展水平，整体上有明显提升，浙大的影响当为不可或缺之因素。而遵义、湄潭民众对浙大师生关怀备至，对浙大的崛起亦令浙大师生永远铭记于心。

浙大西迁遵义、湄潭办学，师生们对这里的民众乡亲，对这里的山山水水产生了难以忘怀的情愫。他们动情地说：遵义、湄潭是浙大的"第二故乡"。

时任浙大校长竺可桢先生，为该校西迁遵义、湄潭办学呕心沥血，功绩卓著。离开遵义后，竺可桢先生一直眷恋着"第二故乡"，关注着"第二故乡"。1961年，竺可桢先生路经遵义，感触良多，欣然写就了这样的诗篇："一别遵义十五年/重游旧地如登仙/红花岗上千株雪/湘水桥边万斛田/厂矿商场现满谷/园亭黉舍亦连绵/播州自古称穷僻/黔北于今鞭作先。"

曾在浙大就读毕业且事业有成并多次到遵义、湄潭考察访问的浙大校友会总顾问李莫西，对当年竺可桢老校长领军西迁办学这段历史珍视有加。为铭记这段历史和竺可桢先生的功绩，他萌动了这样一个想法：自己出资在遵义为竺可桢老校长塑一尊铜像。

李莫西的想法得到了浙大贵州校友会和遵义有关方面的赞同与支持。

为把这件事办好，李莫西商请国内最好的团队进行竺可桢铜像设计。设计稿确定后，又在上海请国内顶尖的铜像制作厂家进行制作。

与此同时，李莫西专程赶赴遵义，与遵义有关专家和领导共同选择铜像安放地址。几经比对，最后确定铜像安放在丁字口河滨公园，背靠当年浙大校本部（现十一中内郑莫祠），面对当年浙大教务处、训导处和工学院（现红花岗区人大办公区附近）。

　　李莫西来遵考察铜像安放地址时，对铜像碑文提出了"文采、精炼、厚重"的要求。经红花岗区委宣传部推荐，决定请市历史文化研究会副会长、浙大西迁文化研究会顾问林茂前撰写。

　　接受任务后，林茂前查阅了相关资料，很快写出初稿。在反复征求有关专家学者、领导和李莫西等浙大资深校友们意见的基础上，碑文数易其稿，最后形成371个字镌刻在竺可桢铜像底座上：

　　竺可桢（1890—1974），浙江绍兴人。地理学家，气象学家，科技史家，教育家。我国近代气象学的主要奠基人。

　　1937年7月，日寇发动侵犯战争，中华民族濒于危亡。时任国立浙江大学校长竺可桢，在国民政府支持下，率全校师生开始"文军长征"，颠沛流离，数易校址。于1940年初将西迁办学大本营设在遵义，在此办学达7年之久。

　　其间，竺可桢为践行科学救国之理念，奔走于大小龙山之麓；为培育振兴中华之人才，操劳于湘水湄江之滨。倡导求是，殚精竭虑。浙江大学在遵义崛起，声名远播，被誉为"东方剑桥"。

　　遵义百姓，崇尚文教，以沫相濡，关怀备至，为浙大人构筑永远精神家园。

　　浙大师生，知恩图报，竭尽知能，传授科学，在遵义城引领一代文明新风。

　　为志一所名校与一座名城之神交，特敬立竺公铜像于可桢桥畔。

　　是为记。

公元2014年8月11日

　　2014年11月15日，遵义各界人士和500名中小学生在河滨公园举行了隆重的铜像揭幕仪式。

　　对遵义情有独钟的竺可桢先生，终于魂归"第二故乡"。

修改定稿于2017年4月

浙大迁遵与仁怀私立崑中

刘一鸣

浙江大学创办于 1897 年，是清末我国四所最早的中国人自办新式高等学堂之一（求是书院），现在是我国著名的综合性大学，在国际上亦享有较高名望。

1937 年 11 月由于日本帝国主义侵华战争的进一步扩大，浙大从杭州先迁浙西天目山、建德，二迁赣中吉安、泰和，三迁桂北宜山，1940 年 1 月在竺可桢校长的率领下迁到遵义，直到 1946 年 5 月复员东归。浙大在遵义办学七年，对遵义地方社会经济和科技文化事业发展做出了特殊的贡献：首先给相对闭塞落后的黔北地区输入了东南海滨早有的现代文明和科技文化气息，如机电化工知识的宣传、飞机残骸及电话、电灯、柴油机、发电机、电焊的展览，肥皂的制作示范等，大大开启民智，使黔北人开了眼界。其次是浙大师生为贵州、广西两省办教师培训班、讲习会，办教师函授学校，提升了遵义中小学教师教育教学的能力与水平；另是浙大很多师生利用空闲到遵义城区和各县中小学任教，将求是诚朴的严谨学风，通过教学双边活动传递给了很多受教者，并深深感染了他们，开启了浓厚的读书风气，使黔北成为贵州文化教育先进之区。这一影响使当时不通公路、偏僻落后的仁怀南部也深受其惠。

仁怀自北宋大观三年（1109 年）设县，治所在赤水市复兴镇，辖今赤水、习水、仁怀北部，宣和三年（1121 年）降县为堡，其间 480 年不为中央政府的王化管理地域。元明时为三大土司争夺地，1601 年李化龙平播后，复置仁怀县，属遵义府，1629 年平奢安后，今仁怀市南部始纳入仁怀县域。清朝三藩之乱平定，才形成南北辖十个里的大县。清代将北三里划为仁怀直隶厅后，还有七里、民国三年（1914年）划赤水、小溪、丁山、吼滩四里建习水县后，还有安罗、李博、二郎里（含今习水、桑木、回龙、永安一带）。历史上仁怀教育非常落后，明清中进士不如遵义县苟江镇，仁怀四百年左右进士仅两人、举人不足四十人、各类贡生不足两百人。新学开启直到1939年前，全县只有公立小学43所，私立小学13间，私塾274处。青年求学者读中学要到赤水和遵义或贵阳。怀南孟崑山在清末就成乡里巨富，惜连娶六位女人均无子女，七十五岁时又娶小六十岁的贫家女胡玉秀为妻，民国六年（1917年）97岁的孟崑山死后胡玉秀主持家政，更名孟本胡，1929年她出资办了私立鲁班女子小学。1938年孟胡氏答应地方热心办学人士捐一百石办间中学，1938年动员已考入中央军校梧州分校的族侄孟琼阶改考由上海迁贵阳的大夏大学教育系，为将来由孟姓子孙管理学校准备人才。1939年农历4月1日，孟本胡一病不起，临终遗嘱孟琼阶、孟临川、孟端常等族人要将宅舍建成学校，所有肥田沃土作校产，存粮一千七百石作学校基金，将学校办起来，为纪念夫君，将学校命名为"崑山中学。"

孟胡氏辞世后，因遗产纠纷，停尸月余未葬，孟辉先主张排斥崑山养子孟大珍，遗产由族众瓜分。民团副长孟光泽为讨好县长严道生，唆使大珍妻江永端向县府舍产办县中，孟琼阶请假从贵阳赶回、团结族中主张办学者和地方绅士，找杨晓渠等成立私立崑山校董会，经几个月努力，八月份一边向贵州省教育厅申报立案，一边宣传招生，创办了仁怀历史上第一间中学。

崑山中学学校董事会遵循《贵州省各市县私立中小学校董事会暂行组织纲要》第五条之规定下设业务、会计、出纳、保管、文书室处理日常事物等机构，开展工作，但聘校长、教师很困难，杨晓淇在思南做县长时创办过思南中学，人脉关系不错，他聘来大夏大学毕业的眉潭县人陈寿椿出任校长，再由陈校长聘来任熏陶、刘大智分任教务、训育主任，上海体专毕业的王国伟任体育教师，张宇桥、卢日昌、郭强、郭崇、孟端裳等任教师。学校第一期（1939年秋季招生）招生90人，有来自贵州金沙、仁怀、遵义，四川古蔺等地的七百余人报考，很热闹。学校教师支薪以发大米为主，校长每月米八百斤、主任六百斤，教师资历高的五百斤、低的三百斤，教师食堂由付丙林、黄吉云两位厨师办生活，吃饭不花钱，每周均杀猪改善师生生活，教师带家属的董事会还适当安排钱物瓜菜补助。在当时战火纷飞的年代，教师们视崑中为"世外桃源"，安心在此执教。在当时交通不便的情况下，教师们假日回家探亲往返由董事会雇人送行礼，并计发路途肩舆车马费用。1941年崑中获准省教育厅验印，学生从一百多人增加到三百人，聘教师成为当时学校最难办的事。此时浙大迁来遵义，为私立崑山中学提供了丰富的人力资源。

1941年，杨晓淇先生辞董事长并改任校长，推从徐州前线返家赋闲的二十二集团军中将高参、集团军前敌临时总指挥刘莘园出任董事长。刘莘园针对外籍师生人数增多，地方上三教九流的"燕尔毛"入校园偷窃师生晾晒的衣被并骚扰女生的状况，经董事会研究决定成立校警队，用军事化管理手段维护学校正常教学秩序。校警队由任过黔军营长的刘汉儒任队长，孟大珍家佃户抽壮劳力训练后持枪于校门站岗与巡逻，杜绝了"燕儿毛"骚扰和偷盗现象。对于师资，他与杨晓淇主张聘浙大师生兼课，陆续聘来浙大林云珍、攀培基、毛鹤仙、徐传孝等先后出任教务主任，满世实、石化田、张世坤、陈祖德、杨家发、梁怀毕、梁占英、汪祖英、秦英松、张勋之等十多位毕业生任教。杨晓淇应聘到遵义师范后，推荐南开大学讲师李鸿钟任校长，一年后又由北平高师毕业的万苏黎任校长。

浙大毕业生带来了诚朴求是的严谨学风，从教学计划到贯彻教学大纲要求，教学示范课上法等都为崑中注入了新内容。他们的教学很受学生欢迎。特别是军事活动课，毛鹤仙主任抓得非常扎实，北京体专毕业的陈果任体育主任，所训练的篮球队叫"怀南队"，在与县内和邻县比赛中均获胜，为崑中赢得了荣誉。浙大来的教师组织师生举办爱国歌演唱会，高唱《抗日救国歌》《大刀进行曲》，指导学生公演话剧《放下你的鞭子》，并和其他老师一道带学生在本县及邻县乡场开展抗日救国的宣传活动。据当年任崑中校董的王云樵先生回忆，1944年春发生了这样一件事：熊腾云县长（江西南昌人，中央政大毕业兄长熊缓春为蒋介石中央军实任师长）严格执行蒋介石对共产党"溶、防、限、反"政策，所重用的鲁班区干员嗅出崑中化学教师石化田（河北人，浙大1942年毕业）原系中共地下党员，且与具有反蒋历史的刘莘园关系密切，二人曾利用假期到五马、金沙岩孔等地考察，熊县长见鲁班干员密报立即签批抓捕石化田，幸好在县政府任文书的王明星与刘莘园关系密切，知情后派人连夜赶来崀中报信给刘莘园。刘莘园赶紧到石住处通知其逃走，石叹息道："刘将军，我身无分文，怎么逃嘛！"刘莘园当即将贵阳刚汇到的二十五石租米款单和私章交石化田，要他赶快化装抄小路赶往茅台邮局取用，私章也不用送回。石化田含泪叩谢后抄小路走乡村坝、文昌阁、草濂溪乘船到茅台支取后逃走了，保警队的人到崀中扑了个空。刘莘园以通共嫌疑被迫辞职搬出崀中，住到一位认的亲戚家里，生活无着，连理发的钱都没有。很多人说他是"刘疯子"，族亲也责怪他不理财。据王云樵回忆，刘五爷（刘莘园）慷慨地说："我一生靠朋友过活，区区之钱，能救一革命志士，何惜之有？"

浙大学生从1946年起陆续随校复员东归，或离校返乡。

2017年3月

钱宝琮诗作《遵义劳军》

钱永红

我的祖父钱宝琮于1928年在浙江大学创办了文理学院数学系,并出任首届系主任,在他的影响下,我们家四代人中有25人在浙大任教、任职或求学。我还不算,因我没在浙大工作。但自2009年12月,浙大档案馆校史研究会聘用我为校史特聘研究员,我很自豪地成了浙大人,几年来潜心为母校收集整理校史资料,特别是西迁时期的资料,取得了不少成绩。我爱浙大,以后将继续做好校史研究工作。

祖父钱宝琮从事浙大数学教育工作28年,随浙大西迁,于1940年春抵达贵州遵义,并租用了老城水井湾。因为遵义是红军长征经过的地方,不少民房被红军租用。我们的租用的房子的木板上就留下了红军写的革命标语,房东不愿擦去,我们当然也很珍惜。

祖父他爱作诗,是浙大湄江吟社的发起人之一,教学之余,常与苏步青、王琎等教授一同吟诗填词。他在遵义和湄潭写过不少诗篇,其中的一篇反映浙江大学学生在遵义劳军运动的诗作,被学界认为是诗体的国族御侮记录。

1944年孟冬,日寇自广东西侵贵州,国军征调第九、第十三军防堵。大军经过遵义时,浙大学生自治会发起劳军运动,很短时间内,集百万巨款劳军,军心大振。祖父目睹盛举,心潮澎湃,赋长诗《遵义劳军》纪其事,诗曰:

东夷肆侵夺,中国有征诛。移师三十万,冲寒赴战区。
黔疆寇已深,赤子幸来苏。戎行自劳苦,蜀道尤崎岖。

行李同困乏，愧无供车徒。我有纸与笔，为尔寄家书。
我有针与线，为尔补衣襦。他事唯所命，摒挡应急需。
新排白话剧，今夕上氍毹。相逢不我弃，共谋清夜娱。
明朝杀敌去，客气何为乎！
……
时维孟冬，气肃霜晨。
戎车既发，接轸回轮。
忽瞻先路，学子莘莘。
交歌悲壮，爆竹惊尘。
飞旆当道，乞驻逡巡。
微物投赠，遍及士兵。
高呼胜利，握手挥巾。
官长感激，致辞朴诚。
军人天职，保国卫民。
及时振奋，屈蠖宜伸。
莫忘此日，东道殷勤。
中华万岁！浙大千春！

诗中描绘了栩栩如生的军民和睦、同仇敌忾景象。七十多年后，我们读来，仍让人动容。

2017 年 4 月

解读《湄江吟社诗存》

刘 丽

浙大西迁遵义、湄潭的 7 年，是中华民族反抗外侮，艰苦卓绝的 7 年。在 7 年中，生活条件之恶劣，研究环境之艰辛；艰难困苦之状，食不果腹之忧，时时困扰着浙大师生。而浙大在遵义、湄潭的日子，也是浙大最为辉煌的时期之一。据不完全统计，在这里，时为浙大教授、讲师、助教的 28 位教师，后来成为中科院院士或中国工程院院士；时为浙大学生的陈述彭等 23 人，也在后来成为中科院院士或中国工程院院士。万里流亡办学，在中国史、乃在世界史上都是一大壮举。苏步青在《浙江大学在遵义》一书的序中说："在那极端困苦的日子里，浙大师生以大无畏的气概，照常开展教学和科学研究，培养出一大批优秀的专门人才，在中国教育史上留下了永不磨灭的一页。"[1]

作为浙大旅遵时期部分教师创作的《湄江吟社诗存》，清晰地记载了浙大师生在遵时期的生活和精神面貌，也反映了当时的时局变迁及其知识分子在这特定时期的心态，从文学的视角展示了这一时期浙大知识分子的心路历程。因此，研究《湄江吟社诗存》，对深入认识浙大精神，了解学者在国事艰难时期吃苦耐劳、积极乐观、坚守不渝的人格魅力，弘扬中华民族多难兴邦的爱国主义情怀，并由此深化浙大西迁史的研究就显得尤为重要。下面拟从三个方面进行讨论。

一、《湄江吟社诗存》的形成及背景

从《湄江吟社诗存》第一辑编印例言中我们可以看到，"湄江吟社"成立于 1943 年，"本社为旅居黔北湄潭县同仁所发起组织，故定名曰'湄江吟社'"。其成员"初为七人，继增为九人"，成立的初衷是"旨在公余小集，陶冶性情，不有博奕为之，犹贤大雅之讥庶几其免"，在"吴越久沦丧 音信渺萧瑟"（钱琢如湄江吟社第一集分韵得一字）的环境中，感怀时局，抒发感慨，陶冶性情，是"湄江吟社"成立之目的所在。第一集"自三十二年二月二十八日起至同年十月二十八日止，中间曾因事停会两次，自春徂冬计历八次"，计有两百余首诗。之后仍有创作，但似乎没有整理成集。

"湄江吟社"于 1943 年成立，并非是此一时期浙大人诗性突发，而是与其时代背景密不可分。1937 年卢沟桥事变后，日寇横扫华北，进逼东南，大片国土沦丧，流亡成为当时中国民众不得已之选择。在这一大背景下，国立浙江大学也只能选择搬迁。先是从浙江杭州迁江西泰和，再迁广西宜山，最后迁到贵州的青岩、遵义、湄潭和湄潭的永兴。从 1937 年的 11 月，到 1940 年的 2 月，经过两年半的时间，浙大终于在颠沛流离中找到了一个相对安定的落脚点。

这一艰难的长途颠簸，对于浙大人来说，它有着更为深远的意义，正如一个德籍教员在文章中所写："他们于经行之中，得见乡郊之美，得之乡民困难和问题所自，他们得观感于战事经历中之惨痛，他们且曾置身于艰危之中。由之，遂增长同舟共济精神，以至曩昔原有的男女同学之间的关系，亦与前异。共同的灾难的经历，是大学便成了一个大的家庭。校中经费艰窘，教职员薪俸大打折扣，然皆视为抗战必有的结果。乐于接受，曾无怨怼。"[1]这种精神上的磨炼，为浙大人日后在遵义平和居处、勤奋工作、积极科研、务实求是奠定了深厚的基础，也为后来《湄江吟社诗存》中表达的平和乐观的情感奠定了基调。

初到遵义，找到了安定生活的处所，但并不是就过上了安逸祥和的生活。作为战时大后方的遵义，从 1937 年后，人口剧增，虽有 "贵州小江南"之称，但这"黔北粮仓"亦因陆军大学、军官外语班、步兵学校等大量的人口迁入而告罄，而物价的飞涨，更是加剧了民众生活的困难。因此，浙大师生迁入遵义后，首先面临的是解决满足基本生活的物资的问题，同时还面临着对他们来说完全陌生的自然环境和社会环境的适应问题。条件的艰难、生活的压力，使他们不可能一来到遵义就组织诗社，吟诗作赋。

更重要的是，当时时局不稳，谁也不知道在搬迁遵义之后，还会不会有新的搬迁，因而在经过两年的适应调整后，使这些流离失所的知识分子在心灵上产生了一种安定感，才真正地"回到自己昔日的文化中"，才有了"陶冶性情、切磋诗艺、互相砥砺、抒发情感"的可能。

战火迫使校园迁徙，战争毁掉了家园，但民族的文化精神并没有被毁掉。浙大从西湖迁到遵义，虽不像西南联大那样高昂张扬，但不断的学术活动，加之学生组织的"黑白文艺社"、浙大剧团、"大家唱歌咏队"等，弦歌不辍，仍表现了一种精神的彰显。就如谢永在《逝去的年代：中国自由知识分子的命运》中所言："一个民族可以暂时流离失所，但一个民族决不能丢失作为该民族赖以凝聚在一起的民族文化精神！"[2]"湄江吟社"诗人群体的出现，正体现了"以求在中国自己的历史和文化里面，获得必要的力量"。[1]

当时的文坛，以"1941年皖南事变为标志，国内政治形势发生急剧逆转，社会心理与时代气氛、情绪也为之一变。初期受速胜论鼓动的昂扬激奋的社会心理，已慢慢沉静下来，人们开始正视战争的残酷性和取得胜利的艰巨性"，"作家在苦闷和抑郁中开始了更加深刻的思索，——处于一种对民族命运、祖国前途的责任感和使命感，重新认识我们的民族，重新认识自己，我民族的振兴寻找新的出路，这意味着在作家的观察与描写的视野中，'民族地位'仍然处于前景地位，但'社会'与'个人'都从不被注目的后景成为前景中不可或缺的层次"。[3]"湄江吟社"诗人虽然不是专业诗人，但其创作中仍有着社会思潮冲刷的印记。个人作为社会整体的影像，其生存状态和情感抒发，凝聚了诗人对社会的关注与人生的思考。这种历史情境中的文学活动，不仅缓解了战争给人的心灵带来的沉重压力，更体现了知识分子在抗战最艰难时期对现实境况的思考与文化的坚守。

杨东平先生在《重温大学精神》中说："大学精神、大学制度、教育家和大师的诞生，是一个共生的过程。作为外来文明的大学精神，逐渐在华夏大地生根，形成一种自由知识分子的共同文化，这种积累和生长不期在惨烈的抗日战争中结出了最丰硕的教育之果。"[4]这硕果对浙大来说，不仅仅表现为教授们将西方所学的理论和方法用之于科学研究，取得了辉煌成就，而且也包含他们深厚的传统文化积淀下抒发情感的《湄江吟社诗存》。

二、《湄江吟社诗存》的内容

　　战争把人们推向了流亡的道路。国家的惨烈遭遇、民族整体的痛苦，是一代知识分子心灵上抹不掉的阴霾。从美丽的西湖迁到僻远的黔北，从文化的中心迁到丛山阻隔的边地，对于浙大人来讲，不仅仅是离开了可爱的家乡，更让他们忧虑的是国恨家仇，于是，忧国忧民与怀乡思亲的情感成为诗人们共同的情感，也是诗歌最主要的内容。

　　《湄江吟社诗存》收录的八次集会创作，不管要求以何物为抒情对象，押何种韵，几乎每一次都有诗人从不同的角度抒发忧国怀乡的情感，如第一次聚会中苏步青的《满江红》：

　　欲试单衣，寒食近，时还清冷。春正好，河桥台苑，柳晴花暝。细雨青回溪畔草，斜阳红如墙头杏。对空山、寂寂鹧鸪啼，行人听。

　　追往事，伤流景。千万缕，难重省。怕残宵远梦，被莺催醒。未请长樱投彩笔，先教华发窥明镜。望江南、休说赋归来，荒三径。

　　上阕写初春时节景致。用单衣、细雨、空山着重渲染了寒冷清的氛围，用台苑、柳晴花暝、杏红斜阳，又写出了实实在在春的到来，两相对比，春景给人的是那么的矛盾重重，正如春光的美好与现实的沉重一样。

　　下阕写情。湄江虽好，但毕竟不是西湖，酷似江南风景的湄潭，更激起了诗人对故土沦陷的忧伤。历历往事，浮上心头，此情此景，哪堪回首！担忧无情的黄莺，惊醒我美丽的旧梦。一介书生，不能投笔从戎，纵横疆场，快意杀敌。镜中丛生的白发，在昭示着时光的流逝。遥望烽火连天、在敌寇铁蹄蹂躏下的江南，春光再美，哪里还有陶渊明赋《归去来兮》的心情，荒废的"三径"早已不能让人过隐士般的生活了。

　　对于浙大人来讲，在"十里山光接水光"的湄潭，忆起的是故乡江南水乡，更加感慨的是寓居他乡的离乱之苦，"客愁正苦难排遣，又听鹃声到耳旁"。他们关心的是"江南消息近何如"，但"旅雁遥传一纸书"的消息是"三吴零落悲文献，两浙纵横恣兔狐"，国土的沉沦，侵略者的嚣张，让诗人无比的痛苦和愤懑，"一声杜宇出林皋，梦里家山何处是？斑斑血泪染桑梓，云台秀色可曾改？"（江问渔《湄江水歌七章》）于是将对家乡的爱隐藏于心，"湄江权当作西湖，莫向东风问旧庐"。（江问渔《浙江大学同仁约为湄江小集议组吟社即席赋》）耐心的等待着"何日苍溪齐系棹，吴山越水任题诗"。（王季梁《春日杂感》）

对家乡的爱与对祖国的爱是合二为一、融为一体的。"荣悴寄于社，保无剪伐时"。（钱琢如《五言七首》）不管环境怎么变化，"竚望诗筒传捷报，莫教息壤露微寒"。（祝廉先《癸未孟春问老招集同仁于其客邸成立湄江吟社喜赋二律》）

对家乡的爱，对祖国的期盼，是浙大人坚定的信念，是他们心中永远的明灯。这也就形成了《湄江吟社诗存》的第二个内容——对信念的坚守。以一种宽广博大的胸怀，乐观旷达的人生态度来应对世事变化，表达对祖国的坚信：

  百年身世只堪悲，旧恨新仇欲语谁。
  牙打脱时吞并血，腰伸直后气扬眉。
  千锤百炼钢方劲，错节盘根品自奇。
  漫道三春光景好，后凋还是耐寒姿。
      ——胡哲敷《咏怀五首》

面对祖国惨遭蹂躏的百年历史，面对现实的日本侵略者铁蹄践踏，中华民族没有屈服，而是咬紧牙关，牢记仇恨，等待着"腰伸直后气扬眉"。在重重苦难的锤炼下，坚强地活着，顽强地抗着，在严寒中挺拔起高贵的身躯。

人是活在信念之中的，当国家危亡之时，知识分子总会以自己独特的方式来表现自己的信念坚守，"呜呼三歌兮心已瘁，故土未复吾何履"。这是一种坚守方式，国家沦亡，忧心如焚，不求衣整，不拘于个人小节。

  乌江远接湄江水，农歌未歇军歌起。
  男儿离乡去从戎，杀敌捐生誓无悔。
  莽莽烽烟万里遥，北起长城南交趾。
  众弩齐发射天狼，得道多助验于此。
  山中抱病老书生，仰天亦复悲拊髀。

> 呜呼四歌兮风满屺，吾为战神修敬礼。
> ——江问渔《湄江水歌七章》

自己不能亲上前线，在后方为前方将士摇旗呐喊，为战神修敬礼，歌颂杀敌英雄，又是坚守的一种方式。

在恶劣的环境中，高扬起生命自由之旗，歌唱自由，也是另一种坚守方式。胡哲敷在第一次聚会时写的第一首诗就表达了这样的主题：

> 世论纷纭一笑无，作非今是总空虚。
> 智愚半属同丘貉，夭寿仍如过隙驹。
> 剩有性情自舒啸，且偕花鸟共嬉娱。
> 年来未减清狂兴，愿傍群贤滥竽竽。

诗歌在广阔的空间上展示了作者达观的人生态度。1943年，时局不安，世论纷纭，莫衷一是，是惶恐地哀叹时日，还是冷静地面对变换？对此，作为一介知识分子的胡哲敷，选择的是"一笑无"，因为他深知不停变化的世论不过是空虚灵魂的反应，在这种舆论下，智和愚不能区别。在人世间，夭与寿也不过是短短的一瞬，为什么要把自己搞得那么的惶恐疲惫呢，不如顺却情性，歌啸自由，寻踪自然，结伴花鸟，释放情感。因此，任凭多年来的清雅狂放之性，与志同道合之人，作诗为赋，与贤人依伴，让精神自由、充实。

诗从现实的"世论"起笔，以"一笑"面对纷纭，显得从容洒脱，从"空虚"的现实人生，思考到人的哲学存在，最后落脚到把握现在，"剩有性情自舒啸"，让心灵自由、精神放纵，哪怕自谦才华不及，诗意不够，也是诗人的情性所在。日本侵略者能占有中国的领土，但他们永远改变不了中国人的生活态度和方式。

《湄江吟社诗存》的第三个内容，是歌咏湄潭的自然风光。湄潭素有"黔北小粮仓"之称，鱼米之乡的农业环境不仅使湄潭"米粮极廉"，留住了浙大颠簸旅程的脚步，供众多的浙大师生生活，优美的自然风光更是成了流亡者的精神栖息之所，"遁迹黔中爱此邦"（祝廉先：《小集农场并登七七亭摄影》），所以湄江吟社的诗人们用他们的笔把美好的景致化为诗句：

> 傍溪缓缓步芳茵，临水静观身外身。
> 柳曳轻丝穿晓露，桃开笑靥醉新春。
> 牧童牛背横吹笛，樵叟山腰乱伐薪。
> 锦绣郊原频远望，归途队队踏青人。
> ——张鸿谟《即景》

这是张鸿谟老师在第二次集会时描写的湄潭的田园风光，芳草绿茵延绵于湄江河畔，伫立着的是临江静观之人，伴随着依依杨柳，沐浴着晶莹晨露，在鲜艳的桃花映照下品味着春的气息。而牧童随意的短笛，樵夫任性的伐薪，锦绣郊原，队队踏青人正自在地行走在归途中组成了一幅世外桃源图。这是一种怎样的生活啊，秀美、静谧、安宁、祥和，是一曲优美的田园牧歌，充满着人生的自由自在，让人那么的流连忘返。

《湄江吟社诗存》中有着众多描写湄潭景观的诗，第五次集会的主题就是"湄潭八景"，每一个成员都以湄潭的景观写下了感受和赞美，钱琢如在诗中描写的湄潭景色是"溪光岚彩交明瑟，画境诗心此浑涵。归鹭不知歌舞事，烟云供养独无惭"。溪光岚彩，雾霭迷蒙，归鹭翩翩，不能不使"画境诗心此浑涵"。王季梁在诗中写道："髣髴江南旧画桥，绿杨低处坐吹箫。远山漠漠云疑树，曲涧淙淙水似潮。夹岸新蒲迷药径，绕垣古木护茶寮。夕阳影里扶栏立，鸦背飞霞极目遥。"一幅幽远的中国山水画，怎不让人沉迷？江问渔在"万竹萧萧拂野烟，石床小坐听流泉"中，听天籁之音，希望"栖生倘许终林壑，悦耳聊堪当管弦"。刘淦芝则认为："山情水意皆如画，风雨阴晴总自宜。更有依依垂岸柳，暗分余翠到诗眉。"苏步青在这景中，则感受到一种闲适："笛声牛背风，笠影羊肠路。碧润小桥栏，斜阳红又暮。"

在"芳草萋萋河畔，春播滟滟桥边"（江问渔《春日湄居杂咏》），由最初的"移情水竹边"（钱琢如《五言七首》），到融于"松柴炉小初红火，岩水程遥半旧鄩"（刘淦芝《试新茶》）的生活环境，不管是冷静观物，还是物"我"合一，湄潭八景，景景皆美，远山近水，浓淡相宜。湄潭八景诗，每一首都歌颂湄潭美景，诗以景为依托，景因诗而扬色彩。它深深地刻到了浙大师生心灵中，以致若干年后，浙大人还深深地铭记着它，把它称为

"第二故乡"。

《湄江吟社诗存》的内容还十分丰厚,还有"异乡文字交,清兴相助发"(钱琢如《湄江吟社第一集分韵得一字》)的朋友在精神上的互相砥砺,有朋友分别再见的欢心:"一代畴人四海知,庄谐谈笑尽相宜,诗余欲乱叔原词。万里重来临蜀道,几年空自寄相思,未曾归去一街圮。"(郑晓沧《皖溪纱·奉和苏教授步青宠赠》)还有咏日常生活,如第四次集会时苏步青生了一对儿女大家所写的贺诗,等等。由于篇幅的限制,本文就主要内容进行评述,更多的内容留待另文讨论。

三、《湄江吟社诗存》的艺术特色

《湄江吟社诗存》中的诗,都是旧体诗。旧体诗歌作为中华民族传统文化中的一颗璀璨的明珠,因其短小精致、简洁生动、含蓄而富有张力,才能在千年之后继续散发着独特的魅力,成为中华文明长盛不衰的命脉,代表了中华民族传统文学最高的审美境界。《湄江吟社》的诗人,并不是专攻于诗的学者,他们都各有自己的专业方向,但在抗日战争的背景下,这些有着中西文化教育背景的浙大教授,选取旧体诗体裁进行创作,有意无意中传承着古老的中华文明,彰显了深厚的中华文化底蕴。

这种底蕴首先表现在诗歌对韵律、意象、比兴、形象、精炼等的技法的运用上。诗集中的诗,大多属于"命题作文",这里的"命题",不是对写作的内容进行规定,而是对诗人们写诗时的押韵作出规定,如第一次集会,就规定了"以朱晦庵诗句无边光景一时新七字为韵,体不拘",第二次集会"以东坡诗句春江水暖鸭先知为韵"等等。对韵律的规定,既表现为对传统诗美的承继,同时使诗韵脚节简,具有规范之美。它从某种意义上来说,是"戴着镣铐跳舞",但也正如闻一多先生所说,越是有才能的诗人,跳得越好。湄江吟社的诗人们,都在这一规范中,充分地展示了他们在传统文化浸润下卓越的表达才能。

在意象的选取上,诗人们同样表现出深厚的传统文化素养,诗中的意象,既是日常所见,富有自然特征和生活特点,又带有浓郁的古典特征,"粟黍""江南""杜鹃""芳草""烟雨""天涯"等意象,是旧体诗中的常用意象,而湄江吟社诗人们的重用,使表达的意蕴蕴藉而又明朗,平淡醇厚。

这种底蕴表现在表达手法上,主要表现为大量的用典。用典,是指用过去之事来表达当前之情。因此,用典既要符合历史意义,还必须符合眼前之情,这样,才能使诗情思隽永,耐人寻味。在前所举苏步青的《满江红》,就用了金昌绪的《金缕曲》,班固的《汉书·终军传》《南史·梁江淹》,陶渊明的故事等,古典今用,古今愈合,别有韵味。将诗人心理曲折地表达出来。中国诗歌讲求的是以含蓄取胜,用典使诗人的情感和心理表达更为准确,避免了简单直露,一览无余。如《满江红》一诗,用典虽多,但组织严密,灵活巧妙,将实写与典故巧妙地结合为一体,从而达到推陈出新的效果。正如《诗人玉屑》中所说"用事能令如己出,天然浑厚,乃可言诗",湄江吟社诗人的用典,自然明快,不着痕迹,使诗凝练而蕴涵深厚。

《湄江吟社诗存》中还体现出另一美学特征,即通俗流畅,明朗天然。诗人们或朴素、或凝重、或清新的写作风格直面现实,写景状物,抒情达意,使诗读起来鲜活自然、音韵和谐、节奏明快。如张鸿谟《湄江秋思得初字》:"雨后山光似画图,湄江揽胜两年余。乡关每日空翘企,烽火何时尽扫除。抛卷偶从人睡后,思亲最是菊开初。灯黄菊绿情深处,梦魂连宵返故庐。"全诗通俗易懂,明白晓畅。

表现的风格上,体现出一种"哀而不怨"的风格特征。《湄江吟社诗》中的诗,由于作者众多,各有个性,但大多表现为感时思乡。抗战使他们迁徙流亡,离乡背井,容易形成感时伤怀的情调,但作为学人的创作,诗中虽写了离乱之苦,爱国之情,但这种情感不是直接披露,而是通过具体的物象呈现出的。学者的理性使他们清楚地认识到,"空言救国果何裨,行己是否知有耻",他们积极投身于所从事的科学事业中,脚踏实地地做好本职工作,因此,怀乡的情绪虽浓,但不感伤,而更多的是积极乐观的爱国主义坚守,诗多体现了一种理性美。其节奏鲜明、音韵和谐,整个诗歌的整体基调就显得平和顺畅。

总之,在诗人笔下,情与景融,意与境和不是某一个诗人的追求,而是作为一种整体风格体现在诗歌中的。诗歌创作的最高境就是融情于景,以景写情,从而实现情景交融的艺术境界,而湄江吟社诗人群将理性文化精神贯穿于诗中,将情景与理性融为一体,使诗意浓郁,意味悠长,具有丰厚的人文内涵。

参考文献

[1] 贵州省遵义地方志编纂委员会. 浙江大学在遵义[M]. 浙江大学出版社，1990：1，16.

[2] 谢泳. 逝去的年代：中国自由知识分子的命运[M]. 北京：文化艺术出版社，1999.

[3] 钱理群，温如敏，吴福辉. 中国现代文学三十年[M]. 北京：北京大学出版社，1998：346.

[4] 杨东平. 重温大学精神[M]. 北京：文汇出版社，2003.

修改成文于 2017 年 3 月

谁谓荼苦，其甘如荠

——《湄江吟社》咏茶诗词赏析

刘 丽

　　茶诗指"专写茶的诗"或"诗中写有茶"的诗。中国是一个诗的国度，《诗经》中的"荼"这种苦菜就是茶，《诗经·大雅·绵》中有"周原膴膴，堇荼如饴"的诗句，《诗经·邶风·谷风》有："谁谓荼苦，其甘如荠。"许慎《说文》认为：荼、茶同为一物。由此观之，茶与诗的结合由来已久。诗歌史上吟咏茶事的诗词有几千首之多，唐宋时期很多名诗人都吟咏有茶诗，其中黄庭坚的《阮郎归》与《煎茶赋》还写了遵义务川的都濡高株茶，"黔中桃李可寻芳，摘茶人自忙。月团犀胯斗园方，研膏人焙香；青箬裹，绛纱囊，品高闻外江。酒阑传碗舞红裳，都濡春味长。"《煎茶赋》云："今往黔州都濡月兔两饼，施州入香六饼，试将焙碾尝。都濡在刘氏时贡炮也，味殊厚。恨此方难得真好事者耳。"其实唐代陆羽在《茶经》中就已经提到了"都濡高株茶"认为"其味甚佳"。在这些记述茶的诗文作品中，记述茶是一个内容，品茶、食茶更是一种心态，将饮茶与人生处世哲学相结合，以茶的品质表达人的精神追求。

　　茶的核心是茶道，茶道是由茶引发的思想和审美境界。陆羽的《茶经》认为"茶之为用，味至寒，为饮，最宜精行俭德之人"。将饮茶与德行相提并论，唐代刘贞亮则在《茶十德》一诗中将茶德推广为"以茶散郁气、以茶驱睡意、以茶养生气、以茶除病气、以茶利礼仁、以茶表敬意、以茶赏味、以茶修身、以茶雅心、以茶行道"。皎然在《饮茶歌·诮崔石使君》也说：" 一饮涤错寐，情来朗爽满天地。再饮清我神，忽如飞雨洒轻尘。三饮便得道，何须苦心破烦恼。" 认为"此物清高世莫知"，看中茶的超凡脱俗。宋代，产生了宋徽宗的《大观茶论》、蔡襄的《茶录》、熊蕃《宣和北苑贡茶录》等专著，推动了茶文化的发展，僧人刘元甫开设的茶禅道场，正是在这样的文化环境中确立了"和、静、清、寂"的茶堂清规，将茶的品质定位于内在的人格品性，他的思想直接影响到日本茶道。从此以后，茶的"精行俭德"与茶的"致清导和，韵高致静"，就成为中国茶道的精髓所在。

1937 年卢沟桥事变后，日寇横扫华北，进逼东南，大片国土沦丧，经过两年半的时间，浙大终于在颠沛流离中找到了一个相对安定的落脚点——遵义、湄潭。并成立了"湄江吟社"，定期聚集，以抒发他们忧国怀乡之情，表现其在国事艰难时期吃苦耐劳、积极乐观、坚守不渝的人格。"记存一段文字因缘，藉为他日雪泥之证"。其中湄江吟社的第四次集会时间，正是茶叶的丰收时节，时任中央农业实验所湄潭茶场场长的刘淦芝教授邀请浙大教授品评新茶，以助诗兴，于是就有了以咏新茶为题的十六首诗和四首词。这些咏茶诗，深深地渗透茶的"德""品"，不仅有"和、静、清、寂"，更有"精行俭德"。在品茶论道中，我们读到的是"高节伴灵筠""竹窗一几话松筠"，具有屈原一样的节操与品行，松竹一样的气节，这是浙大教授的"德"；"若余犹得清中味，香细了无佛室尘"，这是浙大教授的"清""寂"，"乱世山居无异珍，聊将雀舌献嘉宾""小集湄滨试茗新，争将健笔为传神"，这是浙大教授的"和"，茶性之洁与人的品性高洁紧密相连，"茶德"与"茶品"丝丝相扣，既是咏茶，又是明志，与中国传统文化精神一脉相承。

湄江吟社咏茶诗的第一首是王季梁的《试新茶得"人"字》，"刘郎河洛豪爽人，买山种茶湄水滨。才高更复嗜文艺，欲为诗社款诗神。许分清品胜龙井，一盏定叫四壁春。钱公喜极急折柬，净扫小阁无纤尘。大铛小碗尽罗列，呼僮汲水燃垆薪。寒泉才沸泻碧玉，一瓯泛绿流芳茵。浮杯已觉风生肘，引盏更若云随身。岂必武夷生九曲，且效北苑来三巡。饮罢文思得神助，满座诗意咸蓁蓁。嗟予本是天台客，石梁采茗时经旬。名山一别隔烟海，东南怅望迷天垠。安得乘风返乡国，竹窗一几话松筠。"诗一开始，将受刘淦芝先生邀请喝新茶的心情展露无遗，"急折柬""净扫小阁""尽罗列""呼童汲水",忙得不亦乐乎,原因是"许分清品胜龙井",湄江的茶是否也和西湖龙井一样?清冽的泉水,玉一般碧绿的茶色,煮沸时的香气,使饮者通体清新,一种飘飘欲仙之感油然而生。茶让人获得了灵感,满座诗友诗兴盎然,争先恐后赋佳句,让人珍惜并热爱生活,也让人怀想曾经的生活情景,"石梁采茗时经旬"。浙江天台县石梁,诗人的家乡,春季采茶,一幕幕浮现眼前,遥望远隔千山万水的家乡,却是"隔天海""迷天垠"。茶勾起了诗人心中的伤痛和迷茫,茫茫天涯路,何时归故乡?但诗人并不悲观,而是希望有朝一日回到故乡,再来品评故乡的茶,再来品评身处逆境的人,看谁更具有松筠一样气节。茶让人更珍惜热爱生活。

如果说王季梁的诗从茶品坚定人品,江问渔则在品茶中表达了"倦游"他乡的豁达、战乱之中难得的闲情。"座中都是倦游人,云海相望寄此身。梦醒何堪惊久客,诗成多为惜余春。万山雨霁忽争褒,一室茶香共试新。龙井清泉无恙否,西湖回首总伤神。"在一个"惊"和"惜"字中,被打乱了、匆匆春又归去、客居他乡之痛,在清涩新茶的之中得到化解,在试新茶中,诗人领悟到,万山之绿不会因诗人之痛而黯淡,大自然的规律突然之间用翠绿给我们打扮出一个生机勃勃的世界,让你不得不由衷赞美。新茶带来的满室茶香,新茶也带来了无限春光,新茶带来的更是美好的期盼,荡涤心扉,洗涤困倦。

《第四次吟课,同社诸君子多专以"咏试新茶"为题,亲切有味,自是正宗,余亦戏效颦成此一律》一诗:"玉露初尝一盏新,争夸博士好精神。顿教诗思清于水,更化愁怀和若春。风味可能同往岁,品题何必待他人。劝君莫起莼鲈感,三竺双湄亦比邻。"继续表达饮茶给人带来的心境平和。"玉露初尝一盏新",陆羽《茶经》云:"茶之为用,味至寒,为饮最宜精行俭德之人,若热渴、凝闷、脑疼、目涩、四支烦、百节不舒,聊四五啜,与醍醐、甘露抗衡也。"茶的清香如春风沐浴,化解了西迁的劳顿与愁苦,于是诗人诗兴大发,思如泉涌,清雅闲淡,一派祥和。茶的清冽犹如诗的清纯,诗的清新来自人的清洁,茶品、诗品、人品和谐为一体。刘禹锡在《谢赐新茶》中说:"采撷至贵重,自远爱来,以新为贵,捧而观妙。"新茶在人们眼中一直是非常珍贵的,每当新茶出来,人们总以品茗为雅,"风味可能同往岁",茶与往年也许没有什么不同,但品评题叙的地点不同了,只要你感受到了茶的好,那就是人生的好,没有必要等待回到杭州,他乡亦是故乡,人生既不要受名利拘束而远离故乡,也不能因坎坷远离故土就失意,人最应该做的,就是珍惜眼前生活,像茶一样,在任何地方都能生长出芬芳。因此劝慰座中诸人不必一味沉浸在思乡的痛苦当中,表达了诗人达观的人生态度。

祝廉先在品味湄江新茶时,兴致最高,一连写下了五首诗歌,表达了品茶的快意和恶劣环境下人格的坚守。

> 曾闻佳茗似佳人,更喜高僧不染尘。秀撷辩才龙井好,寒斟惠远虎溪新。
> 赏真应识初回味,耐久还如古逸民。睡起一瓯甘露似,时时香透隔生春。

> 舌耕久旱不生津,检校茶经也快人。老去参军怜渴吻,近来博士喜摇唇。
> 窗前山好诗俱好,涧底泉新火亦新。佳境每从清苦得,芳甘原属岁寒身。

> 岭南岭北接烟尘,幸有云山寄此身。细品一杯龙凤饼,闲邀几辈乱离人。
> 琴中渌水声如沸,茗上春旂色转新。斗酒不辞千日醉,斗茶清兴更无伦。

> 莫笑年来老病身,依然无处不天真。八叉偶得呕心句,三碗随消渴肺尘。
> 活水还须煎活火,劳薪慎勿饷劳人。试茶亭上今何似,狐兔纵横长棘榛。

> 余甘风味剧清纯,曾向苕溪访隐沦。谷雨芳辰挑紫笋,玉川高节伴灵筠。
> 眼生鱼蟹和云搅,旗动龙蛇得水伸。安得令晖供午碗,粲花妙舌不饶人。

第一首诗"曾闻佳茗与佳人",从视觉、嗅觉到味觉,将诗人品茶不可言传的感受,转化为具体可感、美妙动人的形象,传达出品茶的审美愉悦,接着用辩才和尚及惠远的典故,写出诗人们无拘无束、任意而为、自然率性的追求及对社会平和的期望。茶香持久,茶品真淳,犹如古时的辩才、惠远等隐逸之士,其性自然,其德无疆,令人无限回味、向往。接着在第二首诗中写湄茶味正香淳,消闷解乏,得源于湄潭风光旖旎,山清水秀,景色宜人,也得源于刘淦之先生的精心试制,"山好""诗好""泉新""火新",将其愉悦之情推向了极致。"佳境每从清苦得,芳甘原属岁寒身。"品

谁谓茶苦，其甘如荠

茶如同品人生，苦后方知甜，经历战乱后寄居湄潭，才更深地体会到能安宁的快乐。也正如好的茶叶需要在海拔高湿度重的地方成长，人生也需要艰苦的磨砺。以茶喻人，平凡中寓哲理，展示了诗人穷且益坚的坚韧品质。第三首写寄身湄潭，品茗作诗，弹琴戏水，把酒斗茶，清心寡欲，自得自在。战争毁掉了中国人的常态生活，战争无法销毁中国人传统的文化生活。在乱离之中，弹着古曲《渌水》，仿佛听到清澈的水煮茶的声音，仿佛看到春茶带来的春色。清茶冲淡了清苦，荡涤了尘垢，在茶清雅品味中，知识分子的应有节操，诗人的心性追求恰到好处地融为了一体。第四首写清新的湄江茶，流动的活水，充满生机以活力，洗掉了诗人身心的烟尘，使诗人在自然天地之中，任性而为，惬意可心。然而，"劳薪慎勿饷劳人"的重字和典故运用，使我们看到诗人隐藏于心的感伤，狐兔纵横，冉冉老迈，何时返乡？茶能解忧，但也最能勾起国破家亡之痛。第五首通过写品行高洁的卢仝、屈原等隐逸高士，从品茶的情态和效果中表达诗人的人格品性。"安得令晖供午碗，粲花妙舌不饶人。"前边第二首诗写"舌耕久旱不生津"，此时却是"粲花妙舌不饶人"，从侧面表现出茶的功效，也说明湄潭茶质之好。

面对湄潭新茶，苏步青更是感慨万千，一口气写下了七首诗词，"客中何处可相亲，碧瓦楼台绿水滨。玉碗新承龙井露，冰瓷初泛武夷春。皱漪雪浪纤纤叶，亏月云团细细尘。最是轻烟悠扬里，鬓丝几缕未归人。翠色清香味可亲，谁家栽傍碧江滨。摘来和露芽方嫩，焙后因风室尽春。当酒一瓯家万里，偷闲半日尘无尘。荷亭逭暑堪留客，何必寻僧学雅人。祁门龙井渺难亲，品茗强宽湄水滨。乳雾看凝金掌露，冰心好试玉壶春。苦余犹得清中味，香细了无佛室尘。输与绮窗消永昼，落花庭院酒醒人。"从"客中何处可相亲"的寻觅，到"碧瓦楼台绿水滨"的诗友相聚，碾茶、煮茶、茶香缭绕中的"鬓丝几缕未归人"，时间之快，感慨之浓，画面感极强，时间好像被浓缩了，愁思染鬓的过程就在一瞬间完成。一松一紧，一张一弛，兴亡之感在品茶的闲情之中得以强化。然而，终究是"翠色清香味可亲，"静寂、清淡、高雅的茶之味，生机勃勃的大自然之味，让人感受家的味道、和谐的喜悦。在茶清香氤氲的气氛中，将杂念沉淀，将心中的阴霾扫走，让心灵澄明，不再为羁旅他乡所困，不为"何处可相亲"所烦，在旷达的人生中，静下心来领略茶的万种风情，品雅致，避炎热，脱俗情，求宁静。饮茶是一种心境，很多滋味都在一个自我感受，在顺境和逆境保持心境的平和，以平常心对待一切，就是参禅悟道。在日常品评中，随缘自便，这就是茶的真味，也是浙大文人的人生态度。但毕竟湄江不是钱塘江，西南不是江南，"祁门龙井渺难亲"，家乡沉沦是客观存在的事实，想家的滋味不是在禅中可以化解，所以，在前一首诗中，看是平息了内心的思绪，不过是"强自宽心"。由此可见，亡国之痛之深切难已。"乳雾看凝金掌露，冰心好试玉壶春。"化用王昌龄"一片冰心在玉壶"的诗句，在如烟似梦的茶雾中，如看到像冰一样晶莹纯净高洁透明的心。人品高雅，人事和谐，满屋生春。这三首诗组成一组，韵式完全相同，均为"滨、春、尘、人"，在整齐划一中又显灵动，在韵律上给人一种和谐的美。

接着，苏步青又用词的形式再次强化了饮茶思乡的情感：

山县寂寥春已半，南郊茶室偏幽。一瓯绿泛细烟浮。清香逾玉露，逸韵记杭州。几日行云何处去，垂杨堪系归舟。天涯底事苦淹留。草青江上路，人老海西头。（《临江仙·前人》）

归梦几时无？醒后依然万里余。相对残灯听夜雨，胡涂。认作水乡渔火孤。乱里数迁居，犹得羁栖读故书。不待鸡鸣先起舞，何如？只怕秋风白鬓须。

湖上木兰挠，滑碧琉璃第几桥？曾约品茶龙井寺，迢迢。水色山光一样娇。旧事合魂销，况是新愁未肯饶。绿柳长堤音讯绝，无聊。想见江头早晚潮。

纤指弄哀筝，回首念年一梦惊。记得轻寒离别夜，无声。春雨楼头坠早樱。何处诉衷情，锦字蛮笺写不成。纵许和伊通讯问，凄清。万里烽烟客泪零。（《南乡子·前人》）

在偏幽的南郊茶室，品着淡洁精清的茶，如空谷之幽兰，高贵典雅，让人忘却红尘，有如隐逸之民，充满平和独立，飘逸自在。这是杭州的古韵啊，"虎溪三笑""三癸亭""斗茶"等，都是杭州的茶俗茶趣，而今安在？在茶的清芳中，让思乡的情结在内心深处脉脉流动，让家乡杭州深深载入诗歌吧。思乡，是中国古典诗词的一个重要主题，佳句颇多，"望阙云遮眼，思乡雨滴心""露从今夜白,月是故乡明"。"举头望明月,低头思故乡",思乡的情感是那么的绵长悠远,与饮茶静虑似乎有些矛盾,然而,正是这种绵长悠远,与茶的回味相同,启唇品评,苦涩中含有芳香;香醇甘美,简洁绵长。

在《南乡子》这组词中,起笔似乎不写茶了,是在写"梦""残灯""夜雨""渔火""鸡鸣""秋风"等,但是时时归家梦,天天不得归。归家的急迫和不能归家的无奈,梦中之归与醒后的不能归对比,将疼痛的伤口拉裂开来,清晰地展示了诗人的心理落差。而"残灯""夜雨"意象,让人仿佛听到李商隐在唱"竹坞无尘水槛清,相思迢递隔重城。秋阴不散霜飞晚,留得枯荷听雨声"。漫漫长夜,何时了结?灯为孤灯,雨是夜雨,时间是梦醒之后,心无所依归,情无处倾诉,那淅淅沥沥的春雨,敲打在屋顶及周围的树叶上,那错落有致的声响,对漫漫长夜中无法入睡的诗人,是一种怎样的声韵?凄清、酸楚,不愿再听,不得不听。这样的景致,给本就不够明朗的心境,怎不又抹上了一层灰色?词押"七虞"韵,在音律上给人一种低回缠绵感。但苏步青不是李商隐,他没有沉溺在哀痛之中,一声"胡涂"表明了他的惊醒,为下片的情感转换奠定了基础。在春雨"滴答滴答"的旋律中,生命深处的感念油然而生:人生如梦,年华如轮,抓住现实,热爱生命,收获了一片沉淀苍凉和感伤后的宁静。读书,闻鸡起舞,"只怕秋风白鬓须",担心忧愁使人老,担心时光催人老,担心回家人已老。面对时局,诗人不再感伤,而是给世人的告诫:不要虚度人生,不要因为身处逆境就自甘堕落,而是要胸怀大志,坚信胜利。词没有提到"茶"字,但是在品茶中获得的人生感悟,在纷杂的世事中,坦对枯荣,静观浮沉,能保持心灵的豁达与宁静;在生命的守望与历练中,能更加成熟和坚强诗人的心,这正是茶的"乐生"精神。第二首依然表现家国之痛,写西湖,写龙井茶,写故乡旧事,用"迢迢"两字,简洁而又生动地表明,故乡遥不可及,只能在回忆中再现,挥之不去的乡愁,"合魂销"的旧事,让人思绪飞扬,家事国事天下事,历史现实未来,每件事都总叫人魂牵梦绕,每件事都让人放不下心来。但诗人同样没有沉溺其中,而是认为,湄潭与西湖,两地的山光水色是一样的美好,一样的让人生充满感官的愉悦和审美的情趣。品的是湄潭新茶,咀嚼的是故乡的滋味,珍惜眼前生活的达观——展现出来。第三首由饮茶而思亲念远。看到春雨砸坠了树上的樱花，仿佛听到恋人哀切的古筝，心也如樱花般地纷纷委地，"花谢花飞飞满天，红消香断有谁怜。"没有人给予安慰，没有认可倾诉哀伤，没有寄予思念的"锦书"，也没有人给予问候的彩笺，思念的情感啊，寄放何处？由饮茶而思亲念远，在古典诗词中有不少的抒写，它实际上体现出的茶中所具有的儒家文化品质，亲亲，"和"友，喝着好茶，就想到家，想到家中之人，想到那一份依依难舍的情感，想到平安和谐的家园，想到国家的和平安宁，想着不堪想的战事……这茶，所品的滋味就丰富不已了；这茶，也就不仅仅是茶本身，而是中国的人生。

二十首诗词中，胡哲敷的《试新茶》，赞美湄茶之好，抒发怀念故乡之情。"萧萧寒雨竟三春，先得龙牙信可珍。活水名泉烹蟹眼，天香国色论佳人。初尝清液心如醉，细嚼回甘气益醇。何必琼酥方快意，良宵一例慰嘉宾。龙井名茶何处真，武林峰锁翠云频。忘忧不用求萱草，新绿曾经念故人。清液一杯权当酒，玉川七碗倍生春。河山锦绣今奚似，话到西湖泪满巾。"湄潭山清水秀，溪流纵横，处处"活水"，虽无名泉但胜于名泉。因此用清澈的泉水煮高贵的"龙芽"，冒出"蟹眼"的初沸之水泡出的新茶，其饱满秀丽，色泽碧嫩光滑，犹如国色天香之佳人，让人深感作为"灵草"的无穷韵味，也让人再次品味到两腋清风生的飘然。品茶与喝茶不同，喝茶是满足解渴的生理需求，品茶则是重于"品"，在细细品味中，体验茶的独特韵味，从而获得一种精神上的美的享受，进入一种"临风一吸心自省，此意莫与他人传"的美妙境界。茶带来愉悦的感受和由此幻化出意境：松涛、田园、高山、流水，将人紧张的压力、烦恼的心情带入一个轻松、闲适的氛围中，使人清心静志。湄潭新茶的丰富耐品，不正如人生之九曲回旋？茶的真味就是生活的真味。由喝茶自然联想到杭州茶肆饮俗，杭州正是诗人的家乡，诗人正是浸泡在那样的文化氛围中长大的，触茶生情，以茶说事，情感一波三叠，淋漓微妙。

张鸿谟《试新茶》虽也写了乡思，但更多的是表达诗人与诗友们聚饮时欢愉的情态及其对湄潭"龙井"茶的喜爱。"小集湄滨试茗新，争将健笔为传神。露香幽寂常留舌，花乳轻圆每滞唇。不负茶经称博士，更怜玉局拟佳人。来年若返杭州去，方识龙泓自有真。""露香幽寂""花乳轻圆"，

谁谓茶苦，其甘如荠

在视觉、味觉上都给人一种审美感受，刘淦芝对茶的精心培植，使湄茶列入"佳人"之列，在品评湄江茶的美好时刻，诗人想起了故乡，故乡是"龙井"发源地，"西湖龙井"的美名，已经不是一个茶字能了结的。湄江茶好，但不是来自家乡，湄江茶好，但是在异乡品尝，心中总是留下隐隐缺憾。期待来年能回到杭州，品尝故乡之茶，那是真正的龙井，那是家乡的味道。

钱琢如《试新茶得人字》写暮春品茶，茶香氤氲，在精细的煮茶过程中，修行宁静，心中不悦也消失于专注之中。"诗送落英眉未伸，玉川畅饮便骄人。乳花泛绿香初散，谏果回甘味最真。旧雨来时虚室白，清风生处满城春。漫夸越客揉焙法，话到西湖总怆神。"心平气和的心态，是品味茶美的最佳心境。饮茶使人进入清澈明朗的境界，心境决定环境，茶让人感到如清风扑面，满城芬芳；满目的春色使人心旷神怡。茶的清香来源于对茶的制作过程中细心和耐心的"揉焙"，正是这种"揉焙"的制茶技艺，让人联想到故乡西湖，沦陷的故土，而今怎样？心中的痛，一带即出，让人感到说不尽的悲怆。

刘淦芝是这次集会的发起人，也是试新茶活动的组织者与主角，他的《试新茶》起笔就交代了集会试新茶的时间地点，展现了诗人一种谦和的态度和待客之热情。"乱世山居无异珍，聊将雀舌献嘉宾。松柴炉小初红火，岩水程遥半旧甄。闻到银针香胜酒，尝来玉露气如春。诗成漫说增清兴，倘许偷闲学古人。"在乱世山居的环境中，能请来浙大师友，以茶资诗兴，在主客相聚中高谈阔论，是难得精神慰藉，在茶中获得共同的生命体认，诗人们写诗酬兴，相互唱和，评诗品茶，说禅论道，内心尘虑尽扫，烦邪涤荡而去，在品评茗茶中获得精神愉悦。诗人希望像古人那样，从容品茗，在这难得的"闲适"环境中体味生命真意，将茶之神韵、禅之空寂、儒之中庸，浓缩在这雅致的品茗中，洗尽俗气、脱胎换骨，人茶两忘。

饮茶是中国人传统的生活方式，茶承载着中国传统文化的血脉。在湄江吟社诗人与茶对话中，我们看到它更多的是一种唤起乡愁的记忆，茶就是"家乡"的滋味，茶就是诗人的情操，茶就是祖国的文化。家乡虽暂时沉沦，但每个诗人在品茶时，都能感受到故乡渗透于心底的情结，都能感受到中国传统文化的平和清洁，坚韧柔硬，大德大美，也有受西方文化影响的自由独立。生命的本质是自由，对文人来说，自在自为、优雅闲逸是自由的重要内容，但是由于社会现实中的种种因素如环境、制度等，往往制约人们不能获得自由。因此文人饮茶是一种人生追求，在属人的时候多，属我的时间少的环境下，品茶可以摆脱各种束缚，让心灵得以自在，虽然这是暂时的，但是也足以让他们得到精神上的慰藉而后继续前行。就此而言，茶为他们提供自由的心灵空间，提供了才华施展的场所，在茶里他们尽情享受心灵的自由，享受诗意化的人生，让文人理想与文人情怀落到实处。

不辍吟歌在水湄

——论浙大西迁遵义期间苏步青的诗词创作

唐燕飞

"既是一位精通逻辑思维的杰出数学家，又是一个擅长形象思维的出色诗人"[1]，这是王增藩在《苏步青传》中对著名数学家苏步青教授的评价。苏步青不仅在数学研究方面取得了巨大的成就，而且在古典诗词创作方面也表现出过人的学养与才华，留下了500多件诗词作品。在浙大西迁遵义期间，虽然生活艰苦、工作繁重，仍然吟咏不断，佳作迭出。20世纪80年代，苏步青为湄潭中学校庆题诗，其中"平生最是难忘处，扬子湄潭浙水边"一句，表达了他对在湄潭工作的那段经历的深刻记忆与深厚情感。

1940年年初苏步青携家人随浙江大学师生迁到贵州遵义及湄潭，与著名生物学家罗宗洛一家合住在城南湄水桥边名朝贺寺的一所破庙里，一边担任数学系主任进行教学，一边兼任数学研究所所长，继续开展射影微分几何学等研究工作，近7年之久。

1943年2月28日，由苏步青、钱琢如等人发起，在教师中成立"湄江吟社"。开始社员为苏步青、江问渔、王季梁、祝廉先、钱宝琮、胡哲敷、胡鸿谟7人，后来又增加了刘淦芝、郑晓沧2人，一共9人。

苏步青在授课与科研之余，雅兴不减，吟咏出不少隽永诗篇。除了湄江吟社八次集会所作外，尚有不少叙事写景抒情及与亲友赠答唱和的作品。在遵义创作的这数十首诗词作品中，多抒写其忧患之思、沉郁之情。由于战乱而背井离乡，对身世遭际的喟叹、对家乡亲人的思念成为他作品的一大主题；深沉的忧世伤生情感、巧妙的意象选择与营造、深厚的古典文学功底、娴熟的诗词写作艺术，则是他作品的主要特色。

一、记叙生活境况，吟咏黔地风物

苏步青用诗词真实而生动地记录了他在浙大西迁遵义期间的生活境况，这是当时浙大教授们的普遍处境，所以他在诗词中的描写具有代表性。"乱里数迁居，犹得羁栖读故书。不待鸡鸣先起舞，何如，只恐秋风白鬓须。"(《南乡子》)这是写浙大为了躲避日军的破坏，进行多次艰难的迁徙。先是迁浙西天目山、建德，然后是江西吉安、泰和，之后又迁广西宜山，1940年2月终落脚于贵州遵义、湄潭。尽管流离失所，苏步青仍然读书不辍，且每日闻鸡起舞，只是为了不虚度光阴，生怕闲愁白发而一事无成。

黉舍立三处，近蜀似依刘。十年旧雨重聚，杯酒为公酬。忆昔东西行役，公独任劳任怨，风月伴离愁。对菊倩吟句，此兴尚存否？湄潭好，鱼米国，可淹留。男儿磊落，何须泪洒古播州，且酌茅台香醑，应舞龙泉长剑，听我醉中讴。乱后故人少，况复断乡邮。——《水调歌头·劝饮郑公晓沧，用朱锡曾韵》

浙大将校址迁至遵义后，当时有文、理、工、农、师范5个学院，因房舍不够，便将校本部及文学院、工学院、师范文科设在遵义，理学院、农学院及师范理科搬到湄潭，一年级新生则在湄潭永兴上课，是为"黉舍立三处"。苏步青在湄潭与阔别多年的老友郑晓沧相会，不但设酒宴接风，而且劝对方留下。他认为男儿襟怀磊落，志在四方，不会因僻处遵义（古播州）就黯然洒泪。郑晓沧后果留在遵义湄潭，并成为湄江吟社九君子之一。

在湄江吟社第二次集会时，苏步青写的这首七律可以说是他在湄地执教期间复杂心情的真实写照：

先生疏放已忘年，时乱勉扶诗教鞭。开眼频忧尘世险，学文敢望古人先。曾批奥蕴周脾句，懒窜支离汉历篇。两袖清风双短鬓，悠然坦卧海西边。

虽然心忧时乱世险，仍要传承诗文，勉力教学。曾经精研数学学理，如今却宁可悠然坦卧，疏放度日。这是他当时面对现实既愤激又无奈的一种表达。

浙大在湄潭借庙宇宫观上课，图书馆设在湄潭文庙，文庙左侧为文昌阁。闲暇之际，苏步青便去附近的文昌阁拾级凭栏，临风眺远。在《早春登湄潭文昌阁》一诗中，苏步青既写出了自己沿途所见景物："红墙隐约出林端，野径荒凉拾级难。百曲流从危壁下，半天烟锁小城寒。"又写出了自己登临文昌阁时的心情："穷边文废空留阁，避地人来独倚栏。落日休愁归去晚，花痕柳意待重看。"早春时节，本应是万物复苏、生机勃发的景象，但由于国难当头，前途未卜，苏步青不免心情沉重，诗中充满荒凉寒漠之感。

小城三度见东风，依旧羁栖叠嶂中。染水无因愚柳子，接䍦何事醉山公。老犹栽竹忧人俗，穷不废吟希句工。桃李满园春好在，五湖归计未应空。

这首《春日感怀》是苏步青到遵义湄潭后的第三年所作，故有"小城三度见东风"之叹，接下来用柳宗元和山简的典故，抒发超脱的情趣。"老犹栽竹忧人俗，穷不废吟希句工"，则通过种竹吟诗的举动表达自己在困境中高雅不俗的追求。

干戈岁久梦乡疏，每到秋来忆故居。几树江枫丹叶后，一灯夜雨白头初。
哀时文字因人读，种菊庭园课子锄。湄水无潮复无雁，不知何处得家书。

七律《湄江秋思》写自己因避乱于湄潭多年，每到秋天总会引发思乡之愁。在悲愤与无奈中，一边诵读哀时的文字，一边教孩子在庭园锄土种菊。除了种菊，还种菜。苏步青当时与日本籍夫人松本米子及六个孩子住在破庙里，因战时物价飞涨，生活拮据，便在庙旁开辟了一块地种菜，一家人"长期吃番薯干蘸盐巴度日"。[2]苏步青曾经写了一首小诗，聊以自慰：

半亩向阳地，全家仰菜根。曲渠通雨水，密栅远鸡豚。
丰歉谁能补，辛勤共尔沦。隐居哪可及，担月过黄昏。

这块地是全家菜肴的主要来源，所以疏通渠道接雨水灌溉田地，扎密栅栏防备鸡豚来啄食菜叶，辛勤耕种，自给自足。

清苦的生活，使苏步青在睡梦中也备尝乱离及困顿之感。且看他的《纪梦》（并引）：

清明前一夕，梦漫天火光，仓惶挈眷出走。卜居太白峰边，新屋三间，中室与家兄云霽合作书斋，意豁如也。或曰："从仙台望太白甚高，今傍顶无乃太燥乎？"启户视之，则碧水盈渠。邻有郑晓沧先生自渝来，以牙膏相赠。闻竺校长遣人送釜一，刻中央研究院字样，归见喜而寤。

太白峰边卜客居，仙台别后意何如。乱中欣得联床话，梦里空残满架书。

峰火漫天悲故国，流离无地入华胥。艰难犹见颁膏釜，口腹从今味有余。

诗及引记叙了他的一个梦境：因峰火漫天而携家人客居太白峰，与兄长营建书斋，书籍满架。邻居郑晓沧以牙膏相赠，校长竺可桢又遣人送来一釜，上刻中央研究院字样。自己大喜之下，从梦中醒来。苏家子女较多，食指浩繁，生活的压力很大。梦到他人赠送牙膏及锅具，当是日有所思夜有所梦，可见其家中日常物品之匮乏，连基本的口腹之欲也难以满足。读之令人鼻酸。

这种清苦艰难在《鹧鸪天》中也有体现：

住惯黔中湿漏天，只将离恨上诗篇。句清终让过潭月，屋小浑如载酒船。年又换，岁空添，梅花无梦到愁边。甫能消得残冬雪，犹欠东君几日寒。

黔地阴雨天气，自己虽已习惯，但还是难免会思忆江南，将离恨寄寓诗篇。屋小似船，行动局促，此处恰到好处地化用了黄庭坚《定风波》"万里黔中一漏天，屋居终日似乘船"一句。

虽然过着贫寒劳累的日子，但苏步青对湄潭这座小城充满了感情，曾经作《望江南》进行咏叹：

湄潭好，黉舍是邻居。不辍弦歌离乱里，常明灯下晚晴初，十室九图书。中外事，万卷任翻舒。到处相逢雅语密，一城高僻俗尘疏，谁信在江湖。

苏步青还写了不少诗词来描写湄潭的风光景致与物产。如《湄潭茶场八景》以八首绝句分咏湄江旁湄潭茶场的八处景点：虹桥夕照、隔江挹翠、倚桐待月、树荫垂钓、竹坞听泉、紫薇山馆、杉径午阴、莲台柳浪。这八景乃是浙大学者们在湄潭茶场发现并命名的，所以和西湖十景之名有异曲同工之妙。

又如《游七七亭》：

单衣攀露径，一杖过烟汀。护路双双树，临江七七亭。
客因远游老，山是故乡青。北望能无泪，中原戢血腥。

"七七亭"是临湄江山顶上的一座小木亭，又叫"织女亭"，有双重含义：一是七七事变后，日寇入侵，国破家亡，观此亭可不忘国耻；二是浙大人西迁离家万里，与家人犹如牛郎织女，天各一方，临此亭而引发相思。苏步青游七七亭，既遥想故乡青山如画，又北望中原，感叹战火未休，难回故里。

《试新茶》（三首）、《临江仙·试新茶》则从形（皱漪雪浪纤纤叶）、色（翠色清香味可亲、一瓯绿泛细烟浮）、香（香细了无佛室尘、清香逾玉露）、味（苦余犹得清中味）等对湄潭特产茶叶进行了生动描写。

二、营造特殊意象，表达客居心境

诗词写作在苏步青虽为余事，却也是他情感的投射、思想的结晶，为人们了解乱世时期一位知识分子的内心世界提供了真实生动的艺术参照。在苏步青的诗词中，有两个比较突出的意象，一是"梦"，二是"鸥"。

郑晓沧在《浣溪沙·奉和苏教授步青宠赠》中曾将苏步青与北宋著名词人晏几道相提并论，称其"诗余欲乱叔原词"。"诗余"是词的别称，叔原是晏几道的字。此句意谓苏词与晏词风格相似，几可乱真。晏几道家道中落，身世坎坷，其词充满了忧愁和悲伤，冯煦评之为"古之伤心人"。晏词的一个重要特点便是以梦写情。《小山词》260首词作中，有57首均写了梦境。苏步青在"湄江吟社九君子"中擅长填词。吟社第一次集会时，命以朱熹"无边风景一时新"七字为韵吟咏，其他几位或作古风，或作律诗、绝句，独苏步青填了一首《满江红》。词云：

欲试单衣，寒食近，时还清冷。春正好，河桥台苑，柳晴花暝。细雨青回溪畔草，斜阳红如墙头杏。对空山、寂寂鹧鸪啼，行人听。

追往事，伤流景；千万缕，难重省。怕残宵远梦，被莺催醒。未请长缨投彩笔，先教华发窥明镜。望江南、休说赋归来，荒三径。

这首词上片写初春时节景象，以"细雨""斜阳""空山"突出"清冷"之感受，下片触景生情，回忆往事，勾起对故乡江南的缕缕思念，沉浸在"怕残宵远梦，被莺催醒"。此处之"梦"，为思乡之梦。

在吟社第四次集会时，苏步青填了一组三首《南乡子》，其中有两首即写到了"梦"："归梦几时无？醒后依然万里余"，写返乡归家之梦，梦醒后仍是身在异乡，离家万里，于是不禁感叹：何时才不再做这归家之梦？"纤指弄哀筝，回首念年一梦惊"，追忆当年与夫人松本米子相识时，对方手拨琴弦的动人场面，而如今烽烟四起，客居他方，回首青春年少时光，恍如一梦。

在吟社第七次集会时，苏步青填写了两首《南柯子》咏重阳节。其一云：

重露成涓滴，微飔拂捣衣。六千里外待归期，不道重阳才过已鸿稀。塞上殷勤梦，鬓边自在丝。休教破帽任风吹，记取玉人相念菊花时。

词的上片推己及人，揣想家人在家乡思念自己，感叹鸿雁渐稀，难以传递音讯。下片写自己频繁梦到边塞，令人联想起南唐中主李璟的"细雨梦回鸡塞远" 又令人联想起明代薛论道的《塞上重阳》："茌苒又重阳，拥旌旄倚太行，登临疑是青霄上。天长地长，云茫水茫，胡尘静扫山河壮。"希望能够扫除入侵者带来的征尘与战火。这是由于身处战争时期的离乱之梦。

此外，"晓梦逐残月，朝露恋朝阳。鸿来燕去何事，人世太匆忙"（《水调歌头·1940年在遵义》），"求是园中桃李，烟雨楼头归梦"（《水调歌头》），"年又换，岁空添，梅花无梦到愁边"（《鹧鸪天》），"万里家乡隔战尘，江南烟雨梦归频，永怀三户可亡秦"（《浣溪沙》）等词句均写到了梦。

在其诗作中，"梦"字随处可见："干戈岁久梦乡疏，每到秋来忆故居。"（《湄江秋思》）"纵得书来家万里，也教魂梦役关山。"（《偶成》其二）"乱中欣得联床话，梦里空残满架书。"（《纪梦》）"终古闲情雷塔照，一春幽梦越溪烟。"（《写奉同人郓政》）"小阁流莺朝梦促，离亭芳草夕阳多。"（《送春》）"兵甲年年成梦寐，箪瓢乐道许追随"（《初冬偶成》其一）"故国莼鲈成幻梦，异乡霜露入须眉"（《初冬偶成》其三）"雁荡山边越水涯，空劳别后梦中思"（《初冬偶成》其五）……梦境，成了苏步青的抒写情感的一种方式。他以梦来追忆前尘往事，抒写忧国忧民、思乡怀人之情，表达乱世如噩梦、人生如幻梦之感,这是一种郁结情感的宣泄方式。

苏步青诗词中还有一个常见的意象是"鸥"。这是在古典诗词中具有相对固定文化含义的一个意象,隐涵了漂泊无依、忘却机心、清高自适等意蕴。如杜甫《旅夜书怀》:"飘飘何所似,天地一沙鸥",李商隐《赠田叟》:"鸥鸟忘机翻浃洽,交亲得路昧平生",黄庭坚《登快阁》:"万里归船弄长笛,此心吾与白鸥盟"等诗句。

苏步青随浙大数次搬迁,居无定所,后来虽然在遵义、湄潭安顿下来,但始终有客居之感。这种感受形诸文字,便是"鸥"意象的频频出现。如他的《夏日遣兴》:

穷居身世似沙鸥,疏懒偏怜夏日愁。读罢槐阴看转午,兴来笠影伴垂钩。闲云叠处千苍狗,旧雨逢时早白头。欲向荷亭逭残暑,溪堂枕簟晚风秋。

诗中他感叹自己穷困漂泊的遭际犹如江上飘渺无定的沙鸥,虽然倚槐乘阴、临江垂钓,在炎炎夏日寻找一份闲适悠然。但天边白云变幻,又令他深感时局的动荡、世事的无常,最后只能期待秋风送爽,让自己的心情获得宁静。

在祸乱频仍、忧患重重的战争年代,希望与鸥鸟为朋,远离网罗与伤害,在这偏远小城里,筑巢自安,磨砺心志。在《送春》中,苏步青表达了这样的意愿:

山城风雨晓来多,尽逐花香上薜萝。春晚轩窗人困顿,日长篱落柳婆娑。忘机渐喜闲鸥社,苦志偏怜拙燕窠。欲忆钱塘昔游处,断云遮雁奈愁何。

在《贺新郎》中,苏步青表达的是强烈的思乡之情。整首词感叹山河破碎,举目所见,尽是疏桐衰柳、落日西风等肃杀景象。自己身在黔地,只能独倚栏杆,看鸥鸟在湄江盘旋飞舞,回忆当年泛舟西湖,在画舸上目送鸥飞的情景。最后思乡之情转为无限怅恨,只能借酒浇愁。

佳节重阳后,渐萧萧、风度疏桐,雨沾衰柳。寂寞东篱霜初下,不道花肥人瘦。又恰是、黄昏时候。独倚栏杆鸥飞处,但斜阳红浸平波透。返景照,闲窗牖。江南尚得山为友,叹青山一入黔山中,半成荒阜。燕子无情归去尽,空剩尘梁似旧。雁过也,乡书乌有。落日西风笙歌远,问当年画舸犹存否？千叠恨，一杯酒。

　　国土的沦陷、家园的丧失、时局的动荡、生活的艰难，让苏步青内心总有一种难以排遣的感伤。就在来湄潭后不久，苏步青刚出生的小儿子便因营养不良而夭折了。由此，我们也可以理解，为何苏步青在黔期间的诗词多悲凉之音，为何总是有世事如"梦"、身世如"鸥"之感喟。

三、运用各种手法，体现精湛诗艺

　　苏步青曾经谈到他与古典诗词的渊源："一辈子同数学打交道，从前整天把时间花在教书、备课和写论文上。所以每到夜晚睡觉之前，总要把自己从小喜欢的唐诗、宋词拿来读它半个小时，然后再去休息。这样做，往往，可以避免数学思维老是在脑子里纠缠不休。时间一长，也学起吟诗填词来了。"他从小酷爱古诗文，曾经回忆自己的童年经常"骑在牛背上一首一首地背诵《千家诗》《唐诗三百首》更是我酷爱的读物"[3]。苏步青13岁开始学写诗，有极为深厚的古典文学素养。他的诗词作品，善于用典及化用前人诗文，在格律方面也非常严谨，并能采用不同的诗歌技巧进行创作。

　　且看他在湄江吟社第一次集会时所填《满江红》（见前文）即化用了周邦彦《六丑》中的"正单衣试酒"，晏几道《木兰花》中的"墙头丹杏雨余花"，李群玉《九子坡闻鹧鸪》中的"鹧鸪啼处远人行"，张先《天仙子》中的："临晚镜，伤流景，往事后期空记省"，苏轼《水龙吟·次韵章质夫杨花词》中的："又还被莺呼起"，朱孝臧《还京乐》的"脉脉窥华发，清霜飞上明镜"等词句。"长缨"典出《汉书·终军传》，"彩笔"典出钟嵘《诗品》，"三径"典出陶潜《归去来兮辞》。此词虽大量化用前人词句，但毫无生硬之感。同时，通过典故的巧妙组合，形成浑然天成的整体，使作品显得典雅蕴藉，韵味隽永。这也可见出苏步青对古诗词烂熟于心，所以能随手拈来，信笔写出，典故章句的运用如盐着水，"不着痕迹，不知者若自其口出，知之者益觉其深厚"。[4]这种化用及用典在苏步青的诗词中较为常见，几乎每一件作品都存在，在此不一一分析。

　　苏步青诗歌中还喜欢运用不同的表现形式及技巧，这使诗歌的创作增加了难度，也更加富有情趣。

如他在湄江吟社第二次集会时所作的四首七律，就采用了难度较大的回环顶真体。即每首诗末句最后一字是下一首诗首句的第一个字，最后一首诗的末字又与第一首诗首句的第一个字相同。四首七律的末字分别为"船""钱""先""边"，这四个字又分别成为其下一首诗的首字。回环相连，趣味盎然。

边疆难得对琼筵，满坐春风一粲然。离恨偶添人散后，归心直共鸟争先。
岂无桃李芳菲节，欲看河山锦绣年。马首东旋应有日，诸公同泛六桥船。
船头浊浪远连天，三岛陆沉霹雾前。鲛女如花填碧海，龙媒似电逐苍烟。
谩夸蜀锦回文巧，且上吴峰立马先。更拣西湖佳丽处，有谁肯借买山钱？
钱弩射潮事已迁，胥涛犹自撼年年。曾传禹甸翔鳞地，偏凿胡儿饮马泉。
终古闲情雷塔照，一春幽梦越溪烟。盛衰离合知多少，堪笑鸱夷逐舸先。
先生疏放已忘年，时乱勉扶诗教鞭。开眼频忧尘世险，学文敢望古人先。
曾批奥蕴周髀句，懒窜支离汉历篇。两袖清风双短鬓，悠然坦卧海西边。

又如他在湄江吟社第四次集会时所作三首七律，均为首句用韵，三首诗韵脚相同，均为"亲""滨""春""尘""人"，且在每一首诗首句分别用了"可相亲""味可亲""渺难亲"来开头，整齐一致中又富有变化，其作诗之匠心独运可见一斑。

客中何处可相亲，碧瓦楼台绿水滨。玉碗新承龙井露，冰瓷初泛武夷春。
皱漪雪浪纤纤叶，亏月云团细细尘。最是轻烟悠扬里，鬓丝几缕未归人。
翠色清香味可亲，谁家栽傍碧江滨。摘来和露芽方嫩，焙后因风室尽春。
当酒一瓯家万里，偷闲半日塵无尘。荷亭逭暑堪留客，何必寻僧学雅人。
祁门龙井渺难亲，品茗强宽湄水滨。乳雾看凝金掌露，冰心好试玉壶春。
苦余犹得清中味，香细了无佛室尘。输与绮窗消永昼，落花庭院酒醒人。

在为湄潭茶场八景进行创作时，吟社其他人均采用的是七言律诗或绝句来吟咏，只有苏步青一人写了 8 首五绝。其中《紫薇山馆》《倚桐待月》《柳阴垂钓》《莲台柳浪》为五言律绝，《隔江挹翠》《虹桥夕照》《竹坞听泉》《杉径午阴》为五言古绝，与王维《辋川集》吟咏辋川别业诸景 20 首均为五绝，且律绝与古绝相间的方式类似。这也体现了苏步青对古人优秀诗作的熟悉与学习。

结　语

苏步青虽然是一位数学家，但在他的诗词中却散发出浓厚的中国传统文人气息。所谓"诗必穷而后工"，在湄潭执教的这几年是苏步青前半生中生活最艰难的一个时期，但他秉承汉乐府"感于哀乐，缘事而发"的传统，在这期间创作了不少优秀诗词作品，使之成为自己在湄潭这段人生轨迹的真实记录，也为我们了解这位学人的心路历程提供了丰富的文学史料。

参考文献

[1] 王增藩. 苏步青传[M]. 上海：复旦大学出版社，2005：6.

[2] 贵州省遵义地区地方志编纂委员会. 浙江大学在遵义[M]. 杭州：浙江大学出版社，1990：35.

[3] 苏步青. 数与诗的交融[M]. 百花文艺出版社，2000：35.

[4] 羊春秋. 唐诗精华评译[M]. 岳麓书社，1997：172.

[5] 本文所引苏步青诗词，如非特别注出，均出自北京群言出版社1994年版的《苏步青业余诗词钞》。

2017 年 3 月

《湄江吟社》茶诗论略

赵 玲

中国既被称为诗的国度，也是最早发现和利用茶的国家，茶与诗的结合由来已久，据统计，自左思《娇女诗》始，历代吟咏茶事的诗词不下两千首。在这些被称作"茶诗"的作品当中，有一些属于我们这个民族特有的关于茶的文化信息慢慢显现和沉淀下来，成为历代文人雅士反复吟咏的主题。《湄江吟社》第四次集会恰是以茶会友、茶诗结合的经典场景再现，因此，从中国传统文化中对茶的精神品质的体认这一角度来解读这一辑的作品，应当是一个较为可行的路径。

关于茶的精神品质，历来所论不同。陆羽《茶经》中提及"茶之为饮，最宜精行俭德之人"，首次将茶与德进行比附，唐代刘贞亮则在《茶十德》一诗中将茶德推广为"以茶利礼仁，以茶表敬意。以茶可雅心，以茶可行道"。至宋代，僧人刘元甫在湖北五祖山开设茶禅道场，确立茶堂清规为"和、静、清、寂"，此说在中国并不太为人接受，但却成为现今日本茶道的核心。宋徽宗赵佶作为历史上有名的好茶之人，则在《大观茶论》一书中，把茶的品质阐释为"致清导和，韵高致静""至若茶之为物，擅瓯闽之秀气，钟山川之灵禀，祛襟滞，致清导和，则非庸人孺子可得而矣。冲闲洁，韵高致静，则非遑遽之时可得而好尚矣"。从中可见，唐人论茶注重其"德"，而宋人论茶则重其"清"与"静"，也就是一个注重其外在事功，而另一个注重其内在心性，这正是唐宋文化最大的区别所在。自宋以后，茶的精神特质固然是愈来愈丰富，但不可否认的是"清"这一特质在其中一直占据着非常重要的地位，并且延续至今。

在《湄江吟社》第四次集会时众人所作的以咏新茶为题的十六首诗和

四首词中，体现出新一代知识分子和传统文化之间不可分割的血缘关系，这首先表现为"清"这个字眼的反复出现，在这20首诗词作品之中共有14次，现罗列如下："许分清品胜龙井，一盏定叫四壁春"（王季梁）、"龙井清泉无恙否，西湖回首总伤神""顿叫诗思清于水，更化愁怀和若春"（江问渔）、"佳境每从清苦得，芳甘原属岁寒身""斗酒不辞千日醉，斗茶清兴更无伦""余甘风味剧清纯，曾向茗溪访隐沦"（祝廉先）、"初尝清液心如醉，细嚼回甘气益醇""清液一杯权当酒，玉川七碗倍生春"（胡哲敷）、"诗成漫说增清兴，倘许偷闲学古人"（刘淦芝）、"旧雨来时虚室白，清风生处满城春"（钱琢如）、"翠色清香味可亲，谁家栽傍碧江滨""若余犹得清中味，香细了无佛室尘""一瓯绿泛细烟浮，清香越玉露，逸韵记杭州""纵许和伊通讯问，凄清"（苏步青）。当然在这些诗句当中，"清"的内涵是非常丰富的，但若详细区分并加以总结，仍可找到一些规律。

在历代茶诗之中，茶之"清"首先包含着"清味"亦即"性洁"的特性，这类作品以韦应物《喜园中茶生》和范仲淹《和章岷从事斗茶歌》为代表。韦诗起句即为"性洁不可污，为饮涤尘烦"，充分说明了茶性至洁，饮茶可洗涤尘垢的功用。从物理学的角度而言，这和茶本身的物理特性是有联系的，茶的机理结构比较松散，易受异味污染，所以采茶、制茶、存茶过程中必须保证周边环境的绝对洁净。而从实际功用来看，茶自古就有清肠解腻的功效，当代更是被广泛地用于排毒减肥的领域。这使得文人自然而然地把"洁"作为茶的基本特性加以描绘和赞扬，但咏物题材的作品从始至终就有一个特性，即所题咏的对象身上往往附着着创作主体的精神品质和精神追求，也只有依着这样的规律创作出来的作品才是咏物的佳作，最高妙者要达到"物我合一"的至高境界，咏茶的作品自然不会是例外。在茶诗的发展过程中，茶的"洁"慢慢和创作者的品性追求结合起来，而呈现出"以茶比德"的特性，范仲淹《和章岷从事斗茶歌》可为其中代表。"斗余味兮轻醍醐，斗余香兮薄兰芷""众人之浊我可清，千日之醉我可醒。屈原试与招魂魄，刘伶却得闻雷霆"，把茶性之洁与屈原的高洁品性联系在一起，既是咏茶，又是明志。

在《湄江吟社》诸人咏茶之作当中含有此种意味的如下："许分清品胜龙井，一盏定叫四壁春"（王季梁句）、"余甘风味剧清纯，曾向茗溪访隐沦。

谷雨芳辰桃紫笋，玉川高节伴灵筠"（祝廉先句）、"曾闻佳茗似佳人，更喜高僧不染尘。秀撷辩才龙井好，寒斟惠远虎溪新"（祝廉先句）、"当酒一瓯家万里，偷闲半日尘无尘"（苏步青句）、"若余犹得清中味，香细了无佛室尘"（苏步青句）。祝廉先的第一例中用到了卢仝的典故，卢仝号玉川子，所作《走笔谢孟谏议寄新茶》一诗为茶诗史上的经典之作，其中"七碗茶诗"一段更是誉满天下，这里借用卢仝和屈原的典故，实有以茶明志，并赞美座中诸人的意思在内。苏步青所为第二例"若余犹得清中味，香细了无佛室尘"一句，更是把禅茶一味的境界写到了极致，茶之清性，至味无味，至高至洁，殊无尘垢，令人读来有超出世外之感。这一句中的意味已经超出了以茶之洁比附德行的范畴，而有了另外一个重要领域的信息，即茶与隐、茶与禅的关系。

　　茶作为可以展现中国传统文人心灵世界的重要媒介，在它的精神特质形成的过程中慢慢地和隐士、高僧的形象建立了密切的联系。究其原因，表层来看，茶树的生长环境往往有着日照、海拔和湿润程度的要求，这于人口密集处显然不适宜，倒和隐士高僧所居之处的要求较为接近，因此在关于诸多名茶的传说当中都有着和这些世外高人的联系。另外一种关系在于，修行之人往往需要较长时间的连续性思考，而这和常人有规律的休眠习惯殊不相合，而茶是中国古代可以借来提神醒身的不二之选。当然，以上两点都是比较生活化的解读角度。从再深一点的层面来看，隐士高僧本是清心寡欲、遗世独立的高洁之士的代表，他们对自我心性的要求与前文所提茶之洁就有了更高程度的契合，这才是二者结合的根本原因所在。属于这一范畴的作品固然和以茶比德的作品有所区别，但导源于茶，都是从"洁"这一特性而来，因此也就有着不可分割的内在联系，加上在宋代以后，亦官亦隐的生活方式普遍为士人所接受，这两种主题常常是结合在一起出现的。下文试从钱琢如《试新茶得人字》一诗为例对这一现象加以解析：

　　　　诗送落英眉未伸，玉川畅饮便骄人。
　　　　乳花泛绿香初散，谏果回甘味最真。
　　　　旧雨来时虚室白，清风生处满城春。
　　　　漫夸越客揉焙法，话到西湖总怆神。

这首诗首联点明写作时间，即暮春时节落英缤纷之时，继而以卢仝之典说明饮茶之事。"乳花泛绿""谏果回甘"，分别就茶形之美与茶味回甘的特性对茶本身进行描绘。颔联之中，"虚实白"之典出自《庄子·人间世》的"瞻彼阕者，虚室生白，吉祥止止"，后成为道家修行者所追求的至高境界。而"清风生处满城春"化用了卢仝《走笔谢孟谏汉寄新茶》一诗中"七碗吃不得也，唯觉两腋习习清风生。蓬莱山，在何处？玉川子，乘此清风欲归去"之意，卢诗本就有追慕道家清兴的意思在内，正与出句意味相合。尾联"话到西湖总怆神"则转换了叙写的角度，在浙大西迁至湄潭后，民国中央试验茶场随之在湄潭建立，浙大诸贤尤其是刘淦芝对湄潭茶业的发展作出了不可磨灭的贡献。在对湄潭原有茶叶加工方式进行改良的过程中，对浙江龙井茶的技艺多有借鉴，因此在此情此景之中，茶和杭州故里之间就骨肉相连。作者从这个角度结句，未曾多言，但国破家亡的沉痛之感已尽在其中。由此可见，钱诗正是把茶与至高至洁的出世追求以及以茶言志的角度二者合一的典型例证。

　　除此之外，苏步青"祁门龙井渺难亲，品茗强宽湄水滨。乳雾看凝金掌露，冰心好试玉壶春。若余犹得清中味，香细了无佛室尘。输与绮窗消永昼，落花庭院酒醒人"一诗之中，首联言及"龙井"，又有"渺难亲""强宽"之语暗道款曲，即是家国之思的展现，颔联"清中味""佛室尘"之中，又饱含禅味，从内在意蕴来看，亦与钱诗属同类之作。

　　茶之"清"除了上文所论的"清味"之外，在有些场合还表现为"清欢"。"清欢"一词出自苏轼《浣溪沙》"细雨斜风作晓寒，淡烟疏柳媚晴滩，入淮清洛渐漫漫。雪沫乳花泛午盏，蓼茸蒿笋试春盘，人间有味是清欢"，这首词虽不是纯粹的咏茶之作，但提及茶事，而"清欢"的境界也道出了茶之品性中非常重要的一个部分。苏轼是宋型文化的代表人物，对宋以后中国知识分子的精神领域有着重要的影响，"清欢"之境既有着宋代以平淡为美的时代特征，也是以俗为雅、俗中求雅的典型体现，这一与茶相关的审美取向在《湄江吟社》第四辑咏茶诗中也有所展示。

　　刘淦芝《咏新茶》诗为："乱世山居无异珍，聊将雀舌献嘉宾。松柴炉小初红火，岩水程遥半旧甆。闻到银针香胜酒，尝来玉露气如春。诗成漫说增清兴，倘许偷闲学古人。"此诗首联点明"乱世山居"的外在环境，继写品茗、作诗之"清兴",正是对宋代以来倡导的从平淡中寻找生活真味的人生态度和生活方式的继承。王季梁"饮罢文思得神助,满座诗意咸蓁蓁"、江问渔"顿叫诗思清于水,更化愁怀和若春"不约而同地从以茶助诗的角度来描绘此次盛会,也是这一传统情怀的集中展示。在当时情况下,苦中作乐的实质并非罔顾现实,也全然不同于弃家国命运于不顾的逃避,相反地恰是正视苦难、乐观向上的"穷且益坚,不坠青云之志"的豪迈之情的体现。

"清欢"的精神实质还与苏东坡的另外一首著名的咏茶之作:《次韵曹辅寄壑源试焙新芽》相关联:"仙山灵雨行云湿,洗遍香肌粉未匀。明日来投玉川子,清风吹破武陵春。要知玉雪心肠好,不是膏油首面新。戏作小诗君莫笑,从来佳茗似佳人。"以苏轼此诗来看,既有着对茶性清洁的描绘,又有对现实污秽的讽刺,但后世文人提到最多的还是"从来佳茗似佳人"这一句,并且对其中意味作了引申。佳人佳茗本来形似,天下闻名的龙井茶即有"色翠、香郁、味醇、形美"之称,但佳人更重要的特性还在于她的知情解意,因此后世诗作当中用到这个典故,慢慢地就有了知己相得之意,对象倒未必一定是女子了。浙大诸人在抗战背景下寓居偏远的西南,对这些知识分子而言,相互之间的理解支持和激励是非常重要的,他们诗作中的佳人往往寓含此意。江文渔诗中直用东坡句"座中都是倦游人,云海相望寄此身"正有同是天涯沦落人的感慨,祝廉先"曾闻佳茗似佳人,更喜高僧不染尘。秀撷辩才龙井好,寒斟惠远虎溪新"用晋时惠远的典故也是言明与座中诸人精神上的同声共气、相互砥砺。当然也有单纯以苏轼佳人之典喻茶形之美的,如胡哲敷的"活水名泉烹蟹眼,天香国色论佳人",张鸿谟的"不负茶经称博士,更怜玉局拟佳人"即是这一类。之所以把这一类的描绘与"清欢"相联系,主要是因为其中都体现出着从平淡生活场景中寻求心灵归宿的路径,不同处在于前者借助于诗,而后者则借助于友。

茶之"清"除表现为上述的"清味""清欢"之外,尚有"清苦"之意。在诗歌当中,"清"和"苦"之间本就有较为密切的联系,明快省净固然清澈而通透,但有时又不免孤独清冷、寒气逼人,古代的僧诗往往有这个特点。而茶味本有先苦后甜的特性,由此茶与诗人之间就又有了一个连接点。浙大西迁之际,正是中华民族生死存亡的关头,在贵州落脚之后,虽受到当地政府和民众大力支持,但办学条件和师生的物质生活方面毕竟大不如前,这是不可回避的历史事实。但同时,这种"苦"同时又激发出浙大师生更加顽强的生存意志,从而在那个困难重重的年代亦取得了令世人不可小觑的成就。当然,在这一辑的诗歌里诗社诸人并未从生活细节处絮絮叨叨地吐露生活的清苦和精神上的孤独,但祝廉先"佳境每从清苦得,芳甘原属岁寒身"和苏步青"纵许和伊通讯问,凄清"的诗句却也点滴地透露出当日的种种艰辛,从而完成了对茶诗"清苦"之境的展示。

总的来说,本文从"清味""清欢""清苦"的三个不同侧面剖析了《湄江吟社》第四次集会时的二十首咏茶之作,并试图从茶的精神特质入手探求传统文人品质在特殊年代特殊群体身上的投射效果。文中对以上几种品质的安排是各自分立的,其目的是为了使全文有相对清晰可观的条理,实则在很多诗作当中这几种品质是同时共存的,并没有也不可能有泾渭分明的界限。茶文化在茶诗这个领域的展现也不是一个简单的"清"字可以囊括的,笔者也只是试图在种种纷繁复杂的现象当中寻找出可以把这些特质攒连起来的线索而已。

2016 年 8 月

竺可桢与傅梦秋

石永言

20世纪80年代，原中顾委常委李一氓回忆，他在红军长征途中留居遵义期间，与邓小平同志同住在老城红军总政治部驻地不远的一个知识分子家里。东道主家里有铁床及若干书籍。书籍中有不少是研究体育的。在这边远小邑，竟有人对体育产生兴趣，李一氓颇为好奇，因此留下了深刻印象。

李一氓还说，在遵期间，小平同志参加中央政治局扩大会议（遵义会议）回来，三言两语，总要向他讲述开会的一些情况。根据李一氓提供的线索，经遵义会议纪念馆多方查证，这个知识分子是住在老城碓窝井九号的遵义教育界名流傅梦秋先生。

傅梦秋亦名延栋，1889年生，遵义县团溪人。1921年秋，毕业于南京高等师范学校，先后在重庆、贵阳、安龙、安顺、大定（今大方）等地的中学执教，并担任过校长，后任贵阳民众教育馆馆长。抗日战争爆发后返回遵义，仍然从事教育工作，参与筹办遵义县立女子中学、县立中学，为培养桑梓人才竭尽全力。他在执教遵义县中并担任校长时，有九名女生被国民党地方军阀政府诬以共产党罪名逮捕，傅梦秋为救护学生，以自己家人之性命相担保，为其说情才使之放归。深夜，傅梦秋一一亲送女生还家，交与各人父母。

碓窝井九号是一幢一楼一底的两层小楼，从一条小巷经历司街进出。小楼亦中亦西，其建筑式样与风格，在二三十年代，在小城遵义要数一流的建筑了。谁能料到，这幢小楼，在中央红军进行万里长征之时，戎马倥偬，曾留足中共的一代伟人。抗日战争后期，浙江大学在兵荒马乱中，流离转徙西迁贵州办学时，校长竺可桢先生又曾寓居于此，与傅梦秋先生同住在小楼里。那么，在那动乱的三四十年代，碓窝井九号，就留下两个名人的足迹，实属小楼之幸事。

  竺可桢先生寓居遵义期间，要求师生"竭尽智能之有裨于黔省"。于是，有关浙江大学的各院所各据所长，或考察地理，或研究历史，成绩斐然！著名历史地理学家谭其骧先生的《播州杨保考》以及由著名学者张其昀先生主编的《遵义新志》，就是浙大留遵时完成并出版的。在遵期间，竺可桢还极其重视以科学技术成果为地方服务。如遵义锰矿的开采、蚕桑的改良、蔬菜良种的推广、马铃薯的大面积种植、五倍子和刺梨的研究与应用等，均功在当时，泽及后世。为遵义日后的发展打下良好的基础。

  竺可桢先生旅居碓窝井九号期间，在小楼的庭院里，逐日清晨都需对天气进行详细的观察，对气温、风力、雨雪、湿度等均作下科学记载，并认真写入日记，为我们留下一份研究这一时期遵义气象难能可贵的资料。

  浙大留遵的岁月，正值国民党白色恐怖笼罩山城，于是浙大的学生运动如火如荼。规模最大的一次是"倒孔"运动，斗争矛头直指国民党统治集团。"倒孔"的游行队伍没有发生流血事件，校长竺可桢起了关键的保护作用。他在游行队伍集合后向大家训话时毅然表示："……我领队，大家要有秩序，勿与军警发生冲突……"一个在国内外享有盛誉的气象学家，从碓窝井九号出发，大义凛然地走在游行队伍前面，迎着黑暗的嚣张气焰奋勇向前，那是多么壮怀激烈的一个历史镜头啊！

  竺可桢先生在碓窝井九号与东道主傅梦秋先生结下深厚友情，竺还聘请傅为浙大事务主任，并为傅梦秋一家以小楼为背景摄影留念（照片现存遵义会议纪念馆）。1946年5月，浙大迁返杭州，竺可桢怀念老友，曾寄一册由浙大编著的《遵义新志》给傅梦秋，并在书上题"梦秋同学惠存。竺可桢赠，三七年六月十日"。

  碓窝井九号的主人傅梦秋先生，解放之初为遵义市第一届政治协商委员会委员，遵义市图书馆第一任馆长。傅梦秋将自己数十年精心收藏的数万册图书，其中不乏珍本秘籍，无偿捐献给图书馆，为遵义市图书馆的馆藏图书打下了坚实的基础。为使图书馆早日对外开放，他参与整理古籍图书千万余册。并自编、自刻、自印《书名目录》《分类目录》，为遵义市图书馆的建设与发展做了大量卓有成效的工作。

但像傅梦秋这样对遵义市文化颇有建树的好人，却命运多舛。1957年，被错划为右派分子，苦难岁月，从此便与他紧紧相连。但他虽身处逆境，仍为20世纪40年代就开始编纂的《读词偶记》《词调辑遗》以及《词调汇编》等书稿进行写作。他的女儿傅珥，噙着热泪在后来历尽沧桑才得以出版的《词调辑遗》一书的后记中写道："……出于对祖国古典文学的热爱和使之弘扬后世的愿望，近二十年寒来暑往，他呕心沥血，废寝忘食，从不间断。就在他被错划成右派，精神倍受压抑的日子里，也未曾辍笔。我们翻开装订整齐的书稿，看着一页页秀丽工整的字迹，先父孜孜不倦博览群书，夜以继日伏案笔耕，汗流浃背精心装订的情景，历历如在眼前。"这是一个女儿对罹难中的父亲的一片深情！梦秋先生未看到他在艰辛岁月中整理出来的书稿问世，便离开了人间。为了却先父遗愿，先生的令爱傅珥、傅珊姐妹，为不让这浸润着先父心血的手稿湮没，即将遗著送交父亲的老友、时任中国科学院副院长的竺可桢先生处理。竺老收到四十年代于抗日烽火中曾寄寓过的宅第房东梦秋老友的遗著，感慨系之，历历往事，涌上心头。竺老当即将书稿亲交中国社会科学院文学研究所所长何其芳和著名学者吴世昌先生审阅。一致认为书稿亟有价值，尤其是《词调汇编》，"较万树的《词律》完备"，并积极帮助联系出版事宜。但由于当时梦秋先生头上的"右派"帽子未曾摘去，便注定了书稿被埋没的命运。

十一届三中全会以后梦秋先生的问题得到彻底平反，但这时竺老与何其芳先生均已作古。梦秋女儿系于先父遗著，只得致函吴世昌先生，索取先父遗稿。辗辗转转，中国社会科学院图书资料室的同志翻箱倒柜，只查找出《词调辑遗》一书手稿，1986年，这部埋藏于箱底达二十五年之久的梦秋先生的呕心沥血之作，终于在贵州人民出版社出版。哦！沧桑的梦秋先生！沧桑的书稿！

四十年代，竺可桢先生在遵义老城碓窝井九号与傅梦秋先生订交，之后，又因梦秋先生的书稿，勾起二人的思联神牵，连缀起一片沧桑的岁月。漫漫岁月，道是无情却有情！

傅梦秋除对词学有深入的研究外，对诗歌、音乐、戏剧、书法、篆刻、体育等均有涉猎，颇有造诣。其他的著作有《健康学》《体育研究》等。

1961年6月，时任中国社会科学院副院长的竺可桢，又回到他曾经寄迹过的遵义，旧地重游，感慨万端，面对故土遵义翻天覆地的变化，欣然命笔，在遵义会议纪念馆的留言簿上，写下一首情深的七律：

> 一别遵城十五年，
> 重游旧地如登仙。
> 红花岗上千株雪，
> 湘水桥边万斛田。
> 厂矿商场现满谷，
> 园亭黉舍亦连绵。
> 播州自古称穷僻，
> 黔北于今鞭着先。

革命老人李一氓提到的那张铁床，已由遵义会议纪念馆工作人员从北京傅珥处征集运抵遵义。而碓窝井九号那座小楼，1952 年因修建遵义专区托儿所拆除殆尽，不留寸瓦尺迹。邓小平同志逝世的时候，遵义有关人士、有关方面曾动议修复邓小平长征时期在遵义的住处，以供广大人民瞻仰。这声音热闹了一阵子之后，接着便冷却下来。小楼的修复图纸，经调查、访问，并得到傅梦秋家人的论证，已经制作出来。如果能够恢复，既可纪念一代伟人邓小平，又可同时纪念文化名人竺可桢，可谓是一件极有意义之事。

2017 年 3 月 5 日改定

竺可桢教育思想中的人文价值

刘 丽

在大力提倡素质教育的今天，教育的目的是什么，应培养什么样的人才，这个问题始终众说纷纭，重温竺可桢先生的教育思想及办学实践，会给我们以极大的启迪。

竺可桢先生 1936 年出任浙大校长，直至 1949 年，其中最艰难的几年是在贵州遵义及湄潭度过的。"在那极端困苦的日子里，浙大师生以大无畏的气概，照常开展教学和科学研究，培养出一大批优秀的专门人才，在中国教育史上留下了永不磨灭的一页"。《浙江大学在遵义》苏步青）在这光辉的一页中写着浙大由初迁遵义时的 600 多人增到 2 200 人，原来的三个学院 16 个系增加到六个学院 25 个系并兴建了研究院，设了文、理、工、农四个科研所，设置了史地、数学、物理、化工、农经五个学部，在科学研究上也取得了巨大成绩：苏步青先生因微分几何学研究的突出成绩而被称为"东方第一几何学家"；王淦昌先生"关于控测中微子的建议"为他日后成为"原子弹之父"奠下了基础；张其昀先生的《遵义新志》，填补了遵义文化的空白，开创了中国方志新的科学方法；凡此种种，数不胜数。故 1944 年，李约瑟博士参观考察浙大时，称誉浙江大学为"东方剑桥"。

浙大在如此艰苦的环境中能取得巨大成就，是与竺可桢先生的教育思想分不开的。近代自然科学的发展，影响并促进了人文科学的进步。作为科学家的竺可桢，其教育思想既建立在自然科学严谨求实基础上，同时又具有浓郁的人文意蕴。他在接任浙大校长后，办学方针非常明确："大学教育的目标，决不仅是造就多少专家如工程师、医生之类，而尤在乎养成公忠坚毅，能担当大任、主持风气、转移国运的领导人才。"（见《竺可桢日记》，以下引文均出自《竺可桢日记》《竺可桢文录》《浙大教育文选》等书，因引文较多，不再出注），这种思想使竺可桢教育思想呈现出浓郁的科学理性和人文形态，具体体现为：

一、理性精神与独立人格

理性精神是科学的灵魂。科学的理性是战胜迷信和蒙昧无知的有力武器，使人们能够正确认识和了解世界。教育的目的就是传播科学，帮助人们从感性世界的盲目升华到清醒的理性世界，培养健全人格。每届新生进校，竺可桢总是亲自进行人生观教育，告诫学生：''我们到学校的目的是什么?学一技一能果要紧，而最要紧的是一个清醒的头脑''"中国今后最最需头脑清楚、善于思考的人物""有了清醒的头脑，才能够以科学的方法来分析，使复杂变成简单，以公正的态度来计划，以果断的决心来执行。我们受高等教育的人，必须有明辨是非、静观得失、缜密思虑、不肯盲从的习惯，然后在学时不致害己累人，出而立身处世方能不负所学。"使学生在浊流横行的社会环境中，始终保持独立的人格和清醒的认识。他既讲求科学理性，又培养人文精神。科学具有"可以救中国之愚、贫、病三缺点，而三者愚尤为根本"。科学救愚，实际上是五四以来启蒙主义思想的继续。而启蒙，首先是要以天下为己任："不仅求得了解一点专门知识就足够，必须具有理智的头脑，明辨是非不徇利害的气概，深思远虑不肯盲从的习惯，同时还要有健全的体格，有吃苦耐劳、牺牲自己、努力为公的精神。""要建设国家，先要建设个人，从三点着手，一须有信仰，不能谋自私自利……信仰国家至上，把自己放在第二位，二则奉公守法，成为一个法制的民族，三则保持健康。"一个国家的兴旺与否，在于这个国家民众的素质，但"若侧重应用科学，而置纯粹科学、人文科学于不顾，这是谋食而不谋道的办法。"针对今天许多学生甚至大学重视应用科学、轻视基础科学、人文科学，读书只求谋食的现象，竺先生的话无疑具有振聋发聩的作用。

本乎此，竺可桢认为："科学对于人生最大的利益，并非增其富源或减少痛苦。其主要贡献实为人心之自由，在此自由意志中，最要者为宇宙间事物均有秩序，而此秩序可以扣问天然而求得之……吾人必须知天然环境，然后始能与宇宙和合自然，追求真理，乃最好之用度，科学需要容忍，去掉各种，而得到个别的发展，知识是我们改善人类处境的力量……"用知识改变人，用理性审视社会，体现在具体的教育中，则是注重通才教育，让学生既能专精，又能全面发展，注重文理渗透，美化人的心灵，开阔学生视野，对学生实行做人教育，让他们在实践中学会手脑并用，改变传统的"劳心者治人，劳力者治于人"的观念。只有切实地掌握了知识文化才能达到理性的层面，实现知识分子的文化人格和心灵自由。在抗战即将胜利的1944年，他理智告诫人们："1. 不要以为袖手旁观，即可获胜一跃为强国，即使同盟国获胜，中国若不出力，则和会中我无讲话余地，前次欧战意大利一无所获，即是前车之鉴。2. 不要以为战事终结，吾人即可享福，恢复战前歌舞升平之景象，以中国物资之缺乏，欲谋建设，势必举外债以购机械，则吾人势必咬紧牙关，吃苦省钱以谋出之增加，庶己可以得供舶来品之代价。3. 则以和平后民主可以立至，民主固非一部宪法即可一蹴而就，亦非一个英明领袖就能全盘支配，必待人人之负责，奉公守法。"诫之谆谆，言犹在耳。不为现实得失所扰，不为名利绳索所拘，既有作为传统知识分子的忧患意识和奉献精神，也体现了作为现代科学家的求是精神和文化人格。

二、求是精神与牺牲精神

理性精神与独立人格是竺可桢教育思想的内在依据，而求是精神和牺牲精神则是其核心。

"求是"是在浙大西迁途中由竺可桢校长提出，经校务会议讨论决定的校训。就是"排万难冒百死以求真知"的精神。具体说，有以下内涵：

首先，求是精神是一种科学精神，是科学的工作作风及科学的治学方法。科学是对真理的探求和把握。他说："所谓求是，不仅限于埋头读书或实验室做实验。求是的路径，《中庸》说得好，就是'博学之、审问之、慎思之、明辨之、笃行之'。单是博学审问还不够，还必须深思熟虑，自出心裁，独具只眼，来研辨是非得失，既能把是非得失了然于心，然后尽吾力以行之……成败利钝，非所逆睹。"他认为"大学最大的目标是蕲求真理"，而不是把它作为个人或某一党派徇私的工具。所以他在出任浙大校长时，就对蒋介石提出浙大校长有用人全权，国民党不得干预，将大学置于党派斗争之外，为"求是"的实现营造了空间。并且，在大是大非问题上敢于追求真理、坚持真理，无论在四十年代初浙大学生的"倒孔"运动中，还是在"反饥饿、反内战、反迫害"的民主爱国学潮中，都坚决站在正义一方。当学生被捕，他借助报界，披露真相；教育部要他声明更正时，他斩钉截铁地回答，"报载是事实，我无法更正"。充分体现了他明辨是非、勇于笃行的求是精神。

在工作作风上，竺可桢常用"知之为知之，不知为不知，是知也"教育学生要有严谨的科学作风，认为不严谨整饬，就无法树立科学精神，有了科学精神，才有科学的存在，在办学思路上，当时许多大学都模仿英美等大学的办学方式，但竺可桢认为"中国的书院制度德育较智育重要。而现行中国大学学制模仿美国……但美国学制对于训育全不注意"。因此，他实事求是，融中西教育之长，着力于治学、治人、治事的具有创新精神的通才与专才的培养，使理论中国化，学术现实化。

其次，求是精神还体现为一种人格修养的要求。竺可桢在《科学之方法与精神》中，将科学家应取的态度归纳为三个方面："1. 不盲从，不附和，一切以理智为依归，如遇横逆之境则不屈不挠，不畏强御，只问是非，不计厉害。2. 虚怀若谷、不武断、不专横。3. 专心一致、实事求是、不做无病之呻吟，严谨整饬，毫不苟且。"所谓"不附和，不盲从"，就是坚持求是精神，独立思考，具有学者独立的学术人格，为此，可以不计得失，百折不挠，赴汤蹈火在所不辞。而"不武断、不专横"，则是对民主的呼唤，对人的尊严的维护，是以理性为依归，只有这样才能实事求是。在严谨中求得真知，在认真中获得真理。在踏入社会后，"凡是有真知灼见的人，无论社会如何腐化，政治如何，他必独行其事，惟有求真理心切，才能成为大仁大勇肯为真理而牺牲身家性命"。因此，对即将离开浙大和已经毕业的学生，竺可桢倾注了极大的希望和关切，多次发表演说，希望他们"（一）大学生入社会后，在此困难时间应人人负起责任，使中华成为不可灭亡的民族；（二）目前学校缺点在于只传播知识，而不注意社会，不能使人深思。以后毕业生应慎思、明辨，俾能日日新、又日新，以发扬而光大之；（三）在社会服务不求地位之高、薪水之优，而在于努力去干，只要所干之事是吾人分内之事……只讲科学的应用而不讲科学的研究是错误的"。正是有这种自觉的人格追求，使浙大师生不为现实环境所干扰，立足于教学本位，为中国社会做出了巨大贡献。他们所坚持的正是中国传统文化所提倡的舍身成仁、杀身取义、富贵不能淫、贫贱不能移、威武不能屈的崇高人格。

求是精神还是批判精神和自省意识。竺可桢在《大学之主要方针》中说："大学所思的教育，本来不是供给传授现成知识，而重开辟基本途径，提示获得知识的方法，并培养学生研究批判和反省的精神，以期学者有自动求智和不断研究的能力。"郭斌和在讲浙大精神时，也认为批判、分析、合作三种精神不可缺少。为教导学生学会在疑中去发现真理，竺可桢引用物理学发展的历史，指出任何新领域的开辟，都是对前人的否定。他论述了学源于思，源于疑，有了疑和思（批判精神），就"能对于一切事物有精细的观察，慎重的考虑，自动的取舍之能力"，而不为"传统的不合理的习惯所拘束，尤不应被一时感情所冲动，被社会不健全潮流所转移，或者受少数人的利用""努力于学业、道德、体格各方面的修养"，养成"缜密深沉的思考习惯"。在《纪念哥白尼》一文中，他通过对哥白尼批判教会神权、坚持真理的精神的演讲，告诉人们哥白尼的价值就在于"他启发了大家怎样去批判旧的学说，怎样去认识世界，他启发大家要有勇气去怀疑人们都认为神圣不可侵犯的历史著作和权威学说；他启发大家在观察自然实践中去找寻真理，对事物的认识不能停留在外表，而要通过实践和全面的分析，深入事物的本质"。批判精神是科学理性不可缺少的一个重要方面，它可以避免轻信和盲从，所以，竺可桢认为，"若要发扬光大你们的学问道德. 必得能深思，能善疑，利用实验方法来解决问题"。有了这种科学精神，才能像黄宗羲等先贤一样矫然不阿，以其宏伟的学问，光明的人格，对社会问题学术风气等始终保持着知识分子独立的批判能力。

求是的精神，更是奉献的精神。竺可桢认为："浙大决不搬迁到武汉、重庆或长沙等大城市，以免形成内迁大学过于集中于这些城市，而要搬迁到那些从未接触大学生活的城镇，以至偏僻的农村。使大学的内迁与中国内地的开发得以结合。"竺可桢多次教育学生，必须埋头于刻苦报国的准备，在将来奋发贡献于雪耻兴国的大业，要具有"公忠报国"的精神，而且要

"不求地位之高，不谋报酬之厚，不惮地方的辽远和困苦，凡是吾人分内所应该做的事，就得去做"。劳其筋骨，饿其体肤，担当大任，"以使中华民族成为一个不能灭亡与不可灭亡之民族为职志"。在浙江时，他就以实心实力共同完成民族自由，来砥砺学生担负时代和社会的使命，这种使命感化为为民服务的行动。在江西泰和，帮助当地民众修建了防洪大堤"浙大堤"；创设了澄江小学；开辟了沙村垦殖场，垦荒六百余亩，安置大批灾民。在广西，则以王阳明的事迹鼓励广大师生，发动师生调查当地气候、地质、风情、经济、疾病，为地方人民做了有益的工作。在遵义，更是做出了杰出的贡献。本着"抗战期中在贵州更有特殊之使命。昔阴暗明先生贬窜龙场，遂成知难行易之学说。在黔不达二年，而闻风兴起，贵州文化为之振兴。阳明先生一人之力尚能如此，吾辈虽不及阳明，但以一千余师生竭尽知能，当可有裨于黔省"的精神，引进了现代科学知识和科学精神，开拓了遵义人民的眼界，促进了遵义教育的发展，推动了遵义的工农业生产。如团溪锰矿的开发，湄潭茶叶的研究，小麦、烤烟等优良品种的推广，无不渗透着浙大师生的心血。总之，浙大对遵义人民的精神文化和物质文化产生了极大影响，确实做到了"祛私欲而发良知，励志节而慎行检，明是非而负责任"。

求是的精神，还包含着公平与规范的意识。竺可桢在《大学教育之主要方针》中，分析了中国目前环境的艰危，认为"今后精研科学，充实国力，大学生固然应负极重大责任，而尤其重要的是养成一种组织和系统的精神……中国人民积习最西个人放任无拘的自由，试问我们散沙一盘的许多个人和组织有规律的现代国家对敌，别无胜理"。所以，竺可桢教育学生，要遵守学校的规章制度，吃苦耐劳，并对不同信仰和出身的学生都给予了应有的关怀，使艰难环境中的师生们相濡以沫，同舟共济。

三、民主作风与开放意识

求是精神是竺可桢教育的核心，而民主作风则是求是得以实现的一个必要条件。

这种民主作风，首先体现为一种兼容并包的开放意识。竺可桢在《就职演辞》中说:"大概办理教育事业,第一须明白过去的历史。第二应该了解目前的环境。办中国的大学,当然须知中国的历史,洞察中国的现状,我们应凭借本国的文化基础,吸收世界文化的精华,才能养成有用的专门人才,同时也必须根据本国的形势,审查世界潮流,所养成的人才,才能合乎今日的需要。"将办学的目标确立在现实而又开放的体系上。在《王阳明先生与大学生的典范》中,引王阳明的话说:"君子之学,岂有心乎同异,惟其是而已""吾于象山之学,同其者非其苟同,其异者自不掩其异;吾于晦庵之论,有异者非是求异,其同者自不突破口其为同也。"竺可桢评价道:"所谓无心求异,惟其求是,正是阳明的博大不立门户的精神。"这种精神,也是竺可桢先生的精神,治校彻底破除门户之见,如聘请谈家桢、章用和、谭其骧等教会大学出身的教授,重视郑生伦、贝时璋等浙大老教授,礼聘马一浮先生,关心苏步青教授。在学术上允许多种流派共存等,所以谈家桢在回忆录中说:"我感到竺先生就有这样一种巨大的凝聚力,把许多著名学者聚在一起,通力合作,才把这所大学办好……竺先生是一位学问渊博、胸襟豁达、气质高超并能容纳各种人才的伟人。"

民主精神还体现在学习环境的营造上。在学校管理中,推行教授治校,民主办学,如按教育部规定,训导长必须由国民党员担任,但竺可桢却聘请具有强烈民主意识、非国民党员的费巩、苏步青教授担任。竺可桢认为:"教授是大学的灵魂,一个大学学风之优劣。全视教授人选为转移,假使大学里有许多教授,以研究学问为毕生事业,以教育后进为无上职责,自然会养成良好的学风,不断培育出博学敦行的学者。"他充分发挥教授在学术和教育管理上的主导作用,规定了浙大的最高行政机构是校务会议,选举教授若干人参与,决定学校的大政方针。聘请的各院院长、系主任,也必须是学养深厚、严谨治学的学者。并成立了教授会、学生自治会、各级级会,民主讨论学校的工作,在学校营造了一个民主的空间,使学生能自由学习和研究,老师能因材施教,根据学生特点,发挥其特长,既培养和尊重了学术的独立创造精神,又较好地完成了教育的使命。

民主精神还体现在对学生自主精神的尊重上。在浙大,学生成立了学生自治会,除上课时间外,学生可以自由支配课余生活,利用空隙时间办壁报,组织社团,举行读书报告会和演讲会,进行体育锻炼和比赛,使艰苦的生活丰富多彩。学校对学生政治信仰也不干预，对反对国民党黑暗统治而被捕的学生还给予同情和援助。在学生管理上，只要不滋生事端，妨碍公益，遵守学习制度，对学生其他各方面都没有限制。

民主精神还体现在教师上课的内容和方法上。上课注重基础课公共课讲授，注重学科差异，讲究课堂质量。一年级学生的课由资深的教授担任，使其深入透彻地了解本学科，培养热爱学科的兴趣，到高年级，则通过学术讨论和读书报告等形式，启迪学生的创新精神。如数学系独创的"数学研究"为四年级学生的必修课，分甲乙两门，每周各举行一次，指导教授对研究报告者要求严格，报告人的准备也极为认真。又如农化系的土壤肥料、生物化学和农产制造三个读书会，也是每周一次，由学生轮流报告心得，师生展开讨论。通过教学促进学术研究，深化教学内容，使教学内容不断拓展，让学生掌握科研方法，使通才教育和专才教育融于一体。

通过对竺可桢教育思想的梳理，我们认识到，教育要力避培养只懂科学、对国家民族命运漠不关心的庸人，也要力避只懂空洞理论、学不致用的愚人。因此，研究竺可桢，发掘其科学理性与人文精神与融为一体的教育思想，充分利用这一宝贵的精神财富，对今天培养建设社会主义的新型人才，教育兴国有不可估量的作用。

修改成文于 2017 年 4 月

竺可桢游金鼎山

陆昌友

竺可桢，中国地理、气象学界的一代宗师，"文军长征"——浙大西迁遵义办学的领军人。金鼎山，黔北的佛教名山，传说中普贤菩萨的道场。现看起来毫不相干的两者之间，有无交结，是否碰撞出过"火花"，恐怕就鲜有人知了！笔者也是翻检"竺可桢日记"，偶然发现这段轶事后，才知晓二者之间还真有交结，而且还碰出了些许"火花"。

1940年9月21日，星期六。住老城碓窝井九号的竺可桢校长六点钟就起床了，准备八点钟再到金狮山下的步兵学校找张鹏飞医生补牙。因为牙痛，这一个星期，竺校长基本每天上午都要去一趟步校。史地系教授涂长望一大早就从南门外石家堡过来，约星期一去爬金鼎山。竺可桢校长忙里偷闲，欣然应允。

星期一，也就是9月23号。竺校长先过河到何家巷办公，签了一份施工合同后返回寓所。等到九点，涂长望事先约好的浙大工学院院长李熙谋、中央大学地理学教授李旭旦、浙大史地系教授任美锷、张荫麟，教育系教授陈卓如均已到齐。涂教授雇了三个背夫，也就是我们今天称的"背篼"，竺校长叫了校工潘炳生，一共十一个人，浩浩荡荡，"偕出北门"。刚从昆明到遵义一个多月的张荫麟教授虽然年轻，但身体较胖，不惯走长路，大家将就他，一路从从容容，缓缓行来。边走边向路旁田里劳作的农民问及当年稻谷收成，农民答有七成。

下午一点四十分，经海龙新场到达半边街吃藕粉，稍作休息。竺校长问藕粉摊主人：吃不吃鸦片？主人回答：以前吃，烟钱太贵，花两年时间，总算戒脱了。

下午三点，竺校长一行人到达金鼎山下的玉佛寺，这是民国初年兴建的一座寺庙，因时任贵州省主席周西成将缅甸佛界赠其母的一尊玉佛供奉其中而得名。当即与僧人讲好，吃两餐饭、住一宿，每人一元。晚饭后，竺校长转到寺庙后面的小溪边，以泉水简单洗脚后上楼，铺开行前从体育系舒鸿教授那里借来的行军床，八点钟就睡下了。

早晨四点多，竺校长就被"嗡嗡"乱叫的蚊子吵醒，不禁感叹：幸好带有蚊帐，不然，这么多蚊子，不知会被咬成什么样子。到六点天亮，天空下起了毛毛细雨。望着窗外淅淅沥沥的小雨，想起昨天与玉佛寺知客云开的交谈，竺校长还忍不住发笑。当时竺校长先是问云开从玉佛寺到金鼎山山顶的距离，他说上山 15 里，下山 10 里。算一下时间，大概上山要一个半小时，下山只要一个小时。接着，饶舌的云开又和张荫麟教授神侃，说他曾云游四海，到过普陀、太华等佛教名山，并且还懂英国、法国、日本三国语言，唯一不懂就是美国话。他居然认为美国人说的就是美国话，简直让人喷饭！

七点半，毛毛雨还在下，一时没有停下的意思。竺校长一行人从玉佛寺出发，先下一个小坡，由踏脚寺上山。竺校长觉得"踏脚"这个寺名有点怪。一路走来，踩着潮湿易滑而又有些朽坏的山路石阶，经报恩寺、财神庙，九点钟到达万佛寺。此时，鞋袜都已打湿。于是一边在寺中灶下烘烤鞋袜，一边等着行路略显迟缓的张荫麟等人。一直到九点半，细雨初停，大家才聚齐，一同向山顶进发。

众人气喘吁吁地登上山顶金桶平台时，与李纪和等十余个浙大工学院学生不期而遇。他们也是头天早晨出发的，但比竺校长一行人早一个半小时到达玉佛寺。因时间还早，就直接登山，晚上住在万佛寺上面的大庙。这些学生听说竺校长一行是投宿玉佛寺时，马上七嘴八舌说开了。在玉佛寺，知客云开向他们大肆吹牛。问他们是不是来自陆军大学，学生们回答是浙江大学时，云开起初好像不太清楚，很快又说他和浙大校长熟得很，是好朋友。天知道，浙大校长站在他面前，他都不认识呢！由此，竺校长认为"其人极妙""善吹如此"。

十点五十分，竺校长与李熙谋院长先行下山，走二十六分钟到财神庙，歇了一会儿，又继续走。再到玉佛寺时，已是中午时分。简单吃完中餐，涂长望教授他们才到。十三点十分，竺校长别过众人，与李熙谋并校工魏炳生，一路疾走将近四个小时，不到下午五点，就回到寓所，结束了两天的金鼎山之行，留下一代名人与一座名山交结的一段佳话。

2016 年 8 月

失踪千厮门

——费巩之死

石永言

1945年3月5日凌晨，雾都重庆长江边的千厮门码头，万头攒动。浙江大学著名教授费巩，由遵义起程行至码头，准备由此赴母校复旦大学讲学，突遭国民党特务秘密绑架。3月14日晚，浙大校长竺可桢得知费巩"失踪"消息，夜不能寐，为他的生命感到忧虑，即不停地为此奔走。连素来不问政治、埋头唐诗宋词研究的浙大教授夏承焘先生，也在浙大师生要求释放费巩的呼吁书上签字，并作诗一首："一士头颅索不还，千夫所指罪如山。乌峰埋骨宁非幸，百简临门要放顽。"

四十多位曾经留学美国的教授联名致信驻华美军司令魏德曼，呼吁他出面营救；浙大学生立刻发出了《遵义国立浙江大学学生自治会为吁请国民党政府释放费巩教授并取消特务组织敬告社会人士书》。顷刻，凤山湘水，为费巩教授的生命而忧心……

全国著名人士黄炎培在参政会上"沉痛追问费巩下落"，诘问国民党交出费巩；著名诗人柳亚子发表《怀念费香曾表弟》一诗……但在这满城风雨的月黑夜，这一切都无济于事。

费巩的"失踪"，直接与他十多天前的一件事有关。

1945年2月22日，重庆《新华日报》发表了由郭沫若起草，老舍、巴金、胡风、白杨、宋云彬、孙伏园、马思聪、陶行知、叶浅予、谢冰心、顾颉刚、费巩等312人联署的《文化界对时局进言》，要求国民党政府"停止特务活动，切实保障人民之身体自由，并释放一切政治犯及爱国青年"……锋芒直指国民党。

费巩一生,铮铮铁骨。

费巩在《文化界对时局进言》上签名前,已经引起国民党特务的注意。

费巩在浙大期间,他支持创办保障学生言论自由的"生活壁报"成了浙大的"民主墙"。当浙大前任训导长在学生的一片反对声中黯然下台后,校长竺可桢两次亲自登门,"三顾茅庐",非要他这个非国民党员的教授继任。最终他以代理、不拿薪水等条件接受了这一任命。他发表就职演说时,学生掌声雷动,盛况空前。

那时的遵义,浙大校园里还没有电灯。晚上学生在一盏黯淡的油灯下学习。光既不亮,且污染学生脸面,鼻翼全黑,有损健康。费巩上任后的第一件事,即研究改制油灯,上街在洋铁铺为学生订做 850 盏简易植物油灯,照亮了遵义、湄潭的莘莘学子,大受学生欢迎,同学们把这种灯称叫"费巩灯"。费巩执掌训导长期间,关心学生物质和精神生活,由此可见一斑。

国民党当局"不容长久令非党员摄行",教育部令竺可桢早日物色他人继任。其间,有人规劝他加入国民党,可费巩坚拒。叶楚伧请他回母校复旦大学当校长,条件是当个挂名的国民党员,也被他义正词严地拒绝了。

费巩在浙大任训导长半载,即谣诼四起,他即以"纵容学生、阻碍国民党事务活动"等罪名被迫去职。但他仍以非凡的人格,成为"浙大重心,一个道德的力量"。学生在自办的"生活壁报"上撰文称他是"学生之慈母",赞美他大仁、大勇、大智的伟大人格。同仁们赞誉他为"慷慨悲歌之士",说"以一位非国民党员担任训导长,浙大开其先例,哪知竟以此而丧其生!"

费巩在他的日记中,留下许多痛斥国民党暴政与腐败的记录。

1944 年 1 月 6 日:"终觉得国民党器小防人,徒欲愚民,且造成一种苟合阿谀之风,殊非好现象也。"

1944 年 4 月 26 日:"……在同事那里闲谈,说及政治的腐败,得对联一副:男干事女干事,硬干实干苦干,干得有趣;大委员小委员,中委国委省委,委实无聊""蒋家天下陈家党,孔氏业宋氏 X。"

1944 年 11 月 8 日,"……全无天良,人心之坏,达于极点。数千年积弊,于今尤烈,如此民族,何能立足于今日,可为浩叹!"

1944 年 12 月 2 日,"闻党政当局之颠倒黑白,一切为私,亦为之发指。"

1944年12月25日，他忍着头痛，坚持以"做官与做事"为题，在浙大纪念周上演讲，大骂官僚派。

费巩身上的浩然正气与国民党的腐败天然对立。他讲气节，颂正气，赞赏岳飞、文天祥、于谦、杨继盛等充满道德力量的历史人物。1940年3月31日，他在日记中写道："读杨椒山公年谱讫，感触万端。念中国数千年历史，多权奸当国，忠烈遇害，颇有志于专治本国史，将来以之分析整理，写成一部政治史，以见民生未尝稍裕，吏治不修之症结所在，并将历史上壮烈有正气之人物若于忠肃、杨忠肃诸公，一一专文表彰之，以存国家元气，求得遗像，张诸庠序之壁，可以激发学子忠义之气，因之颇思辞职回家，闭门读书，专攻经史诸子十年。"

1941年4月24日，费巩夜读司马迁《屈原列传》，感慨无比，日记中写下"信而见疑，忠而被谤，余有同感焉"。

费巩这个民主斗士，一贯疾恶如仇，刚直不阿。他的言行，为国民党政府所不容，他的所作所为，早已被国民党的党棍看在眼里，记恨在心。1943年上半年，国民党遵义党部和军统特务曾召开秘密逮捕和暗杀费巩的特种会议。因为浙大"倒孔运动"的发生，加之费巩在学生中的影响，特务们唯恐捕杀费巩会引起全国舆论谴责，故迟迟没有执行。只是加强对他在校内外活动的监视。据闻，监视费巩的特务每月可领取高达两百元的特别津贴。

费巩与历史学家、浙大教授张荫麟等同住在遵义老城南门石家堡李筱荃先生的房屋。一个负有监视他的特殊使命的女生，以和他同住一楼的教授谈恋爱为名，经常进出李筱荃先生的楼房，对费巩实施监视。哎！在那国破山河在、民不聊生、鬼影幢幢的社会，一个教授的人生自由，竟没有一点保障。

1945年1月7日，费巩在远赴上海复旦大学讲学之前还在遵义浙大校本部对心爱的学生作了一次关于政党与民主政治的演讲，室内室外挤满了人，气氛热烈，这是他的一次离遵前夕的告别讲演。1月24日，他才依依不舍地告别山城遵义。没想到3月5日在浓雾的掩护下，这位慷慨悲歌之士竟在长江畔的千厮门码头"失踪"。先被关押在重庆警备司令部，后被转移到歌乐山中美合作所（臭名昭著的渣滓洞）看守。据费巩的哥哥费福焘致信竺可桢所说，称费巩之死"系三青团康泽所为"。国民党畏惧因杀害费巩带来更大的麻烦，采取了极其秘密卑劣的手段，甚至连参与调查过费巩"失踪"案的军统特务头子沈醉，也不知费巩早已被毁尸灭迹。他说"直到解放后，我也没有听到费巩的下落，这一件大学教授失踪案，始终成了一个谜"。

  1944年下半年，竺可桢在日记中提及，教育部密令浙大校长室特别注意监视费巩的行动，另据沈醉回忆，当年他去遵义调查，军统贵州站遵义组组长陈某告诉他，除了军统，中统也很注意费巩，并派有特务监视他。看来，他的重庆之行，一定有特务跟踪。

  费巩，生活在豺狼与鹰犬丛中，丧生，是迟早而已！

  民主斗士费巩，被国民党杀害了。他的死，折射出国民党政权的反动。他虽死犹荣，虽死永生！这是浙大的骄傲。因为他在遵义生活、工作、战斗过，同时也是遵义的骄傲。

2017年3月5日改定

张荫麟

——一个遵义人不该忘却的名字

陆昌友

1940年7月29日,应西迁遵义办学的浙江大学校长竺可桢之聘,与妻子琴瑟失和、婚姻受挫的张荫麟只身离开昆明的西南联大,风尘仆仆地来到遵义浙大。这是他继1937年9月在浙江西部天目山的短期讲学之后,第二次与浙大结缘。在这座地处西南腹地的小城里,在这所西迁办学的大学中,他度过了两年零三个月的艰苦岁月,于1942年10月24日凌晨病逝,匆促地走完了他三十七年时日短暂却又璀璨夺目的人生旅程。

在遵义浙大,张荫麟是一位学识渊博、德高望重、深受学生欢迎的优秀教师。

1905年出生,幼时丧母、很早就失去母爱的张荫麟,在严父张茂如的管教、约束和督责下,广泛涉猎经史与诸子百家学说,从小就打下厚重的国学功底。1923年考入清华学堂中等科三年级,清华求学的7年,王国维、梁启超、陈寅恪、吴宓等诸多名师的耳提面命,耳濡目染之下,他学业精进、头角崭露,才、识、学皆优。刚入学半年,他就在《学衡》第21期上发表处女作《老子生后孔子百余年之说质疑》,向导师梁启超叫板,针对其对老子事迹考证提出异议,颇受梁氏赏识,认为"此人将来必有成就"。就学7年中,他先后在多家刊物发表学术论文40多篇,与钱锺书、吴晗、夏鼐并称"文学院四才子"。因同拜吴宓门下,他与钱锺书还享有"北秀南能"的美誉,钱锺书曾有诗记述:"同门堂陛让先登,北秀南能忝并称。十驾难追惭驽马,千秋共勖望良朋。"1929年通过公派出国,他在美国斯坦福大学留学 4 年，通过攻读西洋哲学史和社会学，打通了文史哲、社会学与国学之间的樊篱，使他学贯中西，在学海中，纵横恣肆、应对自如。

在遵义浙大担任文学院史地系教授兼史地研究所史学组主任导师并执教两年多的时间里，张荫麟先后讲授了"中国上古史""魏晋南北朝史""唐宋史""历史研究法"等课程。他的教学要求严、标准高、方法新，始终贯穿了"传道、授业、解惑"的主旨。

据张荫麟的学生管佩韦回忆，他讲"中国上古史"时，把自己所著《中国史纲》作为教科书，但不作考试内容，让学生选读《左传》或《汉书》。考试时，选读《左传》者的题目是：一、按次序写出鲁国十二公的名字；二、在《左传》中任选一名历史人物进行评述。选读《汉书》者的题目同样是按次序写出西汉十二帝王的名字并选一历史人物评述。他讲"唐宋史"时，征求学生意见，重点讲《宋诗》，让学生听得津津有味。比如他讲苏轼的《和子由渑池怀旧》："人生到处知何似，应似飞鸿踏雪泥。泥上偶然留指爪，鸿飞那复计东西。老僧已死成新塔，坏壁无由见旧题。往日崎岖还记否，路上人困蹇驴嘶。"由"雪泥鸿爪"的典故，教导学生要认识人生道路漫长崎岖、必须立志艰苦努力的道理。这种别开生面的教学，让学生觉得很新鲜，也很适用。特别是不像别的课程要考听课笔记，也就给了学生更多的学习空间，去究深发微，从而获益颇丰。

在"历史研究法"的讲授中，张荫麟不囿于门户之见，不限于史学范围。他既阐述历史观点，又讲授历史方法，还介绍西方各种流派的历史观点，包括马克思的"唯物史观"。这种将中国与西方的哲学、历史兼收并蓄、融会贯通、扬弃并重的教学，使学生大开眼界，"如坐春风"。

在课堂上，张荫麟主要是讲授专题，系统性、逻辑性都很强，也就难于涉及专题以外的学问，或者不便于更多的展开。然而在课外，他则是诲人不倦。往往古今中外，旁征博引，无所不谈。从他的那些汪洋恣肆、海阔天空的谈吐中，学生们不仅能学到治学的方法，而且还能参悟做人的道理。

对于张荫麟的教学，他的学生印象深刻，难以忘怀。管佩韦 40 多年后，对他的教学情景，记忆犹新，作了生动形象的描述；张孝乾谈起他与学生无拘无束的野餐、小聚，"往事历历，好像如在眼前"；李埏称他"不惟是一位良史，而且是一位良师"；徐规把张荫麟宋史研究的方法和成就作为典范，加以继承和发扬，踏上毕生研究宋史的道路，成为国内宋史研究的专家……

在遵义浙大，张荫麟又是一位求真务实、潜心治学、颇获大家赞誉的史学天才。

1935年，张荫麟经中央研究院史语所所长傅斯年推荐，受国民政府教育部委托，主编高中历史教科书。为此，张荫麟倾尽了心力。首先，由他拟定提纲，从殷商开始，将数千年历史分为几十个专题；接着，凭他自己的声望和影响，延请友人、同好搭建了一个"高端"的写作班子：先秦至唐以前由张荫麟撰写，唐以后由吴晗执笔，千家驹负责写鸦片战争后的社会变化，王芸生承担写中日甲午战争至二十一条交涉，各人成稿后由张荫麟综合融会划一。为确保教材质量，张荫麟特意向清华大学请了两年的长假，潜心撰述。遗憾的是，除他亲自执笔、耗费五年心血的汉代以前部分外，其他人都未能交卷。

1941年5月（一说为3月），这部曾以石印方式印制、分章发给学生作为教科书的《中国史纲》，由浙大史地系教育研究室在遵义正式出版兼发行，题名为《中国史纲第一辑》，石印线装，印数500册。全书分八章：第一章——中国史黎明期的大势，为商与周的兴亡（商以前的传说为附录）；第二章——周代的封建社会，为周代的组织、奴隶、庶民、都邑、商业、家庭、士、宗教、卿大夫及周王朝的崩溃；第三章——霸国与霸业，为春秋五霸的兴起；第四章——孔子及其时世，详述孔子一生和他在政治、教育上的贡献；第五章——战国时代的政治与社会，为战国时期的政治、经济及突出人物；第六章——战国时代的思潮，为先秦诸子百家思想的缩写；第七章——秦始皇与秦帝国，为秦帝国的建立与发展；第八章——秦汉之际，为秦灭亡，楚汉之争及汉的统一。

1942年9月，由作者本人在第一版的基础上，增加了"大汉帝国的发展""汉初的学术与政治""改制与'革命'"三章，文字由10余万字增加到16万字，撰写再版自序，在遵义再版。全书由张荫麟亲手校订，成为他的最终定稿本。因为一个月以后，尽管"他念念于史纲之完成，虽在病中仍精思不休，而病势遂陷入深渊"，以至永远离开了这个世界，连已经辑好的《通史原理》与《宋史论丛》两本集子也未得刊行。

然而，就是这区区 16 万字的著述，既不重考证，也不引原文，只是用"讲故事"的笔法"画"历史，却因其"有真挚感人的热情，有促进社会福利的理想，有简洁优美的文字，有渊博专精的学问，有透彻通达的思想与识见"（张荫麟好友贺麟语），充分体现了张荫麟"为学贵自辟，莫依门户侧"的学术态度，直接传承了他老师陈寅恪所奉行的"独立之精神，自由之思想"的理念。张荫麟在遵义浙大的顶头上司、浙大史地系主任张其昀（《遵义新志》主编）说："《中国史纲》一书是呕心沥血的著作……世人多惊羡其文笔之粹美，以为胜过一般文学创作，不知其字字珠玑，皆为潜心涵泳几经锤炼而后成。"国学大师熊十力曾绝无仅有地对比他整整小 20 岁的张荫麟作了如此评价："张荫麟先生，史学家也，哲学家也。其宏博之思，蕴诸中而尚未及阐发者，吾固无从深悉。然其为学，规模宏远，不守一家言，则时贤之所夙推而共誉也。"当代著名学者刘梦溪，把张荫麟尊为"所倾慕的前贤"，他在给历届研究生所开的书目中，张荫麟的《中国史纲》永远是第一位的必读书。当代著名哲学史家张岱年，于 1990 年 4 月为《张荫麟文集》所写的序言中称：《中国史纲》一书，"内容叙述精确，文笔优美，达到……'才、学、识'的高度结合，受到学术界的赞誉。"

在遵义浙大，张荫麟还是一个卓尔不群、狷介疏狂、敢于直抒己见的思想斗士。

生活在风云激荡的年代，张荫麟如许多热血青年一样，欲以天下为己任，而且胆识不凡，见地不俗，行藏不庸。

"五卅"时期，刚 20 来岁、还在清华求学的张荫麟就与马寅初、王造时、顾颉刚等几位在清华学生会领衔，为邵飘萍的《京报》办《上海惨剧特刊》；"一二·九"之际，在清华任教的张荫麟，参加北平文化界救国会，发宣言、写文章，与那些埋头学问的学人有异。1936 年 1 月 27 日，张荫麟即在"北平文化界救国会第一次宣言"上签名。1936 年 10 月，北平 104 位文化名人签名的"教授界对时局意见书"发表，引起强烈反响，《申报·北平特讯》以《文化城中文化界之呼声》予以报道，而这份"意见书"，就是由张荫麟起草的；作为"学衡派""清华学派"的重要人物，张荫麟不囿于门户，公允、正面评价鲁迅。他在《读<南腔北调集>》中说："周先生（鲁迅——引者注）为当今国内最富于人性的文人""是那种见着光明峻美敢于尽情赞叹、见着丑恶黑暗敢于尽情诅咒的人，是那种堂堂纠纠、贫贱不移、威武不屈的人。"1939 年年初，重庆军委会政治部部长陈诚的邀请，蒋介石委员长的召见，都未能留住桀骜不驯的张荫麟，在重庆的短暂停留、虚与委蛇后，和陈诚不辞而别，仍操教职，笔耕不辍。

  张荫麟初到遵义，由遵义浙大训导长费巩通过李培荪（字筱荃，遵义著名教育家）介绍，安排住进老城南门石家堡 2 号（不是 3 号）。这是一栋面阔 8 柱 7 间、进深 3 柱 2 间、前带走廊的小青瓦楼房，属典型的黔北民居。房子的主人是遵义有名的古玩收藏家杨阁臣——李培荪的郎舅。房东把这座新落成的房子左边一半租给张荫麟，与居住在石家堡 3 至 6 号"南园"（李培荪、李培藩兄弟的房产）的遵义浙大训导长费巩、文学院院长梅光迪、工学院院长李熙谋、音乐教授沈思岩、钢琴家杨增慧夫妇等为邻。用张其昀的话讲：这里"竹树森蔚，湘川在望，据全城登眺之胜"。1941 年 4 月，一个春寒料峭的夜晚，就是在这里的阁楼上，张荫麟与前来造访的张其昀"纵谈至夜深"。两人商议，发起组织"思想与时代社"，其基本成员为钱穆、朱光潜、贺麟、郭斌和、张荫麟、张其昀等六人。该社于 1941 年 6 月正式成立。蒋介石对该社的成立予以勖勉，并给与经费支持（这或许就是有人说的"'思想与时代社'的缘起，尚有更深的背景"吧）。同年 8 月 1 日，该社的刊物《思想与时代》月刊创刊号出版发行。"创刊号"刊载学术论文 8 篇，分别是竺可桢的《科学之方法与精神》、张其昀的《我国宪法之重要思想》和《时代观念之认识》、贺麟的《儒家思想的新开展》、郭斌和的《现代生活与希腊理想》、张荫麟的《柏格森 1859—1941》、钱穆的《两种人生观之交替与中和》、任美锷的《劳合乔治欧战回忆录述评》。

  《思想与时代》作为人文社会科学的学术刊物，是抗战时期大后方最有影响力的刊物之一，每期发行量 3 000 册左右，销行遍于后方各省，除学校外，军政工商各界，都有订户。每期出版，零售很快告罄，遵义浙大文科学生，近水楼台，几乎人手一册，爱不释手。

  张荫麟在遵义浙大，除承担大量教学科研任务外，还负责主编《思想与时代》月刊。据他的同事谢文通教授 40 多年以后回忆："他当时把整个身心都放在工作上，日常事务象组稿、编辑几乎是一手包下。为了把杂志办得更好，他约了好些知名学者撰稿，自己也亲自动笔，写了不少文章，用通俗的语言，尖锐的辞锋，针砭时弊，用以启发当局认清形势，顺从民意，了解新的思潮，文章确实起到一种振聋发聩的作用。抗战期间，在大后方，《思想与时代》是一份有一定影响力的杂志，这和张荫麟所倾注的心血是分不开的。"

张荫麟在遵义浙大期间，完成和发表20多篇学术论文，其中一些重要论文就刊登在《思想与时代》上。如《从政治形态看世界的前途》就是1941年10月发表在《思想与时代》第3期上的一篇重要政治论文。在文中，张荫麟坚持他一贯反对独裁专制统治的主张，对专制独裁与自由宪政的发展趋势，提出卓有见地的看法。他把"专制独裁"称为"上同"的政治，认为这种政治以国家为最高目的，以国家发展为一绝对的价值。个人只是国家发展的工具，个人生活的意义和价值，就在于对国家发展的贡献。同时，他把"自由宪政"称为"下比"政治，认为这种政治以个人为最高目的，以个人幸福为一绝对的价值。国家是保持和增进大多数国民最大幸福的工具。个人生活的意义和价值，在于对幸福的追求。而这种幸福体现为：物质生活的安全和舒适；教育机会和若干文化价值的享受；若干"自由"的享受。两相比较，作出断言："无论在什么情况下，'上同'政治进行的路径总是趋向坟墓的。"

在遵义浙大，张荫麟还撰写了他政治思想中具有重要地位的政治论文《论修明政治的途径》，于1942年1月寄往重庆《大公报》王芸生处。王芸生"当时读到此文，觉其语旨切直，踌躇再四，一直搁置了十多个月，未予发表"。直到张荫麟去世后，想到"人之将死，其言也善"，一篇亡人之文，不至于惹出什么麻烦，同时也是出于对亡友的纪念，王芸生才将这篇言辞犀利的文章连同几篇悼念张荫麟的文章一起发表在《大公报》上。在这篇言语激烈、直陈时弊的文章中，张荫麟一针见血地指出：中国政治的根本症候是"政治的瘫痪"，其"主要的原因是在整个的政治机构里，上层人员与下层人员之间精神上的脱节。而这种精神上脱节主要的原因，是上下层之间生活的甘苦差别太大。政治瘫痪的程度与上下层生活甘苦差异的程度及下一层之苦的程度成正比例。必上下生活一致（至少大致上一致），才会上下一致"。

在遵义浙大，张荫麟最终是一个客死他乡、坟茔难寻、受到后人追思的野鬼孤魂。

进入中年的张荫麟，原本身体康健，很少生病。在朋友圈里，他是众所周知的胃口大、食量好。朱自清说他"饕餮、饮食无度"，吴晗笑他"一顿能吃半斤牛肉"。从人们现在所能看到的那张张荫麟英气勃发的半身像照片，就可以看出他当年的健康状况。而这张照片，就是1941年初，在遵义的"晨曦相馆"，由湖北人李治涤给他照的。

但张荫麟有一个对健康极为不利的习惯，如他的好友贺麟回忆："他每写一篇文章，总是几晚不睡觉，直至文章一气呵成时，然后才大睡几天，大吃几顿⋯⋯"竺可桢校长在日记中也言及他"平常读书至深夜二三点钟，作文时甚至竟夕不睡"。繁重的教学、科研、写作、带研究生，编辑《思想与时代》事无巨细的亲力亲为，加上生活孤单，没有规律，缺乏照顾，使张荫麟到遵义浙大一年多以后，就出现和他恩师梁启超同样的肾炎的症状。

身体逐渐衰颓的张荫麟先是面色苍白，浮肿，血压高，时常不断地流鼻血。1941年12月18日早晨，突然之间鼻子流血不止，接着连眼睛、嘴巴都出血，经医生紧急救治，到晚上血才止住。考虑到石家堡的住房比较阴暗、潮湿，1942年春，张荫麟为方便治疗，搬到了新城离何家巷较近的文庙街5号（今凤凰北路口）胡树声（字听秋，遵义文化人）家居住。7月间，又发现小便带血。竺可桢校长认为非同小可，当即派专车将张荫麟送往贵阳最好的医院——贵阳中央医院检查，医生诊断为"慢性肾脏炎"。没有肾脏病专家的贵阳中央医院也别无他法，医生只是嘱他服药，要他静养。学校为使他安心休养，早日恢复健康，暂不安排他讲课。原已排定的"魏晋南北朝史"课，只是"他指定参考书，由同学们自行阅读，但须缴阅笔记"。谁知，病情越拖越严重，到后来，竟发展为尿毒症，全身水肿，排尿困难，非常痛苦。10月14日，张荫麟病重得已不能下床。经张其昀主任安排与之同住、方便照料的学生管佩韦，急忙雇一辆人力车，拉张荫麟到遵义卫生院，请求住院，未获准予。第二天，情急之中的管佩韦，找到自己在杭州读高中时的老师、时任遵义师范校长的杨友群，由杨校长打电话给遵义卫生院院长，获得同意后，再雇一辆人力车将张荫麟送入卫生院住院治疗。第三天，竺可桢校长前往探视，"见其极为兴奋"，预感到他已病入膏肓,特别嘱咐医生,别让他见客。又过了两天,到 19 号,"张荫麟病状更坏,见人已不能认,且几乎不能言语"。眼看死神一步步逼近,时时威胁着张荫麟的性命,竺可桢校长决定派张其昀驰赴重庆,延请名医,竭尽挽救。竺可桢校长 19 日日记中"晓峰(张其昀——引者注)于今日下午去渝"即指此事。事有不巧,张其昀途中翻车,4 天后才赶到重庆。当即请上曾被孙中山称为"是医国手"的医官金诵盘,星夜赶往遵义。归途中,车到东溪,车站站长告知接重庆电话,张荫麟已经亡故,只好让医生返回重庆,自己悲戚而归。

对于死,大彻大悟的张荫麟显得十分坦然。即使痛不欲生时,他还心闲气定朗诵庄子的《秋水》篇:"明乎坦涂,故生而不说,死而不祸,知终台之不可故也……"他朗诵时声音悲凉,诵后似乎感觉有些舒畅,故而默默无语,这是智者拚尽心力,最后唱出的生命之歌。此时的张荫麟,已经将生死、得失、荣辱置之度外,只是把天地与自己合而为一,达到了"至人无己"的境界,不再受欲望的束缚,也没有喜怒的萦怀。

1942 年 10 月 24 日(农历九月十五)凌晨 3 时,一颗流星在遵义划过晦暗的天际,张荫麟在学生徐规等无奈的守护中,与世长辞。当天下午 3 点,张荫麟的遗体入殓完毕,浙大为他发丧。其灵柩从位于狮子桥的遵义卫生院出发,过丁字口、过中正桥(今新华桥),先在老城体育场(今瑞安花园一带)致祭,然后经玉锡路(今官井路)出老城南门。长长的送葬队伍中,有一直关注、关心张荫麟病情的竺可桢校长,有张荫麟的同事郭斌和、任美锷、谢之道、黄尊生、黄羽仪、王焕镳等教授,还有校长室秘书诸葛振公以及史地系学生多人。在南门外旗杆山(又名插旗山)天主堂坟地,安葬了张荫麟的灵柩。这个坟地的地名叫"石木头沟"。在遵义方言里,把"棺材"叫"木头",而天主堂是用上下左右四块条石和头尾两块方石拼成棺材,即所谓"石木头"来埋葬死人的。天长日久,这里就被叫成了石木头沟。

"自古才为累,天悭狷与狂"。张荫麟走啦!"睥睨一世,独往独来,一任性情,独抒己见"的一代史学英才张荫麟就这样落寞孤寂地走啦!对于他的英年早逝,学术界莫不悲痛叹息。陈寅恪、吴宓、朱自清、熊十力、钱穆、王芸生、顾颉刚、张其昀、贺麟、吴晗、钱钟书、施蛰存、毛子水、谢文通等，先后或吟诗、或为文、或撰联，向他表示深切的哀悼和追思。蒋介石送来赙仪一万元，教育部也安排丧葬费五千元。在诸多哀悼诗文中，陈寅恪先生的《挽张荫麟二首》最为生动感人。其一为："流辈论才未或先，著书何止牍三千。共谈学术惊河汉，与叙交情忘岁年。自序汪中疑稍激，丛编劳格定能传。孤舟南海风涛夜，追忆当时倍惘然！"其二为："大贾便便腹满腴，可怜腰细是吾徒。九儒列等真邻丐，五斗支粮更陨躯。世变早知原尔尔，国危安用较区区。闻君绝笔犹关此，怀古伤今并一吁。"

1942年10月27日，重庆的《大公报》发表张其昀的《敬悼张荫麟先生》、王芸生的《悼张荫麟先生》和张荫麟遗文《论修明政治的途径》。11月2日，遵义浙大在播声电影院（今丁字口）举行纪念周活动，由张荫麟生前好友谢幼伟教授讲其事迹，述其生平、为人与学问。11月29日，遵义浙大在何家巷的十六号教室召开追悼会。远在昆明的西南联大，也为这位清华校友举行了悼念活动。据清华大学梅贻琦校长日记记载：1942年12月4日，"下午四点校中同人追悼张荫麟君于北门街宿舍，到约三十人，致词者余及冯（友兰）、雷（海宗）、吴春晗（晗）、吴雨僧（宓）（有兔死狐悲之语），最后其令弟略述在浙大临终情形。"

1943年元旦，遵义浙大《思想与时代》月刊第18期，出版张荫麟纪念专号，刊登了熊十力、钱穆、谢幼伟、张其昀、王焕镳、陈梦家等人的纪念文章。

冷月、苍松、乱岗、荒草、孤茔。这就是张荫麟最后的归宿，长眠之所在。坟前，一块沙石墓碑矗立，上面刻着"中国史学家张荫麟之墓"十个大字。"多情自古伤离别"！何况还是阴阳两隔的生离死别。张荫麟逝世后的每年清明，都会有他的同仁、学生，不约而同、不期而至，来到他的坟前，燃上一缕清香，点上两根蜡烛，深深地三度鞠躬，以寄托对这位天不假年、英年早逝的史学天才不尽的哀思。此举一直延续四年，到抗战结束，浙大复员东归，返回杭州。据《竺可桢日记》记载：1946年4月5日下午，"二点约李絜非、晓峰与尊生三人赴老城南门外旗杆山上扫张荫麟墓。其墓前只有一石碑，而四周无石磴"。多年以后，张荫麟的学生、云南大学教授李埏还专程来到遵义，凭着当年记忆，寻访张荫麟的墓地，以期凭吊。但让他深感失望，几十年的风云变迁，恩师张荫麟的坟茔已经湮没在岁月的沧桑中，无迹寻觅啦！

　　浙大西迁遵义、湄潭办学 7 年，由竺可桢校长所倡导并通过浙大学人在抗战期间遵义艰难困苦的办学环境中砥砺、磨炼的"求是"精神，已成为遵义人民一笔不可多得的宝贵的精神财富，融入遵义的城市精神之中。张荫麟和他的为人、学问、著述等业绩，是其中不可或缺的组成部分。长眠于兹的张荫麟的英灵，不应该寂寞。因为遵义人不该忘记他，也不会忘记他，更没有忘记他。"文化大革命"动乱结束以后，一批有识之士就曾多次以各种方式关注、寻找张荫麟的葬身之地，坟墓所在。他们当中，有浙大西迁时就读于斯的老校友幸必达、遵义历史文化研究会老会长曾祥铣、遵义知名文史专家李连昌、已经故世的文化老人王永康……特别值得一提的是，当年张荫麟租住石家堡时的小邻居、李培荪的孙女、如今已是年届耄耋的白发老媪李永颐，一谈到此事，就禁不住老泪纵横。她总是感到遵义人对不起浙大，对不起张荫麟。她不顾年老体弱，一次次爬上旗杆山，在乱树林间、荒草丛中，搜索寻觅；一次次奔走呼吁，一定要在有生之年，为张荫麟的纪念做点什么。

　　这么多年的努力，这么多人的寻找，都没有结果。张荫麟的坟墓始终没有能够找到。现在，这个地方，已经时过境迁，建成了一个现代化的居住小区——凤凰国际。但是，人们并不甘心，也没有死心，还在寻找恰当的契机。李永颐老人在同样热心的杨敏志老人的陪同下，多次找到小区物业管理负责人，想在小区内找一个适当的地方，建一个张荫麟的纪念点。2015 年 7 月 23 日，红花岗区委宣传部负责人、红花岗区浙大西迁历史文化研究会相关人员和李永颐老人等一起，同凤凰国际小区物业管理负责人初步议定，将小区内休闲区域假山上的一座观赏木亭改建为"怀麟亭"，亭额挂牌匾，亭柱置楹联，木亭下方，竖一"张荫麟生平"碑，以表达遵义人对张荫麟的深切怀念。此事正在筹措落实的过程中。

　　最近，寻找张荫麟墓地之事又出现了新的转机。2015 年 11 月 15 日，红花岗区文物管理所接热心人士电话，称发现了 20 世纪 40 年代浙大西迁遵义时，病逝后葬于旗杆山天主堂坟地的浙大学生赖慈立墓碑。文管所立即派人赶往凤凰国际小区后山石木头沟，与闻讯赶来的遵义历史文化研究会曾祥铣、李永颐老人等一起，对反扑于地面的赖慈立墓碑进行考察，同时，又在距赖慈立碑北侧 12 米处发现另一名浙大学生杨曦的半块残碑。

这一发现，与《竺可桢日记》的记载吻合。竺可桢校长在 1945 年 4 月 5 日的日记中写道："荫麟墓旁有浙大学生之墓多人，如蔡煜（温州人，以肺炎死于卅二年）、徐正书（衢州人，死于卅二年）、王家滨（安徽人，卅四年去世）、杨曦（余杭，脑膜炎，卅二年）、赖慈立（湘潭，卅四年）、杨叔衡（海宁人，卅三年）。区区一亩之地已达七人之多，其旁尚有樊军穆之子永强之墓在也。"

既然有了赖慈立碑和杨曦残碑的发现，久寻未见的张荫麟墓很有可能就在附近。11 月 24 日，红花岗区浙大西迁历史文化研究会相关人员会同区文管所工作人员，再次以赖慈立碑为中心，向周围延伸 50 米进行搜寻、勘测和调查，遗憾无新的发现。11 月 29 日，区文管所邀请省考古所三位专家来到现场，进行寻找勘察，仍未有新的发现。据专家推论，此处可以定位为浙大西迁时的师生墓葬之地，历史学家张荫麟的墓地应该就在此处。专家建议，将发现墓碑的山堡作整体保护，建为浙大西迁文化纪念园。这一建议，已经在一定范围引起相关人士的关注和重视，可望得以实现。

今年，是浙大西迁遵义、湄潭办学 75 周年，也是张荫麟诞辰 110 周年，又是张荫麟客逝遵义 73 周年。为了表达对张荫麟这位中国现代历史学界天才学者的敬意，笔者参阅了张荫麟家乡东莞市政协主编的《张荫麟先生纪念文集》、遵义市地方志编纂委员会编的《浙江大学在遵义》、遵义市政协宣教文卫委员会编的《遵义民国文化人物》、遵义市文化局史志编写组编的《遵义文化史》、红花岗区政协编的《遵义·浙大西迁大本营》等书籍，查找互联网上下载的相关资料后，编写出以上文字，希图让每一个有良知的遵义人，记住张荫麟——一个遵义人不该忘却的名字。

2015 年 12 月

国学大师钱穆在遵义的岁月

邱 洪

抗日战争时期，浙江大学在遵义期间，一时学者云集，遵义俨然成为天下学术文化重镇。比如1943年（即浙江大学迁入遵义之第三年）春天，国学大师钱穆先生，应浙江大学张晓峰之邀请，在遵义讲学约一月，留下国学大师博学鸿儒的风采。遵义的山水及文化留给钱穆先生的印象却终生铭记和难忘，尽管时间颇短，但岁月留痕，他直至88岁撰《师友杂忆》时，还记录了他在遵义讲学之余浏览遵义山水时的情景。这在遵义文化教育史上留下了不可磨灭的印记。

一、浙大注重人文科学构建

钱穆先生是乘汽车由成都到达遵义的，稍做休息后便出席了浙江大学为他举行的盛大欢迎会。欢迎会在浙大临时租用为礼堂的湘山寺举行，由竺可桢校长亲自担任主持。竺可桢的办学理念是理科与文科并重，应用学科与基础学科兼顾。他认为"若侧重应用的科学，而置纯粹的科学、人文科学于不顾，这是谋食，而不是谋道的办法"。浙大史地学系的办学方针为"造就史学与地学之完全人才，但仍注重史地二科之联系性，俾专精与通识得其平衡"。史学组的教学目标是以国史为本位，兼重世界史的课程，以养成学生比较研究的能力；地学组则地形、地质、气象诸学与人文地理并重，以充实学生做科学研究的基础。师范学院的史地学系从三年级起，采取分组原则，目的在于使史地两科之间的联系性更为密切，以造就健全的中学师资人才。正如张其昀所言，史地学系创建之后，努力实践着三个目标：

第一,"造就对史学与地学有志深造之人才";第二,"造就对中学史地教育富有实验兴趣之人才";第三,"造就对于现代问题富有研究兴趣之人才"。史地分组着意于专才培养以稳固专门研究之根基;合系则着意于史地兼通的通才教育。以此观之,史地学系要培养"专"与"通"兼顾之人才,这也正是竺可桢主校之理想。在他的推动鼓励下,浙江大学出了一批如《贵州北部地形发育史》《遵义新志》等关涉地方史地文化的学术成果,而其重视人文科学的做法,更与钱先生长期希望兴起地方文史之风的想法契合。

欢迎盛会上,竺可桢的欢迎词除介绍浙大的办学理念外,相当一部分即是赞扬钱先生的治学精神与学术成就。钱先生长达一个半钟头的答谢辞则完全是学术演讲,没有一点虚应故事的客套话,主要内容是介绍中国传统文化的特点,实际即是他在浙大讲授的第一课。慕名而来聆听演讲的师生很多,座位不够只有站立,几至水泄不通,可以说是盛况空前,一时在遵义传为佳话。

二、钱穆主讲"中国学术思想史"

到浙大之前,钱穆和那时的许多大学教授一样,随学校避战内迁,在昆明的西南联大讲授中国通史,授课之余勤勉著述,著名的《国史大纲》完成后便风行一时,《大公报》转载,陈寅恪、顾颉刚都甚为推崇,全国许多大学采用此书作为中国通史教材。钱穆不仅博学而且善论。在北大教授中,上课最有激情,最富感染力的除了胡适,恐怕就是钱穆了。他们两个都喜欢以演讲的方式上课,很受学生欢迎,在学生中有"北胡南钱"之称。抗战年代,内迁西南的各高校纷纷邀请钱穆去讲学。

钱穆与时任国立浙江大学文学院院长兼史地系主任张其昀交谊深厚。张其昀在南京高师时已结识在北大教书的钱穆,出于对传统文化的共同热爱,两人志同道合,引为知己。钱穆在昆明宜良撰写《国史大纲》期间,张其昀为见钱穆一面,远赴宜良,令钱穆尤为感动,两人"在地板上铺休被,两人连席而卧,作长夜之谈。……晓峰远道只身来,浓情蜜意,终生不能忘"。(钱穆《纪念张晓峰吾友》,《钱宾四先生全集:八十忆双亲·师友杂忆合刊》,第411页,台北联经出版事业公司,1998)1943年2月,张其昀邀请钱穆赴遵义讲学,钱穆欣然前往,"其时晓峰为浙大遍觅国内名学者,如缪彦威(钺)、郭斌和、谢幼伟等诸人,皆在浙大文学院任教,与余皆一见如故,相聚畅谈,诚为当时避难后方难得一快事。"(钱穆《纪念张晓峰吾友》)钱穆为浙江大学学生主讲中国学术思想史,"文学院史地系、师范学院史地系同学全部选修,外系同学来旁听的更超过本系学生,总共100多人,教务处排定在何家巷的龙王庙上课。上课铃声响起,同学入座,女生在前,男生在后,鸦雀无声。钱穆衣蓝布长衫,穿着布鞋,轻步而来,于讲桌前立定,众男女生起立为礼。只见大师目光四射,卷起衣衫,手执粉笔,开始宣讲,教材内容深入浅出。每讲一小时,起承转合,自成段落,无锡官话,声调起伏有节,忧伤激昂,其声如空谷佳音,岩瀑奔腾,举手投足,各种表情,尤引人入胜,课后有余音绕梁之感。众皆言又是龙王庙的震撼。"(程光裕《常溪集》,第2589页,"中国"文化大学出版部,1996)

民国时期,大中小学每周举行纪念孙中山先生的"总理纪念周",浙江大学的"总理纪念周"并不流于形式,而是变通地举办各种讲座以增进学术交流,胡适、梁漱溟等学界名流都曾被浙江大学邀请来校演讲。1943年3月8日,在学校庆华园举行的"总理纪念周"上,钱穆为浙大师生作了《五十年来中国之时代病》的演讲(《思想与时代》月刊第21期,浙江大学馆藏档案,档案编号:ZD-1900-ZL12-550-21),慷慨陈词,对否定中国历史文化的民族虚无主义作激烈的批判,提出不能因为近50年来的挫败、屈辱而怀疑中国五千年传统历史文化的价值,青年当立志自强,立大宏愿,以拯救世界国家为己任。他说"自读书懂事以来,就深知要爱国爱民族,爱国素不后于人"。

三、钱穆与《思想与时代》杂志

北平城的沦陷使钱穆、张荫麟开始了流转西南的学术生涯。七七事变后,张荫麟只身南下,应浙江大学聘,讲学天目山中;钱穆则随北大南迁,由长沙而昆明,任教于西南联大。1938年夏,张荫麟辗转来到昆明,受聘于西南联大历史系、哲学系,经过长时期的辗转流徙,两人终于在滇中得以重见。在西南联大任教期间,两人仍主要从事通史的讲授和著述,共同的志业使他们的交谊日深，钱穆在西南联大讲授通史时曾对学生李埏（又是张荫麟的弟子）说："晚近世尚专，轻视通史之学，对青年甚有害。滇中史学同仁不少，但愿为青年撰中国通史读本者。唯张荫麟先生与我，所以我们时相过从，话很投机。"

1939年秋，钱穆离开西南联大，以后任教于成都齐鲁大学国学研究所；1940年秋，张荫麟也离开了西南联大，再次应浙江大学之聘，讲学古城遵义。从此两人再未谋面，不过《思想与时代》杂志的创刊再次将两人紧密地联系了起来。

1941年8月，张其昀、张荫麟等人在浙江大学创办《思想与时代》月刊，由"思想与时代社"发行，该社的基本社员有张荫麟、钱穆、张其昀、朱光潜、贺麟、郭斌和六人。钱穆踊跃为杂志撰稿，最初每月皆撰一文寄去，他的《两种人生观之交替与中和》就发表在该杂志的创刊号上。《思想与时代》月刊以"科学时代的人文主义"为宗旨，在五四以来中国近代学术思想史上占有不容忽视的地位。杂志创办以来，钱穆就是该社基本社员和核心撰稿人之一，先后撰稿达40余篇。他自认"余一人生平学问思想，先后转捩一大要点所在，不得谓与晓峰之创办此一杂志无关联"。（钱穆《纪念张晓峰吾友》，出处同前）为《思想与时代》撰稿，可以看作是钱穆学术方向由历史研究转向文化问题的标志。大学与大师的交集，往往会产生左右时代精神的文化力量。钱穆的学术生涯与浙江大学史地系，尤其是《思想与时代》月刊学术阵营有着密切关联。以史为鉴，一所大学学术空气对一个时代学人群的聚集、文化取向与社会担当的养成有着重要影响。

钱穆、张荫麟的终身事业是编纂一部为时代所需要的新通史。早在北大主讲中国通史时钱穆就提出："今日所急需者，厥为一种简要而有系统之通史，与国人以一种对于已往大体明晰之认识，为进而治本国政治、社会、文化、学术种种学问树其基础，尤当为解决当前种种问题提供以活泼新鲜之刺激。"张荫麟也说"我们正处于中国有史以来最大的转变关头"，"在这个时候，写一部新的中国通史，以供一个民族在空前大转变时期的自知之助"，是史学家应有之责任。而张组织"思想与时代社"，创办《思想与时代》月刊的一个重要目的就在于以"学社为中心，负荷国史编纂之业，刊行国史长编丛书"。在流转西南期间，张荫麟和钱穆编纂中国通史的宏愿进入到实践阶段。在西南联大任教期间,钱穆每周去昆明讲课外,其余时间则隐居宜良山中从事通史的撰述。1940年7月,钱穆撰写的中国通史名著《国史大纲》由商务印书馆出版,被国民政府教育部指定为全国大学用书,一时风行全国。牟润孙称此书"自尧舜以迄民国,为完整之中国通史。识见、议论、编排、文章,均超越前人之作。享誉史学界,诚非幸致"。在钱著出版后的第二年5月,张荫麟的传世名作《中国史纲》(上册)也由浙江大学史地教育研究室印行。该书出版,好评如潮。陈梦家称赞此书是他"最近所看到历史教科书中最好的一本创作"。是与钱穆的《国史大纲》、吕思勉的《中国通史》并肩的史学经典。作者"既详细利用所有的材料,并且遵守若干预立的原则,有条不紊地把融化了史实用清楚明白而动人的文字写出来,使读者在优美的行文中浏览古代社会的大略"。对该书考据上、叙述上的疏误提出商榷意见的童书业也认为:张著"综论大势,往往有出入之见解。且所述之古史轮廓,颇见正确,立论既不偏于疑古,亦不固执而信古;既有丰富之史学知识,又具通贯之史学眼光;深入浅出,人人能解:在当代通史作品中,允称佳著"。1942年10月24日,张荫麟病逝于贵州遵义,时年37岁,民国学术界一颗光芒四射之星,就此坠落。引为知己同调的钱穆闻之悲伤不已,于当年11月22日在成都赖家园一气写下了《中国今日所需要之新史学与新史学家》一文痛悼亡友:

> 故友张君荫麟,始相识在民国二十三年春夏间。时余与张君方共有志为通史之学。当谓张君天才英发,年力方富,又博通中西文哲诸科,学既博洽,而复关怀时事,不甘仅仅为记注考订而止。然则中国新史学之大业,殆将于张君之身完成之。岂期天不假年,溘然长逝。此数年来,强寇压境,蹙吾半国,黉舍播迁,学殖荒落。老者壮者无所长进,少者弱者丧其瞻依,张君独奋志潜精,日就月将,吾见其进,未见其止,明星遽坠,长夜失照,眺前瞩后,岂胜悼怆。特草此文以当追念,而斯人不作,安得复相与一畅论之。然后生可畏,焉知来者之不如今,是所望于诵斯文而有慕于张君者。

四、钱穆与沙滩文化

遵义市向东行八十里,便是当地有名的乐安江。乐安江畔的沙滩,历史上曾涌现了一大批文化名人，出版了数量不少的著述，形成了一个非常重要的诗歌学术群体，影响颇为深远。浙江大学史语所编写的《遵义新志》，将遵义二千年来不断赓续发展的历史文化发展分为九期——夜郎期、牂柯期、播州期、杨保前期、杨保中期、杨保后期、老城期、沙滩期、新城期。沙滩便赫然为其中之一期，可见其在当时学者心目中的重要。当地学者群体大多以诗文经学传家，一时人才辈出，天下风闻，流誉遍布海内，不但是贵州大传统精英文化的代表，而且也是享有极大声望的全国文化名区。最能体现沙滩文化之学者，则莫过郑子尹、莫友芝、黎庶昌三位大儒，皆为贵州学术文化的翘楚。尤其子尹尽管长期困处西南边地，诗作却震撼晚清文坛。清儒吴敏树便称他："诗笔横绝一代，似为本朝所无。"当代著名学者钱仲联更有"清诗三百年，王气在夜郎"的美誉，不仅视他为清代诗坛的领袖，更评价他的创作为"有清三百年之第一"。钱穆先生在遵义一月，亦常颂子尹之诗，朝夕吟哦，爱不释手。子尹一生受母亲影响最深，亦侍奉母亲最为孝顺。其一生立身处世，交友学文，乃至成为一代通儒，名重当时后世，皆与母亲的言教与身教密不可分。故母亲逝世后，子尹悲痛欲绝，遂在葬地子午山筑舍，朝夕守墓，并回忆母亲生前神情口吻，依其语气记录教诲六十八条，成《母教录》一书。《母教录》反映了母亲特有身份角色所具有的美德，说明了家庭环境教育中母亲伦理责任的重要，情感悱恻沉挚，大有晚明学者归有光的风格。钱先生诵读《母教录》，亦颇感动。他又通过他人了解到郑母碑颜体楷书，古朴苍劲，庄重雄健，学者将其推为当地金石第一，誉为难得一见之三绝。郑母碑镌刻有题诗二首，其中一首云：

柴翁长跪山堂下，一笔三钻泪两行。
长忆桩桩慈母事，法颜效汉采飞扬。

这些都令钱先生产生了无限遐想，故亟想一游郑母之墓，惜因客居时间太短，未能一偿其愿，留下了终生难忘的遗憾。

五、钱穆与遵义山水人文

钱穆先生热爱以郑子尹诗歌创作成就为代表的乡土文化，更热爱遵义的自然山水。他在遵义时，恰好北大从学弟子李埏已先自昆明转来浙大任教，遂每日偕李埏出游，每游必半日，亦有尽日游，兴尽始返者。钱先生在《师友杂记》描述遵义当地的山水美景说：

> 时方春季，遍山皆花，花已落地成茵，而树上群花仍蔽天日。余与李埏花茵之上，仰望仍在群花之下。如是每移时。余尤爱燕子，幼时读《论语》朱注学而时习之，习，鸟数飞也。每观雏燕飞庭中，以为雏燕之飞即可为吾师。自去北平，燕子少见。遵义近郊一山，一溪绕其下，一桥临其上。环溪多树，群燕飞翔天空可百数，盘旋不去。余尤流连不忍离去。

在钱先生的笔下，不仅遵义的民风习俗是纯朴敦质的，而且自然山水也是秀丽宜人的。这明显与他一贯强调要敬爱珍重祖国历史文化的人生态度有关。但更为重要的是，他不仅领略山水自然风光的无穷妙趣，而且也透过此领略来感悟宇宙人生的生命真谛。他的学问精神是活泼的，充满机趣的，既非一般仅在书本上讨生活的迂儒可比，也非一味耽溺于山水之乐的狂者能追。

遵义当时分老城与新城，大体以穿城而过的湘江为界。钱先生住在老城水响街临时租借的一所木楼内，学校专门为他雇了一位厨师调理一日三餐。除了备课、讲授写作外，他最喜欢的户外活动就是散步。通常都是沿着湘江顺流南行，又顺着岸边老城小道返回。为避免摔滑，手边总是提着一根棕竹手杖，边走边与同行的学生交谈，大得仁者爱山，智者爱水，山水与心灵合为一体之乐。李埏尽管过去在昆明也陪钱先生游过石林，但真正通过"好游"，看到他讲堂书本之外率性自由的另一面，仍以在遵义朝夕相处一个多月的印象为最深。当时悬在一般学生心中，也是李埏想要代他们提出的问题是：钱先生的好游何以竟超过一般学生辈？因为过去听钱先生授课，大家都惊叹其学问渊博，以为他必是一终日埋头书斋，只知枯坐用功的威肃学者，撰《国史大纲》这部宏大著作时，钱先生也确实有过寂寞闭关的生活经历。一般学生读书都常恨其不能勤，是否也有必要放下书本去亲近山水呢？这是当时蓄闷在李埏心中的问题。钱先生的回答极富理趣。他认为读书当一意在书，游山水当一意在山水。乘兴所至，心无旁及。《论语》开篇就说："学而时习之，不亦乐乎？"悦即是指乐趣。读书游山，用功皆在一心，能知读书之有似游山，则读书自然会有大乐趣，也自然会有大进步。否则以读书为吃苦，而游山是享乐，那二者的乐趣就都丢失了。李埏在遵义日日陪钱先生蹬山临水，感悟颇深，听了钱先生的话，大受裨益，故又过一步请益说："今陪先生游，已近一月，然山中水边仅见此二人，殊少见浙大师生也来同游，如此好风光，先生何不为同学一言之。"钱穆先生回答说："向来只闻劝人读书，不闻劝人游山。其实书中早已劝人游山。孔子《论语》云：'仁者乐山，知者乐水。'即是教人亲近山水，陶然于自然。读朱子书，也有劝人游山之语。如果试以此意再读孔子、朱子书，必然会有新的体悟和心得。太史公著《史记》，岂不就得力于遍游天下名山大川？从读书中懂得游山，始是真游山，乃可有真乐。《论语》说'有朋自远方来，不亦乐乎！'今日你能从我读书，又能从我游山，这就真正是我的朋友了。从师交友，也应当如读书游山一般，那就是真乐了。"遵义的山水风光，使他们师生二人终日流连忘返，特别是李埏更从钱穆先生那里学到了不少东西，所以他感慨说："今日从师游山读书，真是生平第一大事。"钱穆虽然离开遵义73年了，但遵义的山水留下大师的足迹，大师的音容笑貌在湘山回响。真是"博学鸿儒灿华夏，黔山秀水遵义情"。

参考文献

[1] 何方昱. 知识、权力与学科的合分——以浙大史地学系为中心[J]. 学术月刊，2012（5）：145-154.

[2] 张卓群. 钱穆与国立浙江大学关系考述[N]. 人物春秋，2014-03-27.

[3] 廖名春. 老清华的历史故事[M]. 南京：江苏文艺出版社，2012.

[4] 张新民. 国学大师钱穆与贵州山水人文[J]. 贵州作家，2010（13）.

2016年12月

以传统精神引领办学活动之探析

王玉桂

八十多年前的中国抗日战争，是一场以民族血性、韧性与强大而残酷的敌人一拼到底的爱国战争，其光荣属于那些在战场上真枪真刀出生入死跟敌人战斗的我国军人和民众；同时这也是一场用心智、用精神、用学识为国图存图强而奋斗的艰苦战争，这份光荣属于那些在后方辛勤工作的人们，其中，浙大师生也属于这份光荣的一部分。在国难之时，他们抛家舍眷，在窘迫的环境下为国家筑起另一条具有中国传统精神的战线，为战争时期的中国源源输入急需有用的科研成果和脊梁式人才。本文尝试探析抗日战争期间浙大高扬中国传统文化精神，通过教学科研等实践活动，立德、立功、立言，为国担当，弘扬服务地方的精神特质。

德馨华夏　九州沁香

立德、立功、立言，出自《左传·襄公二十四年》，是鲁国大夫叔孙豹的一段名言："大上有立德，其次有立功，其次有立言，虽久不废，此之谓三不朽。"这一段词精义伟，卓绝一世的"三不朽"，长久以来都是我国传统知识分子信奉尊崇的人生格言。所谓立德，是指具备极高道德品质，一举一动都能为人们仿效，成为后世永远学习的榜样。立功即为国为民立下赫赫战功，拥有显赫功绩，永远为人民怀念。立言是指提出新的，具有真理性质的言论，虽久不废，给社会给人民留下有益影响。立德、立功、立言是中国伦理思想史上一个重要命题。我们研究七十年前浙大西迁的历史，真切理解到那一批德如山高，功如海阔，言如真金的学者大师，才是"三不朽"之民族精英。

（一）德之垂范

以竺可桢为代表的一大批浙大名师大家均系中国气派的传统知识分子，德行操守堪称楷模，他们精神上始终有着强烈的家国情怀，"修身齐家治国平天下"始终是他们的理想抱负。战争令他们颠沛流离、饥寒交迫、历尽艰辛，但教育仍是他们矢志不渝的精神家园，他们坚守教学圣地，为此不惜流汗流血甚至不惜生命。作为教师，他们用品格用学术确立"德高为师，身正为范"的人生模式。三位殉职于岗位的教授，费巩、梅光迪、张荫麟，正是以德行之光辉为学生照亮前行之路的典范。

毕业于牛津大学，有着深厚家族关系却致力于学术和教育的费巩，在宣布接受学校训导长一职后全体学生欢欣沸腾，多次热烈鼓掌，打断费巩的就职演说，费巩在就职演说中承诺："吾不支训导长薪俸仍支教授原薪，一年可以省出四五千块钱来，这笔钱用在学生物质生活的改善上面……吾愿意做你们的顾问，做你们的保姆，以全体同学的幸福为己任……训导处从今天起走前门不走后门，大门洞开，欢迎大家有事进来谈话。"他的这番就职演说坦荡无私、开明大气，表现出何等的德操良知。在随后的工作中，他践行诺言，做得比说的更好，盛夏亲自架大锅烧开水为学生寝室烫臭虫，提供热水炉、滤沙缸、费巩灯……处处像保姆一样温暖呵护学生。作为教师，他不仅自己德行高尚，更把学生心性人格的培养当成大事来抓，浙大在全国高校中首先实施由他提出的导师制，他认为导师制对培养学生品格能起到重要作用，并说"我们做学生的导师，并不是要去监督学生的思想，而是要积极的去培植学生的品格……是要把他们训导得个个有人格，有骨气，有抱负，有见识，将来出去可以担当得起重任，经得起打击，不会被恶势力同化""……将来能改变社会风气，不与恶势力同流合污，中国才有希望，教育才有成就"。作为教师他对学生既做学术的启迪，又告以种种做人的道理。他的言行足为师表，为学生仰望。选他做导师的学生，每期多达50多人。费巩"失踪"以后，浙大学生连续数年举办"费巩教授怀念会"、报告会、展览会。立德，使费巩始终活在学生心里。

浙大文学院院长兼外文系主任的梅光迪，是《学衡》杂志创办者之一，学贯中西，博学多能，始终以教书育人为职志。他以坦荡的胸怀和礼贤之诚意，吸引一大批高水平的教授在战争状态下来到贫困偏远的遵义任教，因师资的强大，浙大在开设英语这第一外语的同时，还开设了德、意、法、俄、日、拉丁语等为第二外语，特色的教学方法和教学管理，使在遵期间的浙大文学院和外文系声誉极盛。伦敦大学文学院院长陶德斯在遵参观访问浙大文学系后惊讶感叹：浙大文学院与英国知名大学文学院可媲美。梅光迪对人对事平易宽容具有君子之风，教书育人求是求真，绝不华而不实，而对虚假伪善的政治事由则直言直语，秉性刚正。人往往在公与私的面前显现其德之存否。浙大来遵前两年，梅光迪未带家眷，又患有严重胃病，在竺可桢劝说下，接妻来遵，大家都劝其安排妻子到外文系任教，梅光迪以自己是系主任为由坚决不从。他因胃癌辞世，浙大震惊，文学院、外文系的学生悲痛万分，外文系戏剧讨论班的学生迅速排演话剧《万世师表》，以这部以闻一多为原型的剧目来追忆和怀念恩师梅光迪，在播声电影院首演结束时，近千名浙大师生全体起立，大家眼噙泪花，以长久的掌声寄托对梅教授的无尽哀思。"校园梅花馨播州"，人们用美好的用语来比喻追忆这位敬业若生命的德之高尚者。

张荫麟，一位有着深刻学术良知的知名学者，人称史学、国学、哲学、社会学奇才。考入清华学堂仅半年，就在《学衡》杂志上发表处女作《老子生后孔子百余年之说质疑》，就梁启超对老子事迹的考证提出异议，在清华引起震动。张荫麟这种不唯上、不畏权威只唯实的学术精神深得梁启超欣赏。清华七年，他在学界知名刊物上发表论文和学术短文 40 多篇，梁启超赞叹其为天才，吴宓称其为"梁任公第二"。他留学美国斯坦福大学研究的是西洋哲学和社会学，如他所说，从哲学冀得超放之博观与方法之自觉，从社会学冀明人事之礼法，他这是在为史学的研究、写作和教授探寻特有的路径，累积更丰富的方法。他精通史哲，却不满足已有的学识，认为史地为姊妹学科，其相辅相成之处甚多，而深愧于地学之浅薄，决心"他日必先于本国地质、地势稍加考究并恣游秦晋宋鲁之故墟，然后敢下笔写国史也"。一个中国著名史学家，以良知面对学术，谨严而审慎。《中国史纲》是张荫麟的代表作，贺麟曾有评论："他的《中国史纲》虽仅部分完成，但却是他人格学问,思想文章的最高表现和具体结晶,书中有真挚感人的热情,有促进社会福利的理想,有简洁优美的文字,有渊博专精的学问,有透彻通达的思想与见识。"张荫麟其人以德治史,以真切的人文关怀治史,以厚识博学治史,故他的代表作《中国史纲》作为高中历史稿本影响大,价值高,不断得以继续再版。张荫麟与史地系主任张其昀是《思想与时代》的创办者,据其同事谢文通回忆,"张荫麟当时把整个身心放在工作上,日常事务像组稿,编辑几乎是一手包下,为了把杂志办得更好,他约了好多知名学者撰稿,自己也亲自动笔,写不少文章,用通俗的语言,尖锐的辞锋针砭时弊……起到了一种振聋发聩的作用",此刊在遵义出版发行期间,销行于后方各省,军政工商各界均有订户,凡零售旋即告罄。足见编者学问见识之高深。竺可桢在张荫麟去世前一天(1942年10月23日)的日记中写道:"知张荫麟病无起色……平常读书至深夜二三点钟,作文时甚至竟夕不睡。"做学问至忘我,把一切都奉献给了学术,献给了浙大,德高而情深。

  国难之时,怀德怀仁者在浙大的学者大师中比比皆是,他们把一腔理想抱负落实到办学目标之上,把培养什么样的人,教育怎样的学生作为一校之德。校长竺可桢深知战争时期,促进物质生产和提供德才兼优的学生为国家服务是当下最紧迫之需要,他提纲挈领,高扬"求是"精神,把学生德行情操和爱国担当之精神的教育作为头等大事,他在日记中多次述及德之主题:1940年8月16日毕业生典礼上,竺可桢以明人所制杖之对联作为临别赠言,强调诸葛孔明"鞠躬尽瘁死而后已"的献身精神,希望毕业生以"危持颠扶"之担当为国效力。并以"同学少年皆不贱",将来各自有发展相期许。1941年4月28日纪念周,学校设置的演讲主题是:"大时代之青年,以乐观之态度,悲观之准备,勖青年以礼义廉耻为人生观之依归。"1942年5月31日学生自治会的演讲活动上,竺可桢"以风雨如晦,鸡鸣不已,君子当自强不息为训",希望毕业离校的同学"各为建国努力"。1942年8月27孔子诞生2493年纪念日,竺可桢的演讲题目是《孔子之政治哲学》,直接引用《中庸》《论语》,谈关于国家治理,并引《大学》"正心诚意,以治国平天下"之言论,述及青年人必有的理想抱负,强调"言忠信,行笃敬"对人、对国家之重要性。学校非常明确地提出办学目标:培养"公忠坚毅,能担大任,主持风气,转移国运的领导人才",将大公无私、忠于国家、坚定刚毅等精神层面的内容作为办学目标的基础。竺可桢为此可谓杜鹃啼血，拳拳公心。培养"公忠坚毅"的学生是国难之时竺可桢及其费巩、梅光迪、张绍忠、钱钟韩、张其昀、王国松等一大批学者大师给国人的一份庄严承诺。

特指人之道德品性的"公忠坚毅"，定义着中国之传统文化精神：公者，宋人范仲淹的"先天下之忧而忧"是"公"；"鞠躬尽瘁死而后已"是"公"，是诸葛亮匡复汉室的献身精神；孙中山也在其党内呼唤"天下为公"。忠者，"己欲立而立人，己欲达而达人"，这是孔子的"忠"；"天之所覆，地之所载，人知所履，莫大于忠""为国之本何莫由忠"，这是汉代人对"忠"的认识。"公"与"忠"，代表一种理想信仰，一种精神情操，也是一种经过修炼而升华的心性，它包含了孟子宏大刚强的"浩然正气"，也包含了王阳明的心性良知。浙大把培养这样的人才作为自己的办学目标，正是希望学生通过心性的养习，形成高尚的道德人格，持有正义之心。"公忠坚毅"以公心、公信、公正，忠心、忠诚、忠义，支撑起精神道德层面上的宏大与刚强，如孟子的"浩然正气"那样，令正义之力充满宇宙。具有这样浩然之气的人，必能担起大任，引导和主持风气，成为转移国运的领导人才。如此高端的办学目标，正是融入了以竺可桢为代表的浙大教师对国家对民族"公忠坚毅"之信仰。

品德操守的教育是浙大抗战办学期间的主要内容，学校在教学设置上也通过各种方式，加强学生心性道德的培护养育。各专业院系更是通过各种讲座、形势报告会、学术讨论会，浸润学生心智，提升学生认知水平，强化其意志品质及开拓精神。如当时开展的《王阳明学术与爱国精神》《苏轼、辛弃疾词时代背景讲座》《纪念徐霞客逝世300周年学术讨论会》《私德与公德》《历史上之不妥协精神》《日本军阀与日本国民》《日本问题》《欧洲战场之展望》《中国国民性之检讨》等讲座及报告，学生们在中华文史哲的学习中感悟先贤的良知与情怀，在现实严酷的战争环境下检阅自己的责任与担当。费巩提出导师制以培植学生品质；钱钟韩提出启发式教学改革以打造"热爱科学、自强不息、开拓前进"的人才，师长对学生心性化育、德操培养付出辛勤努力，其间深深蕴含着"革命、奋斗、牺牲、科学"的"求是"精神，以及"公忠坚毅"的担当精神。由此造就了抗日战争期间浙大师生爱国、正直、立志、坚韧的精神品质。这是教授们的立德之举。

（二）德存之处有大爱

爱是德、品、人格的化合物。国难之际，在浙大这个大家庭里，学校和教授们的爱如同化雨之春风，温暖着学子年轻的心。当年就读浙大的学生陈晓光曾有这样的回忆："学校校风学风好，师生正直，勤俭朴实，是一个使人励志向学的好集体，教授们认真教学诲人不倦，具有献身教育的精神，学生生活朴素学习刻苦，同学间互相爱护蔚然成风，师生感情融洽，教授们对学生严中有爱，关心学生学习，体贴贫困学生生活，在抗战期间，同学都有强烈的爱国心，'强我中华'的理想使人刻苦奋发攻读，没有人弄虚作假。爱国、爱浙大、爱师长、爱护仪器图书，到处都充满爱。"

因有爱，就有了责任和担当。校长竺可桢面对物价飞涨、经费短缺的局面，放下身段四处求人，踏破铁鞋只为那些胸有抱负渴求知识的青年学子。当学生为张扬正义反对贪腐举行规模性游行时，他和其他教师走在游行队伍最前头，为保护学生把危险留给自己。当迫害师生的事件不断发生，竺可桢上下奔走据理力争，不惜请辞校长职务。竺可桢在1940年2月12日的日记中写道："'科学与革命'二者且均出于爱。布鲁诺之死，以其爱真理胜于其性命。中山先生之所以毕生致力于革命，由于其爱中华民族，人溺如己溺故不得不加以援手。"坚守着为民族而战的强大尊严，浙大在遵七年左右，每个人的作用和潜能均发挥到极致，上下精诚合作，齐心协力，教学、科研硕果累累，一批批优秀的浙大学子为国效力。"东方剑桥"的美誉自有大德大爱为基础，其间还有熠熠闪动的人性光辉。

浙大结核病疗养室是在经费极度紧张的情况下建立的。艰苦环境下，一些体质差、营养不良的学生患上当时被判定为不治之症的肺结核，学生吴寿松在1940年冬因患肺结核大咯血，因生活不能自理焦急万分时，竺校长亲临看望，宽慰其"不要慌，学校会想办法"。第二天就创建疗养室并及时安排治疗。疗养室有专人管理饮食起居，聘有独立开业的医生为病员治疗，每次实施人工气胸术时，钱钟韩教授都主动去做助手，仁爱之心溢于言表。疗养室开办两年多，先后有30多名病员入室疗养，几乎都康复回校上课，在当时之言的不治之症在浙大创造了治愈奇迹。其间竺可桢校长亲往疗养室看望大家，以自己年轻时也体弱多病为例，鼓励大家要有战胜疾病的信心和勇气。竺可桢1944年12月24日（周日）日记写道："上午九点至阿家寺看望疗养之肺病（学生），计十三人，顾金梅等四人已住院三年以上，黄一芹顾荣申已一年半，吴惠二年，徐扶明等一年以下……精神尚好。"竺校长在一千多师生的学校有多少大事要处理，多少难事要面对，还能把生病学生记挂于心，一一点出姓名，知其病情轻重，如慈父般照护着，可见其大德厚爱植根于内心有多深，为他人着想的善良品格有多厚。

费巩老师设计了一种类似美孚灯的植物油灯，用50支装的香烟罐头做油壶，上装美孚灯头，配上玻璃灯罩，比灯芯油灯亮度提高数倍，学生们再不用担心眼睛近视，担心灯油不够，担心熏人的油烟损害健康，担心油灯打翻作业文章功亏一篑。这是费巩老师用两个月薪金在铁皮店为每个同学定制的，同学们强烈感受到老师的爱，给这一千多盏灯取了个亲切的名字——"费巩灯"。电机系主任王国松教授利用专业优势，把一台用作实验的小功率柴油机和发电机搬到教室集中的何家巷，每晚发电三小时，供学生自修。老师对学生的爱就表现在这些点滴之间。

"教材传递"是艰难环境下学校设计出来的教材使用模式，也是浙大学生友爱互助的产物。同样的教材二年级使用后传给一年级使用，甲班使用结束后传给乙班使用，让教材昂贵且无处买之时，同学们却都有书读。这是爱的传递。浙大教授们说："敬天爱人，乃万世之表，万福之源。"浙大在现实环境下，不拘俗守常，尊重客观实际，以大德大爱凝聚起一千多师生，战胜艰难走向胜利，成就了学校，成就了老师，更成就了众多学子，也成就了浙大第二故乡遵义，这种成就，就是福源。

功垂山水　黔人同享

强化事上磨炼，提升学生实行力，是浙大注重心性德操培育同时的另一重要办学举措。据竺可桢1940年8月1日的日记："……抗战期中在贵州更有特殊之使命。昔阳明先生贬窜（贬谪）龙场，遂成'知难行易'（知行合一）之学术。在黔不达二年，文风兴起，贵州文化为之振兴。阳明先生一人之力尚能如此，吾等虽不及阳明，但以一千余师生竭尽知能，当可有裨于黔省。在抗战期间，吾人应对于贡献生产物质各尽所能。在乾隆初年陈玉殿为遵义太守，由山东运柞蚕至此，遂所遵义富甲全黔。凡所以为民生计，皆吾人之责任。"

王阳明是明代中期伟大的哲学家、儒学大师、教育家，他是中国历史上典型的"三不朽"人物。弘扬圣学是他一生钟爱的事业，他兴起的书院与讲会遍及各地，因有教无类，四海之内皆有门生弟子，他个人从教的规模与深度空前绝后。通过系统的民间办学以教化世人，挽救人心，为净化明朝中叶世风日下、人心不正、政治颓败的社会环境起到了举足轻重的作用。将"圣人之学"转化为"学为圣人"是王阳明办学的最终目的，其"事功""心学"哲学体系的关键在于"知行合一"。"知"者系德行操守，"行"者为"治平"之学，也就是强调躬身"实行"，在身体力行中去修心养性，在社会事业的实践中，体悟"道"，进而推行道（真理）。这是王阳明重要的学术品质。浙大抗战期间的办学理念和实践，与此有着一脉相承的文化基因和同条贯理之精神特征。竺可桢对王阳明的仰慕源于他对其"事功""心学"哲学内涵的深切领悟，源于他与阳明先生教育理念及入世思想的高度一致。竺可桢1941年5月9日日记中叙述："……科学之精神在于不顾利害以求真理，祛除成见以就理智，即实事求是。"这里指出的"以求""以就"之科学之精神，就是于实践中去做一种切切实实的"实行"，在行动中探求践行真理，在"实行"中去建功立业。这与王阳明的"事上磨练""知行合一"异曲同工。日记还深入写道："氏谓以中国谨严之态度，忍耐之精神，中庸之德性将来对于科学之贡献绝不在西洋之下。"竺可桢之言，在抗战期间就得以体现，浙大以丰硕的学术科研成果，征服西方同仁，被英国著名教授李约瑟赞为"东方剑桥"。

围绕着国家战争和建设发展需要，设立新的专业院系，建立新的研究院、所，全方位培养人才是浙大最有效的"实行"，是对国家最重要的贡献、最大的"功"。浙大初迁遵义时，学校仅有文理、工、农三个学院16个系，经七年左右发展，从遵义返回杭州时，已发展为文、理、工、农、法、医和师范等7个学院27个系，1个研究院4个研究所，5个学部和1所分校，另有11所工场，1处农场。教员成3倍增加，学生成4～5倍增加。支撑这些数字不断增长的是学校上下共同的价值认同、共同的理想信念和不惧艰险、不怕困难的奉献精神，以及相应襟怀袒诚、识才爱才的风范和人格。

学术演讲，专题讲座交流，是浙大在遵七年的有效"实行"：每周一的纪念周专题演讲，包括时事、人文历史、科技成果介绍，周日讲座，以专业专科专题讲座为主，各种纪念日的演讲，另外各种讨论会、座谈会、通俗科普讲座、专题讨论和暑期讲习会等，这样切切实实的行动，使学生在求学过程中培育了身系国家前途命运，明确立志图强，为国担当的责任意识。作为一个学术平台，学术演讲专题交流活动在多个层面上开启了学生心智，知识催生着他们探索发现的智慧和科学精神，一批批有志青年，摒弃虚假和一己之私，毕业后为国效力，成为国家栋梁之材。学校之"功"可谓大矣。

学术科研，是浙大各院系具体"实行"的抓手。史地系本着"明时空之真谛，识造化之本原"的原则，在张其昀教授主持下，举全系导师和研究生之力，对遵义地质、地形、气候等作深入的实地考察研究，对遵义历史文化进行有价值的梳理研究，用科学的方法编写《遵义新志》，为贵州和遵义农林业、水利、矿业等的开发建设提供了有价值的资料，为遵义历史发展的阶段性分期提供了新的视角。《遵义附近地形发育之研究》《遵义土地利用》是任美锷、丁锡祉对校址所在地最切实的地理地貌考察，对遵义土地利用有着极高指导价值。《遵义新志·序》用这段文字，记述这一历史性事件："刘之远教授于民国三十年（1941年）发现团溪锰矿，战时重庆钢铁厂所需之锰均就近仰给于此，关系今后西南工业建设甚巨。"《中国矿业记要》《中国地质矿业纲要》引用刘之远地质简报："通过野外调查与室内论证，推断团溪洞上等四个锰矿储量共有毛砂25万公吨，净矿储量10万公吨……对于抗战时期大后方冶炼制造枪炮的特殊钢才有战略性意义。"刘之远"实行"了竺可桢"竭尽知能"的号召，为了探测其矿藏量及分布状，他手持地质锤，身背地质包，不顾天寒地冻，带领学生深入一线收集地质资料，采集样品，绘制地图，走访地方人士，终于完成这一可资纪念之事。凭借几十年的开采冶炼，遵义铁合金厂跻身全省大型企业之列，其生产的金属锰是国家短线产品，结束了依靠进口的历史，锰矿催生的另一家化工企业——遵义化工厂，其研制的含量99%的针状高锰酸钾，填补了我国高锰酸钾生产的空白，是化工系统首批出口免检产品。浙大化工系导师李寿恒通过指导学生，把遵义锰矿这一课题做到了最好，由他指导朱正华设计的毕业论文《遵义团溪锰矿研究》，为遵义这一战略资源的应用和后期锰矿企业的大规模发展做出了开创性的贡献，他和赵善成合作的《遵义白土活性化试验》为遵义白土资源的开发利用提供了科学依据，由他指导邓颂九做的《贵州煤的可洗性》均是服务地方，促进战时经济建设的实践行动。

  工学院所设学科除课堂理论教学外，实验课是不可或缺的重要的学习内容。为满足各类教学实验学术实验的需要，他们在湘江河畔自建数百平方专业实验室和航空实验室，因经费紧缺，就地取材土法上马建造出外观如农村草舍的实验室数百平方，实验室内各门类机床、电机、仪器仪表、飞机发动机及教练飞机等则以战时常人不可想象的完备，为教学实验和学术实验提供着最好条件。师范学院心理实验室虽然是在原有旧房基础上改造而成，但实验仪器及可供实验参考的各类书籍在当时堪称一流。为培养一流的人才，为使人才能有探索发现的场所，学校竭尽所能付诸"实行"。

  "浙大战地服务团"深入抗战前方开展工作，并卓有成效，这在全民抗战期间具有典型示范意义的大功之事，既磨炼培养学生品格能力，又为抗战切切实实做贡献。竺可桢曾在战地服务团从前线返校后的日记中写道："希望组织一永久性机关，每人可前去（去抗战前方）服务一年，则于抗战前途必大有利益。此次最佳之结果为大学生在前方确有用处，非一般人所意想以为前方用不到大学生也，既证明大学生在前方能有贡献。"为打赢抗日战争，学校竭尽知能。

  浙大外文系戏剧讨论班是在导师梅光迪教授和张君川教授鼓励指导下，以"研究戏剧以演出为实习"的初始想法而成立，随着战争环境的需要，他们与浙大其他文化艺术团体一道，走进军营，走向工厂，走向民众，坚持深入基层演出戏剧，辅导群众性歌咏活动，通过演出传播抗战精神和民主思想，组织募捐为遵义平民解决实际问题，成为在遵义名噪一时，影响颇大的一支文化生力军，也成为遵义群众文化史上极有价值的一页。丰子恺先生在开设艺术欣赏课，辅导学生绘画同时，经常带领弟子到丁字口等闹市区竖立日寇残杀我同胞的大型宣传画，激励民众爱国图强的决心。为提高遵义民众的运动精神，体育系舒鸿教授成为抗战期间遵义国民运动会的组织策划第一人。以上种种,真正实现了竺可桢"抗战期间,吾人应对于贡献生产物质各尽知能"的期望,也是反哺遵义的"立功"之举。浙大此类公益之事不胜枚举。

言之灼灼　求是篇章

竺可桢在《近代科学之精神》一文中指出:近代科学目标是"蕲求真理,科学家应有的态度一是不盲从不附和,以理智为依据,如遇横道之境遇,则不屈不挠不畏强御,只问是非,不计利害;二是虚怀若谷,不武断,不蛮横;三是专心一致,实事求是,不做无病之呻吟,严谨整饬,毫不苟且。"70年前的此番言论虽特指科学家,却涵盖了社会文明进步,科学牢固发展中社会全体人员所需建立的道德规范,诸如独立之人格、自由之精神,秉持正义坚持真理的大无畏气概,谦虚坦诚的为人风范,求实严谨不虚假的处事作风,对社会文明进步均有着积极的作用,虽久不废,尤其对当今社会更有着直逼人心的积极效果,属于真理性言论。70年前,浙大师生正是在这番言论的规范下形成价值共识,才共同托举起浙大这个"东方剑桥",才有浙大为社会、为国家立下的巨大功绩和数不胜数的灼灼真言。

新兴化学工程学的开拓者实践者李寿恒教授,为浙大,为我国化工教育作出杰出贡献,他在遵义期间提出的"三志""三基"的学校建设,字字珠玑,表现出一个中国教育大师敢为人先的宏大气魄,若能此,中国教育将无比强大。他提出:学校就是要使"大批好学深思之士深研科学,于极短期内与西方诸大学相伯仲"。他认为,教师对学生的影响不仅在学习上,在思想上作风上也常常影响学生一生,因此"任用优秀教师对办好学校至关重要。教师'要有独树一帜,独特见解及自成学派的宏图大志'",学生应树立"在科学上、事业上有所建树的志向"。学校、教师、学生所立之"三志",当是学校办学的灵魂,灵魂张扬,学校勃兴,故此言为真理。李寿恒要求从学生入校到毕业始终要抓好"基础理论,基本知识,基本技能"的"三基"教育,这一专业学科上全面教育无一偏废的建设性言论,对培养国家需要的全能型人才有着重要的价值和意义。

钱钟韩教授关于教学改革的言论见地高远,他深刻理解教育对一个国家前途命运的重要性，而教育方法在很大程度上又关系教育的成败，故他指出：课堂教学应着重方法论上的示范，让学生有更多主动性，把自学精神贯穿到整个教学过程中，以保证学生有较强的学习能力，并获得不断前进的方法，以便能超过老师。要改变传统的教学秩序和师生关系，在答疑和辅导中提倡师生各抒己见、平等对话的风气。他用"授人以渔"的实践，为中国培养出众多开拓性人才，对中国长远的教学改革有着不可小觑的指导意义。

直言、真言，是浙大教授立言的准则。谭其骧教授在西南地理考证中，以实事求是之精神，否定《禹贡》"岷山导江"之说，肯定了长江上源有金沙江之事实，面对经典敢说真话实为可贵。他的《秦郡界址考》《秦郡新考》不为名家观点所困，提出了更加符合历史真实的结论。《播州杨保考》阐发幽潜，对黔北史的研究具有十分重要的价值。

抗战期间的浙大各院系，学术氛围浓厚，师生们有的站在全球学术科研前沿，其研究项目和研究深度都具有国际影响力；有的立足国家发展建设，其科研成果对战时的中国有着雪中送炭的积极作用；有的选择服务地方，其选题来自于实地考察调研，对域内当下和未来发展有着无可估量的实际意义。王淦昌的《关于探测中微子的一个建议》在国际学术界具有划时代意义；竺可桢的《二十八宿起源之时代与地点》被收入国际学术期刊。张其昀主编的《遵义新志》、张荫麟的《中国史纲》、刘之远的《遵义锰矿》、夏承焘的《词学》、丰子恺的《中国画论》更是影响深远。工学院王国松的电工数学，李寿恒的中国煤炭研究，钱令希的悬索桥理论和余能定理的应用，钱钟韩的工业自动化研究，苏元复的萃取理论和工艺改进，侯毓汾的活性染料研究，丁绪怀的化工原理……声名赫赫。湄潭理学院的苏步青、陈建功、钱宝琮、束星北、贝时璋、罗宗洛、谈家桢等一批大师，都以重大成果立言。

七十多年前浙大师生成百上千的灼灼真言，没有应景的吟颂，没有虚无的赘言，只有求实的与国际接轨的学术成果，只有救亡图存的实事求是的开发报告，只有提振人心增强自信的历史人文考察……他们向世界奉献的真言就是他们的真心真情，奉献的是他们对国家、对民族的大爱。他们的言行，能授益于人类社会，能净化人心，助推历史，能摒弃愚昧、懵懂以正视听，能让所有的人终身受益。

结　语

保存保护好文化教育就是保护保存国家的根本，只要民族文化精神还在，民族前行的步伐就不会停止，只要教育还兴盛，人才辈出，振兴国家的局面就必然出现。浙大西迁是抗战环境下民族教育的一次远征，浙大在这次远征中，用切切实实的"实行"丰富和延展着中国传统文化之"求是"精神，一大批学者大师在办学实践中凭着图强中华，兼善天下的决心，于天性本能间自觉立德，凭着治国平天下的志向努力为国立功，也凭着高远卓识敢于担当的学术品质傲然立言。他们用近七年的实践，把"求是"精神的内涵抒写得更加饱满深厚，把中国文化人的道德情操、学术文章彰显于世。他们是民族的希望，是支撑国家的脊梁。

言及此，以浙大复员回杭州时遵义文化教育界的敬献辞作为结尾：
善教继志，遵道救学，嘉贤容人，毁方瓦合。

注：有幸得《浙大西迁大本营遵义》一书，本文所有资料完全来自此书，有的甚至整小节完整抄用。感谢此书，从中读到了我国老一代知识精英"公忠坚毅"的爱国情怀，敢于担当的献身精神，备受教育，故行此文。

2017 年 5 月